中国人民大学研究报告系列

新闻传播与媒介法治年度研究报告

2015

JOURNALISM AND
COMMUNICATION MEDIA RULE OF
LAW ANNUAL REPORT

陈绚 杨秀 著

中国人民大学出版社
· 北京 ·

总　序

陈雨露

　　当前中国的各类研究报告层出不穷，种类繁多，写法各异，成百舸争流、各领风骚之势。中国人民大学经过精心组织、整合设计，隆重推出由人大学者协同编撰的"研究报告系列"。这一系列主要是应用对策型研究报告，集中推出的本意在于，直面重大社会现实问题，开展动态分析和评估预测，建言献策于咨政与学术。

　　"学术领先，内容原创，关注时事，咨政助企"是中国人民大学"研究报告系列"的基本定位与功能。研究报告是一种科研成果载体，它承载了人大学者立足创新，致力于建设学术高地和咨询智库的学术责任和社会关怀；研究报告是一种研究模式，它以相关领域指标和统计数据为基础，评估现状，预测未来，推动人文社会科学研究成果的转化应用；研究报告还是一种学术品牌，它持续聚焦经济社会发展中的热点、焦点和重大战略问题，以扎实有力的研究成果服务于党和政府以及企业的计划、决策，服务于专门领域的研究，并以其专题性、周期性和翔实性赢得读者的识别与关注。

　　中国人民大学推出"研究报告系列"，有自己的学术积淀和学术思考。我校素以人文社会科学见长，注重学术研究咨政育人、服务社会的作用，曾陆续推出若干有影响力的研究报告。譬如自2002年始，我们组织跨学科课题组研究编写的《中国经济发展研究报告》《中国社会发展研究报告》《中国人文社会科学发展研究报告》，紧密联系和真实反映我国经济、社会和人文社会科学发展领域的重大现实问题，十年不辍，近年又推出《中国法律发展报告》等，与前三种合称为"四大报告"。此外还有一些散在的不同学科的专题研究报告，也连续多年在学界和社会上形成了一定的影响。这些研究报告都是观察分析、评估预测政治经济、社会文化等领域重大问题的专题研究，其中既有客观数据和事例，又有深度分析和战略预测，兼具实证性、前瞻性和学术性。我们把这些研究报告整合起来，与人民大学出版资源相结合，再做新的策划、征集、遴选，形成了这个"研究报告系列"，以期放大规模效应，扩展社会服务功能。这个系列是开放的，未来会依情势有所增减，使其动态成长。

中国人民大学推出"研究报告系列"，还具有关注学科建设、强化育人功能、推进协同创新等多重意义。作为连续性出版物，研究报告可以成为本学科学者展示、交流学术成果的平台。编写一部好的研究报告，通常需要集结力量，精诚携手，合作者随报告之连续而成为稳定团队，亦可增益学科实力。研究报告立足于丰厚素材，常常动员学生参与，可使他们在系统研究中得到学术训练，增长才干。此外，面向社会实践的研究报告必然要与政府、企业保持密切联系，关注社会的状况与需要，从而带动高校与行业企业、政府、学界以及国外科研机构之间的深度合作，收"协同创新"之效。

为适应信息化、数字化、网络化的发展趋势，中国人民大学的"研究报告系列"在出版纸质版本的同时将开发相应的文献数据库，形成丰富的数字资源，借助知识管理工具实现信息关联和知识挖掘，方便网络查询和跨专题检索，为广大读者提供方便适用的增值服务。

中国人民大学的"研究报告系列"是我们在整合科研力量，促进成果转化方面的新探索，我们将紧扣时代脉搏，敏锐捕捉经济社会发展的重点、热点、焦点问题，力争使每一种研究报告和整个系列都成为精品，都适应读者需要，从而铸造高质量的学术品牌、形成核心学术价值，更好地担当学术服务社会的职责。

目 录 ▶

一、传媒管理制度与传媒变革

二、网络传播规范与公权力行使

三、传媒与公民权利保护

四、媒介监督与企业责任

五、传播规范与内容管理

六、记者权利与职业准则

一、传媒管理制度与传媒变革

大众传媒在法治建设中的角色及其功能

——十八届四中全会《中共中央关于全面推进依法治国若干重大问题的决定》的解读

2014 年 10 月 23 日，中国共产党第十八届中央委员会第四次全体会议审议并通过了《中共中央关于全面推进依法治国若干重大问题的决定》（以下简称《决定》）。这次全会是我们党的历史上第一次专题研究法治的中央全会，是第一次对全面推进依法治国做出重大决定的中央全会，是第一次确定全面推进依法治国总目标的中央全会。[①]《决定》提出，全面推进依法治国，总目标是建设中国特色社会主义法治体系，建设社会主义法治国家。会议从法律规范体系、法治实施体系、法治监督体系、法治保障体系和党内法规体系这五个方面描绘了依法治国的宏伟蓝图。而法治目标的实现需要全社会的共同努力，大众传媒作为现代社会中的一种不可或缺的组织力量和制度安排，对于国家、社会日益发挥着不可替代的影响，也一直是我国法治建设的重要推动性力量。本文就将从大众媒体的角度探讨《决定》对于大众传媒履行社会责任以及更好地发挥推动依法治国作用的意义。

一、《决定》与大众传媒的关系

这次《决定》提出了 180 多项依法治国的具体任务，法治建设目标的实现涉及诸多方面的问题，包括：在中国共产党领导下，坚持中国特色社会主义制度，贯彻中国特色社会主义法治理论，形成完备的法律规范体系、高效的法治实施体系、严密的法治监督体系、有力的法治保障体系，形成完善的党内法规体系，坚持依法治国、依法执政、依法行政共同推进，坚持法治国家、法治政府、法治社会一体建

---

① 参见袁曙宏：《全面推进依法治国　加快建设社会主义法治国家的纲领性文献》，载《时事报告》，2014(11)。

设，实现科学立法、严格执法、公正司法、全民守法，促进国家治理体系和治理能力现代化。当代中国，大众传媒正从公民权、经济权利、立法、司法审判、司法体制等很多方面影响着中国的法治建设。其中，立法、司法在法治建设中处于非常重要的地位，下面将结合《决定》中法治建设立法、司法相关内容，深入阐述大众传媒在这两方面的独特价值。

"亚里士多德对于法治的定义一是良法，二要得到执行。他最早指出了法律的立法和司法（执行）这两个法的基本要素。这种理性设计的法律秩序能否恰当、完整、名实相符地得以成为实际存在的法律秩序就取决于两个最重要的环节：一是立法，即法律的制定者是否能公正地把持好这种'折射'；二是执法机关尤其是法官能否在事实与规范之间充当一个严谨又能动的角色，即在法律对一个个具体情境的适用解释中，在面临一个个新问题与新现象时的适用解释中，是否能够既能动地回应于事实，又不背离既存的法律原则，避免对法律的肆意施为。"① 执法的主体除了司法机关，还有行政机关。虽然执法公正包括司法公正和一般行政机关的执法公正，但是，传媒在监督司法公正过程中遇到的问题、冲突更多，关系也更为复杂。另外，行政机关的执法行为涉及的问题过于广泛，"执法是执行法律，其含义比有特定内容的司法要宽广和模糊……这些执法包括计划、财政、税收、金融、工商行政、价格、统计、会计、审计、技术质量、标准、计量、设备、劳动、环境保护、卫生、交通安全等领域"②。而新闻传播学中一般将传媒与司法的关系作为传媒与执法之间问题考察的主要对象，实践中传媒与司法的关系也是一个重要的问题。此外，立法、司法在法治中本身也具有特殊的意义。法治的目标在于有序、健康地推进社会的变迁。社会变迁与立法的关系是：良法将带来积极的社会变迁；而劣法只能带来消极的社会变迁，阻碍社会的发展。立法在社会变迁中的作用不仅仅是因变量而且还是自变量。弗里德曼认为：相对于社会变迁而言，法既是反应装置又是推动装置。在这两种功能中，尽管法对社会的被动反应得到了更普遍的认知，但法对社会的积极推动作用正在逐步加强。③ 所以说，法治建设作为一种国家、社会发展的战略，需要通过立法将社会中的各种关系规范化，使其有法可依，这是法治实施的前提。而司法在法治建设更是具有相当重要的意义。谢佑平认为法治与司法的关系是："一方面，司法公正是法治的表现和要求，另一方面，法治建设需要公正的

---

① 何珊君：《法与非政治公共领域》，153页，济南，山东人民出版社，2007。
② 童兵：《传媒监督与执法公正》，载《新闻传播》，1999 (4)。
③ W. Friedman, *Law in a Changing Society*, 2nd ed, Columbia University Press, New York, 1972, p.11.

司法作保障，司法不公或司法腐败会从根本上破坏法治。"① 这说明司法公正与法治之间存在着紧密的联系，公众对于法治的感受主要还是来自司法公正，因为司法是维护社会公正的最根本制度，司法公正是法律尊严的体现；法治建设离不开司法，司法的良性运作是法治建设目标实现的根本保障。由此可见，立法和司法在法治建设中的意义重大。

《决定》深刻认识到了当前法治建设中，在立法、司法方面存在的问题，指出"必须清醒看到，同党和国家事业发展要求相比，同人民群众期待相比，同推进国家治理体系和治理能力现代化目标相比，法治建设还存在许多不适应、不符合的问题，主要表现为：有的法律法规未能全面反映客观规律和人民意愿，针对性、可操作性不强，立法工作中部门化倾向、争权诿责现象较为突出；有法不依、执法不严、违法不究现象比较严重，执法体制权责脱节、多头执法、选择性执法现象仍然存在，执法司法不规范、不严格、不透明、不文明现象较为突出，群众对执法司法不公和腐败问题反映强烈"，并且将立法、司法的改革作为法治建设中的重要任务。《决定》第二部分"完善以宪法为核心的中国特色社会主义法律体系，加强宪法实施"的阐释中提到，特别提到立法中要加强社会公众的参与，如"健全立法机关主导、社会各方有序参与立法的途径和方式""拓宽公民有序参与立法途径，健全法律法规规章草案公开征求意见和公众意见采纳情况反馈机制，广泛凝聚社会共识"。而在增强立法的民主性、凝聚社会共识方面大众传媒已发挥着重要的作用。此外，《决定》第四部分"保证公正司法，提高司法公信力"的论述中，明确提出了"公正是法治的生命线。司法公正对社会公正具有重要引领作用，司法不公对社会公正具有致命破坏作用。必须完善司法管理体制和司法权力运行机制，规范司法行为，加强对司法活动的监督，努力让人民群众在每一个司法案件中感受到公平正义"的司法改革目标。具体包括"保障人民群众参与司法。坚持人民司法为人民，依靠人民推进公正司法，通过公正司法维护人民权益""构建开放、动态、透明、便民的阳光司法机制，推进审判公开、检务公开、警务公开、狱务公开，依法及时公开执法司法依据、程序、流程、结果和生效法律文书，杜绝暗箱操作""司法机关要及时回应社会关切"等等实现司法公正的各项要求。而在这些方面大众传媒的参与也能产生积极的影响。不过，《决定》也提到要"规范媒体对案件的报道，防止舆论影响司法公正"。

---

① 谢佑平：《司法公正与法治》，载《检察风云》，2005（13）。

二、传媒在立法中的作用

哈耶克对立法曾做出过如下一番诠释："立法，即以审慎刻意的方式制定的法律，已被论者确当地描述为人类所有发明中充满了最严重后果的发明之一，其影响甚至比火的发明或火药的发明还要深远。……立法的这种发明赋予了人类以一种威力无比的工具——它是人类为了实现某种善所需的工具，但是人类却还没有学会控制它，并确使它不产生大恶。立法向人类开放出了诸多全新的可能性，并赋予了人类以一种支配自己命运的新的力量观或权力观。"① 他的这段话表明立法的发明在人类社会中蕴含着强大的力量，可能是建设性的，也可能是破坏性的，但不管怎样，自从立法产生以后，人类就无法不依赖于法律安排自己的生活，这改变了人类社会的生存方式。有人对立法的意义做出过如下的评价："从某种意义上说，立法问题就是国计民生问题。在当代中国，立法和法治的发展以及立法运作的状况已成为一个基本的政治现实，它不仅在方方面面影响着人们的日常生活，而且在厉行法治、维护宪政方面发挥着重要作用。所以，说立法是政治生活和社会生活中的一个中心问题并不为过。"② 现阶段中国各种社会问题的解决过程中需要整合各方利益，而这也可以通过参与立法来实现。立法本身的功能包括：第一，秩序功能。主要体现在以下三个方面：提供权力运行秩序；提供经济运行秩序；提供社会生活秩序。第二，建构功能。立法的建构功能主要是指社会所需的各项制度都需要通过立法来设立。"在普通法系国家，立法的作用最初也主要是在公法领域：建立各种使政府得以有效运转的机构，确立政府机器所需要的组织规则等都需要立法来完成。"③ 第三，调控功能，即立法对于社会关系进行调整、配置和控制的能力与作用。立法对国家和社会做出调控，从而实现国家、社会良性发展的目的，在现代社会中的地位至关重要。

有论者发现，在中国转型社会的背景下，媒体参与立法过程具有特别重要的意义。转型社会是指社会的整体性变动，当下中国社会的转型是指从传统型社会向现代型社会的过渡和转变。"在变迁的背景下，在政治领域，存在的突出问题就是在改革进程中因为原有的体制、制度的滞后性（与当时的社会环境是适应的），以及在执行中人为因素的影响，使得不少的规范或者制度已经完全走样。……还有一个

---

① ［英］哈耶克：《法律、立法与自由》，113 页，北京，中国大百科全书出版社，2000。
② 王爱声：《立法过程：制度选择的进路》，5 页，北京，中国人民大学出版社，2009。
③ 侯淑雯：《新编立法学》，43 页，北京，中国社会科学出版社，2010。

方面就是在当时的社会背景下，国家相关的制度与规范中没有涉及、没有规定、或者没有规范相关的问题。"① 就转型社会与立法的关系而言，转型时期立法价值凸显，它可以推动制度的完善，使得国家和社会有序地运转。当前中国社会大量存在的各种与立法相关的问题，使得媒体参与立法具有了现实的基础，立法的参与成为媒体关注社会问题、体现媒体价值的重要途径。有学者总结了 2001 年以来的一些重大的媒体立法参与事件：如 2001 年的广西南丹特大透水事故（《中华人民共和国安全生产法》中有很多条款吸取了南丹矿难的教训）；2003 年的孙志刚事件（导致《城市流浪乞讨人员收容遣送办法》废除，《城市生活无着的流浪乞讨人员救助管理办法》公布）；2003 年的乙肝歧视事件（导致《公务员录用体检通用标准（试行）》的修改）；2004 年陕西宝马彩票案（媒体呼吁出台国家彩票法）等。② 此外，还有拆迁条例、精神卫生立法、校车安全条例、预算法等法律、法规的制定过程无一不是伴随着媒体的积极参与。对于媒体与立法之间的关系，下面将在对于当前媒体与立法研究回顾的基础上，详细地阐释媒体对于立法而言所具有的意义和作用。其一，立法中媒体参与的意义在于推动立法民主化目标的实现，在此基础上促进立法精益和正当立法程序价值的落实。其二，媒体与立法之间互动关系的核心内容是利益的表达和分配，这也是媒体参与立法作用的关键所在。

1. 媒体参与立法的价值在于推动实现立法的民主化目标

我国现行立法制度对立法过程提出了民主化的要求。立法中的民主有两种形式：一种是立法民主，即是指依法享有立法权的主体，按照法定的严格程序行使职权活动过程中的民主，是立法的内部民主，也就是立法的狭义民主。而在立法主体之外，社会上还存在着广泛的立法参与现象，而这当中就以媒体的立法参与为代表，这是外部的民主立法过程，是一种社会成员自觉的立法参与形式，也就是立法的广义民主。立法民主化的实质不是一系列原则，而是意味着公众的"参与过程"的实践。"从理论的维度分析，立法的整个过程由'由上而下'的立法民主和'由下而上'的民主立法两个程序组成，民主立法是穿插在立法民主的过程中的，因此，在现实中这两个程序以一定的形式交织在一起，相互影响、相互促进，共同为立法的进程发挥作用。"③ 由此看来，立法民主的过程也就伴随着民主立法的过程，

① 孙晓红：《转型期大众传播的政治功能：推动国家法治建设》，见慕名春主编：《法制新闻研究》，163 页，北京，人民出版社，2011。

② 参见孙晓红：《转型期大众传播的政治功能：推动国家法治建设》，见慕名春主编：《法制新闻研究》，157～158 页，北京，人民出版社，2011。

③ 陈雪平：《立法价值研究》，245 页，北京，中国社会科学出版社，2009。

立法的过程包括"自上而下"的立法民主与"自下而上"的民主立法这两个部分，前者是立法程序内部制度化的民主形式，后者则是由外部公众参与的非制度化的立法过程。在对立法过程的理解中，后者是容易被人们所忽视的。立法民主与民主立法之间的关系中后者是根本性的，"立法民主是以民主立法为基础的，是民主立法在立法过程中的具体体现"①。随着大众媒体在中国社会中的普及，媒体通过外部立法的相关讨论推动立法也变得更加常见。媒体对于立法民主化的影响主要体现在扩大了公众对立法进程的关注和参与，从而促使在整个立法过程中都彰显立法的民主性。不过，为了更好地解释媒体在立法中的角色，还需要先从我们国家基本的立法体制谈起，这是立法中媒体参与的现实环境。

立法也有狭义和广义两种理解：狭义的立法仅指权力机关依据法定职权制定规范性法律文件的活动。广义的立法是指所有依据法律的规定有权制定规范性法律文件的活动，其中既包括权力机关制定法律的活动，也包括行政机关制定法规的活动；既包括法定主体的制定规范的活动，也包括被授权主体制定规范的活动。此外，立法体制也是立法中的重要概念，它与立法活动的实施具有紧密的联系，立法体制的概念表述众多，不一而足，包括立法权限说、立法主体设置与立法权限划分说，还有立法主体设置、立法权限划分与立法权运行说。一般而言，立法体制是指立法主体的资格、立法权限的划分以及权属关系的体系和制度的总称。"具体来讲，立法体制的内容主要包括在一个国家中，享有立法权的主体有哪些、彼此存在怎样的隶属关系或权属关系、各立法主体行使的立法权的范围和性质如何。"② 中国现行的立法体制，从立法主体、立法权限的角度可以概括为：（1）全国人民代表大会及其立法权限；（2）全国人民代表大会常务委员会及其立法权限；（3）国务院及其立法权限；（4）国务院各部门和具有行政管理职能的直属机构及其立法权限；（5）省、自治区、直辖市的人大及人大常务委员会的立法权限；（6）省、自治区、直辖市人民政府及较大市的人民政府的立法权限；（7）民族自治地方的人民代表大会及其立法权限；（8）特别行政区立法会及其立法权限；（9）经济特区授权立法主体及其立法权限；（10）中央军事委员会及其各总部、军兵种、军区的立法权限。由于中国是一个统一、多民族的单一制国家，其幅员辽阔、人口众多、情况复杂、各地发展不均衡等基本国情决定了只有适度分权、多层次、多类别的立法体制才能适应国家发展的需要，这也就决定了立法体制复杂、多元的状况。对于中国现在的立法体制

---

① 陈雪平：《立法价值研究》，245页，北京，中国社会科学出版社，2009。
② 侯淑雯：《新编立法学》，107页，北京，中国社会科学出版社，2010。

的特征，有学者将其概括为"一元二级多层次多分支的立法体制"。"一元"是指在统一宪法下，统一由最高权力机关规范的活动，是一个统一的体系。"二级"是指立法分为中央和地方两部分。"多层次"是指无论中央立法还是地方立法中又都存在不同层次的机关或机构的立法。"多分支"是指在权力机关的立法之外，还存在着行政机关的立法特别行政区的立法、经济特区的立法等。[①] 除此之外，还有"一元二级多层次的立法体制""一元二级多类结合的立法体制"等不同的观点。这里有必要提到的是，"多类结合"主要是从内容上说明了立法文本形式的多样性，"包括修改宪法权、基本法律的制定权、一般法律的制定权、行政法规制定权、地方性法规制定权、民族自治条例与单行条例制定权、规章制定权等多种类别"[②]。立法体制和特征反映了我国立法的基本状况，在一般意义上立法的运作中享有立法权的立法主体是立法过程中的主角，其他力量只能够通过立法主体对立法产生影响。当代世界各国的立法主体主要有：（1）具有代表性质的权力机关，即议会。（2）具有管理性质的行政机关，即政府。（3）具有创制判例性质的司法机关，即法院。（4）被国家机关授权或由法律规定的社会组织、团体。（5）由宪法和法律规定的享有全民公决权或立法复决权的公民个人。[③] 而根据我国《宪法》和《立法法》的规定，我国的立法主体只包括前两类，即我国的立法主体包括国家权力机关和国家行政机关中的某些机关；国家审判机关和国家检察机关不属于立法主体。[④] 其中国家行政机关中的立法主体有：国务院；国务院各部、委员会，中国人民银行，审计署和具有行政管理职能的直属机构；省、自治区、直辖市的人民政府；较大的市的人民政府。由此可见，我国立法权的分配上主要是偏向于"国家"，而不是"社会"，这就大大降低了立法的民主价值。

随着社会的进步，民主意识的增强，公众对于立法参与的热情和积极性明显提高，立法参与的诉求也日益强烈，不过，立法民主的正式程序对于外部的民主参与的回应仍显不足，这也是当前立法中存在的最突出的问题。比如立法机关在闭门立法的过程中，召集少数精英进行座谈，听取意见，而对社会公众和媒体对于立法的期望和诉求关注不够。中国的立法中人大和行政系统分别享有立法权，但是，行政机关制定的法规、规章在数量上远远超过人大制定的法律。这些都加剧了立法民主性不足的问题。因此，从长远看，立法过程中需要扩大立法民主和民主立法的范

---

① 参见侯淑雯：《立法制度与技术原理》，111 页，北京，中国工商出版社，2003。
② 侯淑雯：《立法制度与技术原理》，115 页，北京，中国工商出版社，2003。
③ 参见朱力宇、张曙光主编：《立法法》，3 版，105 页，北京，中国人民大学出版社，2009。
④ 参见朱力宇、张曙光主编：《立法法》，3 版，106 页，北京，中国人民大学出版社，2009。

围，将更多的民意吸收到立法中来。

基于上面对我国立法现状的分析，不难看出，大众媒体有利于促进立法民主化目标的实现。而立法的民主化还有助于实现立法精益和正当立法程序这些立法所追求的重要价值。研究立法学的学者们认为立法应当力求做到立法的精益，并且以此作为评判立法过程的标准。精益价值的定义是指"立法活动能够满足作为主体的人的需要所实现的道德准则、习惯要求及科学规则，给社会全体成员带来的收益与立法活动所耗费的资源之差"[1]。而要想实现立法的精益价值就需要：第一，以人民的根本利益为本位；第二，体现人民意志，由人民的意愿拉动立法权力的行使；第三，以科学发展观为指导，杜绝无价值的立法行为；第四，实现民主立法的科学发展；第五，达到"良法善治"的价值目标。可见，精益立法对于立法过程的具体要求是达到"由上而下"的立法民主和"由下而上"的民主立法这两个过程之间的相互促进、相互制约。二者具有不同的功能，"立法价值的行为过程是'由上而下'和'由下而上'这两个方向互动的行为组成的，前者是立法民主的程序，体现的是立法权威；后者是民主立法的程序，体现的是立法内容的正当性，即是否反映了人民的意志和利益"[2]。所以，立法过程是"权力"与"权利"互动的结果，目标是实现立法的民主化价值，而这也是立法精益价值的基本要求。媒体推动立法的民主化也会给立法精益价值目标的实现带来不少的益处，比如提高立法的质量、降低立法成本。2010年中国特色社会主义法律体系基本形成。到2009年，有效的法律总共229部，行政法规629部，地方性法规8 000多件。经济、社会快速的发展使得法律的数量增长迅速，但是，一些法律所暴露出的问题接踵而至，这已成为当前中国法治建设中的一大问题，因此，2020年的立法工作的目标是形成比较完善的社会主义法律体系。而立法中的问题根源在于以下几方面。从认识论和意志论的角度来看，立法的局限性体现在：（1）立法者认识的局限；（2）立法者意志的局限；（3）立法者能力的局限。从立法作为成文法的特性来看，立法是极易出现问题的，其问题主要体现在：（1）抽象、概况的特征无法适应所有的情形，使个别公正难以实现；（2）立法的稳定性特征易使发展受到阻滞；（3）法条性特点存在不周延的可能，易使法律出现漏洞。[3] 由此所造成的无价值的立法活动主要表现在：（1）国家立法和地方立法的重复；（2）越权立法；（3）下阶位立法与上阶位立法相抵触；

---

① 陈雪平：《立法价值研究》，82页，北京，中国社会科学出版社，2009。
② 陈雪平：《立法价值研究》，87页，北京，中国社会科学出版社，2009。
③ 参见侯淑雯：《新编立法学》，67~70页，北京，中国社会科学出版社，2010。

（4）部门之间立法的利益保护及强者强权现象。① 这些立法中的问题都制约着立法社会功能的实现，而大众媒体的参与体现了立法的民主价值，有利于立法精益目标的实现，在一定程度上可以弱化立法中存在的问题，提高立法质量。此外，媒体扩大公众的立法参与也能推动立法中正当立法程序价值的实现。正当立法程序是人们在立法过程中运用理性，追求利益和愿望，实现社会正义的保障。正当立法程序具有立法过程的民主化、立法决策的理性化、立法结果的正当化以及权力控制的程序化功能。也有人将正当立法程序的基本内容概况为：正当的立法主体；正当的立法权限；程序法定主义以及程序的可参与性。② 大众媒体推动公众参与立法所依据的法理基础本身就是正当立法程序的精神与原则，媒体参与是立法追求正当立法程序理想目标的体现和反映。与此同时，媒体的立法参与也有利于以上正当立法程序本身价值的实现，使其在立法中的积极作用得以发挥。总之，媒体在推动立法民主化目标，而且在扩大立法参与的过程中实现立法精益和正当立法程序的价值。

2. 媒体参与立法的核心功能是影响利益的表达和分配

从动态的角度来看立法，立法是一个政策制定过程。正如美国政策学者安德森所指出的，政策制定（或称政策规划、政策形成）涉及三个方面的问题：公共问题是怎样引起决策者注意的；解决特定问题的政策意见是怎样形成的；某一建议是怎样从相互匹敌的可供选择的政策方案中被选中的。③ 所以，简而言之，立法可以分成"输入"——公共问题变成立法议题，以及"输出"——对于法案的讨论和选择两个阶段。立法议题的输入是立法过程的前提，而法案的讨论和立法决策是立法中的重要环节。立法运作的一般过程划分为：（1）法的创生阶段，包括立法规划和立法计划、法案起草两个部分；（2）法的形成阶段，包括法案进入立法程序、审议前的准备、法案的审议、法案的结局；（3）法的完备阶段，包括修补式、切除式以及规模性的立法完善三种形式。立法的准备阶段主要是决定要不要立法，立什么法。从法案到法的阶段，也就是指立法的程序。立法的完善中最常见的是法律的修改，这是立法过程的结束，也是立法新一轮循环的开始。

立法过程中涉及的核心问题是利益表达和利益的整合，也可以说立法是一个利益表达与立法决策交替进行的过程。有论者认为立法的本质是发现社会当中的各种利益关系，各种不同利益的博弈构成了立法的动力，可以说，立法就是一个利益表

---

① 参见陈雪平：《立法价值研究》，95～96 页，北京，中国社会科学出版社，2009。
② 参见江国华：《立法：理想与变革》，153～163 页，济南，山东人民出版社，2007。
③ 参见胡平仁：《立法过程中的利益表达与利益综合》，见东方法眼，http://www.dffy.com/faxuejieti/zh/200311/20031119085208.htm。

达的过程。^① 任何的立法不论处于何种阶段，都免不了立法中利益的表达和针对不同利益所做的决策。利益衡量是一种法律解释的方法论，现在很多学者将其应用于立法中以研究立法的过程。"作为立法方法论的利益衡量系指立法者在立法过程中，为了实现利益平衡，依据一定的原则和程序，在对多元利益进行识别的基础上，对各种利益进行比较、评价，并进行利益选择的一系列活动。"^② 利益衡量包括利益表达和利益整合。另外，利益衡量也还可以有其他的分类，比如利益衡量可以包括利益识别、利益选择和利益整合环节。^③ 立法中的利益表达是指"个人或利益群体在立法过程中通过一定渠道直接或间接向立法者提出意见、主张利益并以一定方式试图实现其目的的行为"^④。有学者对利益整合给出了如下的定义："所谓利益整合，就是在承认利益主体存在根本利益一致、不同利益群体之间利益追求各异且合理的基础之上，在立法过程中通过利益的事实选择和价值判断，以利益平衡为价值取向，对各种相互冲突的利益进行整合以形成共同意志的过程。"^⑤ 可见，立法中的利益整合就是在经过利益充分有效表达的基础上将各种利益进行选择、归纳、提炼并最终上升为共同意志或者变成立法决策的过程。张斌将立法中的利益整合划分为法案辩论、法案修正和法案表决三个方面，不难发现，他是将利益整合局限于法案形成之后的"从法案到法"的阶段，即立法程序中利益的综合过程。^⑥ 其实，利益表达和利益整合始终是交叉、相伴的过程，很难将它们分开。但是从立法的过程来看，虽然时刻都没有离开过利益表达与整合，但是，在不同的阶段二者还是有主次之分的。有学者认为："就立法过程而言，公众议程主要体现在立法预备阶段，而正式议程相当于法案审议阶段。这两个阶段的核心问题大体上分别表现为利益表达和利益综合（当然，实际上往往会有一定程度的交叉）。"^⑦ 这就是说，在立法准备阶段，利益的表达问题更重要，而在立法的正式程序中利益的整合变成了重点，即不同阶段立法的侧重点是不同的。另外，对于这两个阶段主要的影响因素又有哪些？在立法准备阶段，利益表达的方式分为体制内的利益表达和体制外的利益表达，有学者认为体制内的利益表达主要包括人大代表的利益表达、政协委员的利益表达、信访、立法听证以及新闻传媒的利益表达这五种形式。而立法中体制

① 参见何建辉：《立法：利益表达的过程》，载《甘肃社会科学》，2007 (5)。
② 张斌：《现代立法中的利益衡量——以个体主义方法论为研究视角》，长春，吉林大学博士论文，2005。
③ 参见贾应生、杨志成：《试论和谐立法中的利益衡量》，载《行政与法》，2007 (9)。
④ 杨炼：《立法过程中的利益衡量研究》，76 页，北京，法律出版社，2010。
⑤ 杨炼：《立法过程中的利益衡量研究》，77 页，北京，法律出版社，2010。
⑥ 参见张斌：《现代立法中的利益衡量——以个体主义方法论为研究视角》，长春，吉林大学博士论文，2005。
⑦ 胡平仁：《立法过程中的利益表达与利益综合》，见东方法眼，http://www.dffy.com/faxuejieti/zh/200311/20031119085208.htm。

外的利益表达方式主要有群体性事件和立法游说。在法的形成过程中，影响立法中利益整合的制约因素可以分为制度性因素和观念性因素，制度性因素主要包括立法体制、立法主体、立法的程序和立法技术；而观念性因素主要有社会舆论和社会价值观念。① 由此可见，立法过程中的利益表达和利益衡量这两个重要阶段，都没有离开大众传媒的参与，因此，它就能够对立法的过程以及其中的重要问题产生影响。

随着法治成为调整社会关系的主要手段，立法就成了最主要的利益划分方式。任何一次的立法过程无一例外地都会牵扯到各种利益之间的角逐和妥协。市场经济的发展使得中国社会利益分化严重，利益关系相当复杂，主要表现为利益的多元化、独立化、多变化和冲突化。这种利益分化使得立法往往涉及不同的利益主体，而立法中利益主体之间的博弈力量的强弱影响着立法的最终形态。立法机关、政府部门、学者、公众舆论、社会团体、大型企业等都对立法过程发挥着影响，当前影响立法的主要是立法机关、政府部门、利益集团和弱势群体。在中国的立法中，立法机关的地位历来是被调侃的对象，立法机关被形象地比喻成"橡皮图章"。对于立法机关最直接的制约来自党对立法过程的影响，党法关系是立法运行中需要处理的一对重要关系。② 此外，人大的立法程序对于立法的影响其实很小，人民代表大会进行立法的功能受到很大的制约。③ 这些都加剧了外部影响因素之间的争斗以及对立法程序的控制。政府机关在立法权中的主导地位使其容易支持对于其有利的立法的制定过程，而那些可能会使少数部门利益受损但社会整体受益的法律却无法获得支持。有学者就提出，"一部《反垄断法》有几个部委争执主导权，外资并购问题、行政垄断问题、反垄断执行机构问题，争论不休，各执己见。在《反垄断法》的制订过程中，一些政府部门在某种程度上找不到自己的定位。而《合伙企业法》迟迟不能将律师事务所纳入其中，《公证法》的颁布步履维艰则反映了司法部门对自身权力存续的担忧"④。这都说明立法中充满了利益的博弈，这种情况也说明利益集团是立法过程中进行利益博弈的重要主体。而且，当前各个利益集团在立法中的势力是不均衡的。利益集团是进行立法中利益诉求表达的一种重要力量，为了共同的利益诉求而影响立法是立法发展的动力，因此，需要加强和培育利益集团的发展。特别是在政府或者强势集团在立法中利益表达能力过于强势的状况之下，培育

---

① 参见杨炼：《立法过程中的利益衡量研究》，144～157页，北京，法律出版社，2010。

② 参见韩丽：《中国立法过程中的非正式规则》，载《战略与管理》，2001（5）。

③ 参见孙潮、林彦：《从简单同意到有效表达——提高人大立法质量刍议》，载《法学》，2003（4）。

④ 李曙光：《立法背后的博弈》，载《中国改革》，2006（12）。

多元的利益主体就有着现实的必要性。不过，在当下的中国，从某种角度上讲，立法博弈并没有展开，只是一个闭门造车的利益再分配过程。最为突出的表现就是所谓"行政权力部门化，部门权力利益化，部门利益法制化"①。利益博弈未能以公开的方式进行，这就影响了立法的社会功能和价值的实现，所以，推动立法中各个群体利益的公开表达就是十分重要的。

特别是弱势群体利益能够得到表达对于转型时期的中国有着特殊的意义。而弱势群体要获得利益的表达首先需要组织化，其重要性在于："一方面可以提高民意表达的效率，降低立法机关征集民意的成本；另一方面由于群体性意见已经过利益主体的认真讨论、研究，反映的问题更有代表性，意见的质量更高，更符合规范化要求。尤为重要的是，社会上的一些弱势群体如农民工、下岗职工等表达个人意见的水平、能力和渠道都很有限，因此通过一些公益性组织或者中介机构调查、访谈，组织整理资料，向立法机关反映情况提出诉求，无疑可以使民意表达得更加全面、充分，扭转利益主体表达和博弈能力不均衡的现状。"② 其次，要建立起利益公开博弈中的妥协机制以及实现利益均衡。最后，还需要通过拓宽现有的制度内的利益表达渠道，比如加强立法过程中人大代表、政协委员对人民群体利益诉求的表达，加强新闻媒体通过新闻报道和评论为弱势群体利益的代言。在立法中通过不同方式表达社会各个阶层的利益诉求，已经给我国的法治建设带来了不少积极的变化。随着媒体市场化的改革，媒体利益的多元化带来了言论和表达的多样性。在计划经济时代，媒体只是党和国家的喉舌，现在随着市场化媒体的出现以及媒介格局的变化，使得不同的利益团体获得了更多利益表达的机会。在立法过程中，都市类报纸的背后渐渐形成了一个表达弱势利益集团立法诉求的群体。这个群体主要由法律人士、学者等群体构成，他们通过媒体这一平台积极参与社会公共问题，特别是在立法过程中凭借着自身的知识和能力在媒体上为弱势群体伸张权益。

综上所述，大众传媒推动公众立法参与的意义在于可以促进立法的民主化，使得立法结合社会各方面的智慧，通过立法精益与正当程序这些功能的发挥，提升立法的水平。转型时期，利益博弈增多，关系复杂，媒体通过参与立法议程的建构、立法过程中法案的辩论，推动对实施中法律的监督和完善，以此推动各阶层利益的表达与分配，尽可能依靠法治化的途径来调节社会中的各种矛盾与冲突。因此，媒体在立法中的意义与功能都说明，应进一步加大媒体推动公众在立法的各个阶段参与的力度，这是建设社会主义政治文化和法治社会的题中之义。

---

① ② 胡健：《培护立法中的利益博弈》，载《法人杂志》，2006（8）。

三、传媒在司法中的作用

媒体与司法的关系在学界主要被概括为媒体监督司法或者司法的媒体监督。媒体监督司法的主要内容是程序和结果。博登海默说："正义具有一张普洛透斯似的面孔。"对正义的分类也比较复杂，方法多种多样。就司法正义而言，正义包含三种形态：制度正义、程序正义与实体正义。制度正义需要通过立法等制度的变迁或者改造来实现。而对程序正义和实体正义实现的基本要求是司法机关在"良法"的基础上认真执行现有的程序性和实体性的法律。实体法与程序法是法律两种不同形式的概括，这两个概念为英国法学大师边沁始创。"任何试图界定法律程序的努力都无法回避实体法与程序法这两个概念的纠缠"①。通说一般认为，"实体法是有关人们所享有的权利和应承担的义务的那一部分法律规则和原则；程序法则是有关法律程序的法律规定，关系到权利和义务的宣告与执行方式"②。法治的目标是既要通过实体法律实现实体正义，又要依照程序法律实现程序正义。所以，一般说来，媒体监督司法的对象也就是司法中的程序正义和结果正义问题，而监督的依据就是程序法和实体法或者是相关的法治理念。有论者就指出，"公民的监督权体现在刑事司法领域主要便是对于司法审判的监督，而裁判的过程是否符合法定程序、结果是否符合实体公正是这种监督的主要内容……"③ 媒体是现代社会公民监督司法权利的有益补充，它增强了社会监督司法的力度。而且对于程序问题的监督还不仅限于审判当中，刑事案件中的侦查阶段也是媒体监督的一个重要领域。

司法中的媒体参与问题相对复杂，不像媒体与立法的关系那么简单。这是因为媒体、民意的参与可能对司法造成负面影响。"民意对于司法和立法的影响，应当有所区分，民意对立法的影响是应该大力提倡的，立法本身是一场以民主价值为本位的活动，不民主的立法是失败的立法，但司法领域则不同，民意与司法的协调机制的设计，需要很认真地对待……"④ 随着大众传媒的日益发达，媒体已经越来越广泛地介入司法案件，媒体与司法之间的关系主要表现为以下几个方面：

1. 观念转型：媒体"介入"司法发挥媒体的正功能将会是二者关系中的主流

有学者认为，"从整体上讲，媒介审判应该是一种客观存在。出现了公众关注

① 张文显：《马克思主义法理学》，435页，北京，高等教育出版社，2003。
② 尹宁、潘星容：《程序公正的价值——兼议实体公正与程序公正冲突的解决》，载《政法学刊》，2009（6）。
③ 胡铭：《转型社会刑事司法中的媒体要素》，载《政法论坛》，2011（1）。
④ 孙笑侠：《司法的政治力学——民众、媒体、为政者、当事人与司法官的关系分析》，载《中国检察官》，2011（11）。

的案件，媒体自然要报道和评判，要反映各方意见，这是媒介的职责所在，由此形成关于案件的看法、判断都是伴随新闻活动存在的"①。媒介审判已经是无法避免的，这一点在许霆案、药家鑫案的定罪量刑问题的评论中就非常明显，媒体上对于许霆如何定罪量刑的问题，在学者、专家中间表达了各种不同的看法。更为重要的是，互联网的开放性、自由性也使得单纯对某种媒体的司法案件评判加以限制已经失去了意义。"在舆论完全可以不经把关人审查而直接在互联网上传播，而很多通过传统媒体不能传播的东西，也都可以通过互联网得以传播的情况下，'舆论审判'已越来越不具有可控性。"② 正是在这种背景之下，就有必要对司法与传媒关系理论中的一些传统认识展开反思。有论者认为，"认识媒介审判，关键不应是其是否超越了司法程序，而是和媒介审判相关的舆论是否影响了和怎样影响了案件的审理，但决定这些的不是媒介而是司法者，在舆论关注无法避免、媒介审判客观存在的情况下，司法者更应该坚守司法原则，实现司法公正"③。而对于所谓的"媒介审判"也仅仅在以下意义上有其存在的价值：事实上，只有在歪曲事件事实或者曲解法律含义的前提下，试图通过社会舆论对司法审判施加压力，从而左右审判结果的非理性舆论，才构成所谓的"舆论审判"。④ 而这是实践中处理媒体与司法关系比较容易把握的标准。可见，这些论点从理论上指出"媒体审判"的不合理性，特别是论证了当前坚持这一观念的不合时宜。笔者也同意对于司法进行媒体监督在理论层面不应当设置障碍，即便是现实中确实存在一些影响司法审判的现象。但是，理论上无障碍并不意味着媒体对于司法监督就可以缺乏责任，而是要自觉维护司法的权威，尽可能地减少媒体对司法事实上的不当干扰。比如，在网络上、媒体上应当允许对司法问题包括审判进行各种评判，但是，作为媒体从业者在介入司法案件中还应当同时考虑案件的司法意义，而不能够单单被非理性的情绪所左右。

基于以上对媒体与司法关系的认识，更多的学者认为既然传媒监督司法已经成为事实，那么，问题是应如何加强媒体与司法的互动。当前，从司法如何形成对舆论和媒体回应机制的角度，一些学者进行了积极的思考。有论者提出司法具有三维，除了实体、程序之外还有社会学的维度，并建议在司法机关设置民意表达的机构专门吸收民意。"民意"与"民粹"正义并不等同，"民愤"等社会信息常常导致法律适用的差异，需要通过制度化的设计，强化法庭审判的非社会化特征，以保证司法公正，使司法中立不受个别民意的影响。因此，可以考虑在现有司法程序，尤

① 庹继光：《公正审判权视阈下的传媒介入监督研究》，28页，北京，中国社会科学出版社，2011。
②③ 周泽：《舆论评判——兼对"媒体审判"、"舆论审判"之说的反思》，载《新闻记者》，2004（9）。
④ 参见庹继光：《公正审判权视阈下的传媒介入监督研究》，126页，北京，中国社会科学出版社，2011。

其是刑事司法程序中增加相应的"民意吸纳程序",以解决某些社会反响强烈的案件的裁判与民意的关系问题,通过规范化的沟通和程序性的条文,指明相关社会信息的采纳与排除规则,既帮助法官理性考虑社会情感,也增进民众对法律的理解,以此消除分歧,达成共识。① 这说明既要排除非理性的民愤对司法独立的干扰,又要通过制度化的途径和设计使得民意诉求更容易在审判中被吸纳。还有人认为,第一,司法部门借由媒体、网络载体及时公布案情信息,为公众参与司法提供基础性条件。第二,改造民意表达的程序化制度装置。"围绕以参与和交涉为核心的程序规范性要求,重构和改造人民陪审员遴选、司法解释程序等,变革其符号化、象征性功能,使法律规范与社会事实在司法与公众意见的沟通与交涉互动理性中实现统一。"② 此外,陈发桂也提到司法民主化改革为司法的公众参与提供了制度空间,社会主体的利益冲突又构成了司法参与的动因,而互联网的发展为公众司法参与创造了技术平台。他认为司法需要通过程序化的制度回应高涨的舆论诉求,包括"司法基本信息的知情机制、司法运作过程的监督机制以及司法运作选择结果的回应机制等"③。总之,传媒与司法关系理论的研究要想进一步地深化,其前提是承认媒体参与司法案件的积极意义,即认可媒体在司法个案中承载的"结构性意义",在此基础上方可进一步深化传媒与司法之间的互动与合作。

对于传媒监督司法中正面的功能和作用的研究将成为对这一领域问题感兴趣的学者们今后研究的一个重要方向。"传媒监督的作用方式是颇有吸引力的研究对象。前已述及,传媒监督与其他监督方式完全不同,既无特定的监督程序,亦无能够产生特定法律后果的制度上的手段。在这种意义上说,把传媒论说和评价司法的能力称为'传媒监督',无疑显得较为牵强,甚至可以说是一种政治上的'虚荣'。但是,无论怎样,传媒确实又能够通过其独特的方式对司法行为及司法过程产生作用,并且这种作用是其他监督手段所无法替代、且在合理化的现代社会结构中所不可或缺的。"④ 在对司法的传媒监督方面,学者们的态度也越来越积极,由过去的对于传媒监督功能的消极态度转为逐步关注传媒监督所实现的多重价值,如公民基本权利方面的监督权、知情权和言论自由权等。有论者已经指出:"那种认为媒体和

① 参见陈爱蓓:《司法的第三维度:社会学维度——从法意与民意的纠结谈起》,载《社会科学研究》,2010 (5)。

② 谢小瑶:《转型期司法语境中的民意表达——以当下若干公案为分析标本》,载《西安电子科技大学学报》(社会科学版),2010 (4)。

③ 陈发桂:《我国公众司法参与问题探讨——基于制度化参与的分析进路》,载《中共山西省委党校学报》,2010 (3)。

④ 顾培东:《论对司法的传媒监督》,载《法学研究》,1999 (6)。

民众不能自由发表对案件的评论的看法显然是只看到了司法独立的重要性，而忽略了言论自由权、公众知情权的重要性；也忽略了民众和媒体以适当手段参与调查案件和自由评论案件对司法权威提升的意义。"① 还有学者提出，"传媒对司法的报道和评说并不意味着司法独立性的丧失，传媒完全有可能具有肯定和强化司法行为、过程和结论的作用，由此而产生的新闻媒体监督也有着延续和强化司法行为的社会效果，促成道德与法律的链接，为司法建立更为扎实的社会基础"②。也有学者呼吁应当加强媒体监督在司法领域中的作为，以此推动媒体的司法参与，"在现代国家理念中，新闻自由和司法公正是缺一不可的两种基本价值，如果总是用'媒体审判'的大棒来乱打新闻监督，那就是对监督权和知情权的侵害，也是对要求审判公开的宪法规范的公然违反。就当前中国的司法现状来看，媒体对司法的监督不是太过了，而是还十分不足，所以应当在积极寻找媒体与司法之间的平衡点的基础上，加强舆论，促进司法文明和司法公正"③。

党的十五大报告特别指出，要"推进司法改革，从制度上保证司法机关依法独立公正地行使审判权和检察权"，要"把党内监督、法律监督和群众监督结合起来，发挥舆论监督的作用"。由于媒体是舆论中的主导力量，通过媒体监督推动司法制度的完善也被寄予了很多的期待。从司法机关的角度看，加强媒体监督被认为是司法体制改革中的重要举措。2006 年 9 月在全国法院新闻宣传工作会议上，肖扬阐释了促进司法与媒体互动的关系，他提到"积极合作、良性互动应成为主导性关系"，"司法活动只有为社会所知悉，才能更好地接受人民群众和媒体的监督"，"在实践中逐步探索和建立依法独立行使审判权与新闻媒体正当采访权的合理界限"④。这可以说是面对社会公众、媒体对司法审判关注度的日渐上升，在一部分案件中司法审判工作成为舆论焦点的新情况，司法机关所进行的积极回应。这也为媒体在司法过程中发挥更大的作用创造了有利的条件。不过，在少数有可能危及司法独立的媒体参与的事件当中，通过法律的途径也可以对媒体的司法参与加以适当的限制，建立起确保传媒与司法良性互动的制度性约束机制。

2. 媒体监督司法促进司法公正目标的实现

司法公正是指司法权运作过程中各种因素达到的理想状态，是现代社会政治

---

① 高一飞：《评黄静案中的媒体与司法》，载《法学》，2006（8）。
② 朱秋卫：《媒体监督对司法公正的功效》，载《现代传播》，2010（9）。
③ 范玉吉：《舆论监督与司法独立的平衡》，载《华东政法大学学报》，2007（3）。
④ 《首席大法官肖扬"解读"司法与媒体关系》，见新华网，http://news.xinhuanet.com/legal/2006-09/12/content_5082620.htm。

民主、进步的重要标志，也是现代国家经济发展和社会稳定的重要保证，它具体包括司法的程序公正和实体公正。党的十八届三中全会审议通过的《中共中央关于全面深化改革若干重大问题的决定》中提到要深化司法体制改革，加快建设公正高效权威的社会主义司法制度，维护人民权益，让人民群众在每一个司法案件中都感受到公平正义。在司法公正的实现过程中，如何利用新媒体是司法实践中十分关注的问题，由此实现"用司法公开倒逼司法公正"的目标。而且，公众与司法之间原先存在的链接断裂、沟通不畅等问题通过新媒体的使用和有效传播就有可能化解。

随着微博、微信等新兴媒体的兴起，自媒体时代媒介的"碎片化"对于司法运作，包括司法公正目标的实现既是挑战，同时也孕育着新的机遇。一方面，媒体环境的变化导致司法运行面临许多新的问题，司法公正的实现遇到了新的挑战。新媒体的发展导致律师、当事人将言说的对象转移到舆论空间，而不是"剧场式"的法庭之内，导致司法的舆论环境与过去相比愈发复杂，这给司法公正实现的既有模式造成了很大的压力。另一方面，司法制度运行所追求的司法公正等价值的获得又出现了新的机会。在新媒体时代，司法与公众、媒体建立良性互动关系拥有了难得的机遇，利用新媒体有利于推动司法公正的实现。很多学者已经认识到媒体不仅仅可以对司法进行监督，而且媒体的参与有利于司法正义，即媒体与司法机关在追求司法公正的目标上可以互相配合。近年来，随着社会化媒体的发展，各地司法机关纷纷开通微博、微信直播庭审，裁判文书上网等，这些已经成为以司法公开促进司法公正的重要举措。最高法目前也已在利用新媒体推动司法公正方面推出多项举措，其中的一项重要举措就是充分运用全媒体促进司法运行机制的改革。新媒体环境下媒体与司法的关系已发生了很大的变化，从过去那种司法躲避媒体，视其为对司法公正干扰，正在向欢迎媒体，主动使用新媒体，借助新媒体实现司法运行目标的方向转变。当前，在媒体与社会制度之间互动关系的研究当中，围绕文化、经济、政治的相关研究成果已有不少，而司法制度与媒介环境之间关系，特别是"媒介化社会"与司法公正关系的研究明显滞后，阻碍了司法公正的公众参与以及司法公正目标的实现。

3. 大众媒体有利于推动司法公信力的建设

进入社会化媒体时代后，媒介的"碎片化"给司法造成前所未有的挑战，这已引起法学、法律界的关注，但是，新媒体时代又孕育着促进司法改革的新机遇。最高法院院长周强提出最高法要迅速加强司法公信力建设，结合人民法院工作实际，研究进一步推进公正司法，提升司法公信力，努力让人民群众在每一个司法案件中都感受到公平正义。一般认为，司法公信力就其本质而言，是以司法裁判权为载体的信用能力（包括说服力、判断力）、信用责任（包括自律力、约束力）与信任心理之间的互动关系。其中就司法裁判权的行使主体而言是一种履行信用的能力和责任，就司法裁判公权的受众而言是一种对公权行使的信任心理。[①] 司法公信力包含了信用和信任两个维度。"司法公信力是一个具有双重维度的概念……主要是指司法与公众之间的动态、均衡的信任交往与相互评价。……司法公信力中最核心的部分就是司法对公众的信用和公众对司法的信任，这是一个双方互动的过程。"[②] 从社会化媒体的视角看待司法公信力问题主要是通过促进公众的司法认知，加强司法与公众之间的沟通和互动，以此提升司法机关的信用，增加公众对于司法机构的信任。许霆案、药家鑫案、彭宇案等众多网络热案都暴露出司法信用与信任的严重缺失，提升司法公信力刻不容缓。而社会化媒体依靠"议程设置""舆论引导"等功能就能够影响公众的司法认知和法治意识，当前社会化媒体是影响社会公众认知的重要媒介。最高法院9号文件《关于切实践行司法为民大力加强公正司法不断提高司法公信力的若干意见》中提出："充分发挥现代信息技术的作用。重视运用网络、微博、微信等现代信息技术和方式，扩大司法公开的影响力，丰富司法民主的形式和内容……有针对性地回应社会公众的关切和疑惑……善于正面引导社会舆论，逐步形成司法审判与社会舆论常态化的良性互动。"最高法目前已在推动司法公信力方面推出多项举措，其中的一项重要举措就是充分运用全媒体促进司法运行机制的改革。在新媒体时代，司法与公众、媒体建立良性互动关系拥有了难得的机遇，因此，提升司法公信力须用好新媒体。

4. 媒体与司法合作的关键——二者关系法治化

法治化是协调现实中利益冲突最好的方法。从未来传媒与司法关系发展的趋势来看，还有必要加快法律的完善，使二者关系法治化才能化解实践中传媒与司法可能出现的冲突。

与国内不同的是，国外司法机关没有权力对媒体和舆论的评论进行限制，只能采取各种保障审判顺利进行的制度和措施。而且，在世界范围内，司法对于媒体的限制也有逐渐放松的趋势。媒体可以在审判前、审判中以及审判之后的全过程对案件发表评论，这是保障公众监督司法权的需要。美国通过 1941 年 Bridges v. California，Times-Mirror v. Superior Court 和 1946 年 Pennekamp v. Florida 这三

---

① 参见蒋银华、肖芃：《网络社会司法公信力建设——基于典型案例的分析》，载《哈尔滨工业大学学报》（社会科学版），2014（1）。

② 关玫：《司法公信力研究》，17页，北京，人民法院出版社，2008。

个案件中媒体评论的审理确立了"明显和当前的危险"这一很高的判定媒体入罪的标准，传媒对尚待审理、正在审理或已经审理的案件的评论或报道不再以藐视法庭罪受到追究。另外一个趋势是，司法审判与传媒发生冲突时，更加重视传媒所代表的社会公共利益。英国国会于 1981 年通过《藐视法庭法》（Contempt of Court Act），放宽了对于尚待审理的案件的报道和评论，判断报道和评论是否违法的标准是看它是否构成了对司法公正的严重妨碍或危害的重大风险。该法还设定了一个重要的抗辩理由，就是有关的言论是对于公共事务或其他公共利益问题的善意讨论，而危害到有关司法程序的风险只是有关讨论所间接（而非直接）涉及的。这样，公共利益成为支持媒体监督司法的重要根据，而且，对于媒体危害的"直接"和"可证实"的严格要求都使得对于媒体言论自由的限制已经变得非常难。由此可见，在现代社会传媒与司法的关系上，各国都更加重视言论自由、新闻自由的保护。对传统法中对于这些自由的限制的合理性和可取性进行自我检讨和反思，从而建构一个更符合现代民主开放社会的需要的法律体系。这样的反思，包括反思新闻自由的价值和它在现代民主、法治社会中所肩负的使命。在民主法治的社会中，人民越来越关心司法机关的运作，而新闻自由则是人民获得他们所需要的资讯的先决条件。[①]《关于传媒与司法关系的马德里国际准则》第一条规定，"议论言论自由是现代文明社会一切自由和权利的基础"。对于成案裁判的评论当然可以有不同的意见，这种意见的限度仅仅要求不妨害裁判的执行。实际上，在美国和日本，我们一方面可以看到法院在进行审理或者执行裁判，但是另一方面，法庭外面就有抗议的民众。[②]

　　至于在传媒的司法监督中如何保障司法独立与被告人权利的问题，针对传媒司法监督负效应的限制所应当采取的方法是对个案中的利益做出权衡。媒体和司法所具有的价值均应受到宪法的保护，虽然对于媒体的限制不宜进行一般性的限制，但是，针对个案中司法独立面对的威胁采取一些维护司法独立的措施仍有必要。有论者指出："……《马德里准则》规定：'媒体的权利和责任是收集和调查公共信息，对司法管理加以评论。'而'公民权利法无明文禁止即自由'，这必然导致'新闻自由优先于司法权力'的结论，使得司法难以为传媒的新闻监督划定一个明确的范围，必须根据个案加以权衡，最终达到防止新闻监督活动失当的目标。"[③] 有学者认为，相较于新闻自由的权利，司法独立具有优先性，这是因为其保障的是被告人的

　　① 参见陈弘毅：《从英、美、加的一些重要判例看司法与传媒的关系》，见《司法公正与权利保障》，159～160 页，北京，中国法制出版社，2001。

　　② 参见高一飞：《黑幕下的正义——审视潜规则下异化的司法》，见东方法眼，http：//www.dffy.com/faxuejieti/ss/200503/20050314203726-2.htm。

　　③ 庹继光：《公正审判权视阈下的传媒介入监督研究》，219 页，北京，中国社会科学出版社，2011。

公平审判权，而当被告人的权利获得救济与保障新闻自由出现冲突时，应当优先保障公民救济性的权利。[①] 所以，司法对于传媒的限制只应当是在少数被告审判权切实受到影响之时，而且，这还需要遵循严格的法律规定，满足法律所要求的各种条件。对于司法独立与媒体司法监督权利之间冲突调和的方法，胡铭认为应采取个案利益权衡的方法，"我们不好笼统地说媒体监督和司法独立，谁优于谁，也很难说舆论自由权就高于被告获得独立审判的权利，或者司法独立就高于公民的监督权，既然没有绝对的权利位阶，冲突的现实存在和我们设定的法律目的又要求我们给出解决方案，那么就需要进行利益衡量与价值选择……个案利益权衡要求在具体的个案中就相冲突的权利、价值之间进行比较和考量，然后作出相对优先的评判"[②]。这主要是由于媒体司法监督在有可能对一些涉及审判公正的要素，如证人的出庭、法官的公正审判等产生负面作用时，就可以对媒体的个案监督进行一定的限制，这种限制可能不是直接针对媒体的，却可以达到维护审判独立的目的。比如，法官可以决定限制律师对该案发表评论，变更审判地点，延期审理或中止审理，还包括法官的回避和隔离等等。但是，笔者认为当法官做出上述减少传媒影响决策的时候，都应当由被告人提出申请，再由法官进行裁决。理由是，无论是媒体的司法监督还是司法独立的价值目标最终都是为了实现公民的权利，媒体、司法都是由于受到公众的委托来行使权利/权力的，因此，被告人的权利在三者关系中具有优先性，当发生冲突时媒体和司法代表公众的权利/权力都应当让位于公民个体的权利。

综上所述，对于实践中传媒与司法的关系而言，当前的司法与媒体关系中的核心问题已经不是要舍弃谁，而是如何选择一个传媒与司法沟通的"度"，这就是说司法既不能够对"热案"中的结构性意义视而不见，同时也不能放弃司法本身的专业性，由舆论来引导司法。这就将思考从司法审判是否要考虑民意或者社会舆论转移到了在考虑民意当中如何把握好"度"这一更为现实的问题上。当前学术界不少人已经在理念上逐步认可了传媒监督司法审判所产生的正面价值。现代社会大众传媒将司法审判中的"民意"表达出来以后，影响性案件中所承载的"结构性意义"也才能够被司法部门所认知。而且，司法独立与司法民主都是现代司法所应当追求的价值。媒体介入司法的价值不仅仅是为了保障司法独立得以实现，司法公开、司法程序的公正这些司法民主价值都是传媒监督可以实现的价值。如果一味地以干扰

---

① 参见孙笑侠：《司法的政治力学——民众、媒体、为政者、当事人与司法官的关系分析》，载《中国法学》，2011 (2)。

② 胡铭：《转型社会刑事司法中的媒体要素》，载《政法论坛》，2011 (1)。

司法独立为由指责传媒的介入，那么，事实上，也没有公正地看待传媒在司法公开、司法程序正义等司法民主方面所起的积极作用，即传媒监督司法一方面需要维护司法独立，尊重和支持司法的专业性，但是，另一方面还要揭示公众关注的司法案件中的民意诉求，维护司法民主的价值和功能，后者显然是当前司法与传媒关系中时常会被忽视的方面。

中共中央成立网络安全和信息化领导小组

2014 年 2 月 27 日，中央网络安全和信息化领导小组正式成立，由习近平任组长，李克强、刘云山任副组长。这是党的十八届三中全会以后，由总书记直接担任组长、由总理担任第一副组长的第三个跨党政军的重要机构。在成立会上习近平做了重要讲话，并审议通过了《中央网络安全和信息化领导小组工作规则》《中央网络安全和信息化领导小组办公室工作细则》《中央网络安全和信息化领导小组 2014 年重点工作》。

中央网络安全和信息化领导小组的成立也体现了中国最高层全面深化改革、加强顶层设计的意志，显示出其在保障网络安全、维护国家利益、推动信息化发展方面的决心。中国互联网络信息中心（CNNIC）2015 年 2 月 3 日发布第 35 次《中国互联网络发展状况统计报告》，《报告》显示，截至 2014 年 12 月，我国网民规模达 6.49 亿，互联网普及率为 47.9%，较 2013 年底提升 2.1%，手机网民规模达 5.57 亿，较 2013 年底增加 5 672 万。这种种数据，既体现出我国互联网产业的生机与活力，更体现出产业未来的发展方向。

一、我国信息化领导小组的发展和演变

对于中央为什么要成立这样一个高规格的领导小组这个问题，需要从改革开放以来国家对信息化领导方式的演变等思路出发，理清脉络。

改革开放以来，伴随信息技术的快速发展和信息技术革命的兴起，有一个重要的课题就是如何有效加强国家层面对信息化的强有力领导。

20 世纪 80 年代初，在邓小平、宋平等中央领导的关心和指导下，我国信息化

管理体制机制开始建立。1982 年 10 月 4 日，国务院成立了计算机与大规模集成电路领导小组，确定了我国发展大中型计算机、小型机系列机的选型依据。

1984 年，为了加强对电子和信息事业的集中统一领导，国务院决定将国务院计算机与大规模集成电路领导小组改为国务院电子振兴领导小组。该小组在"七五"期间，重点抓了 12 项应用系统工程，支持应用电子信息技术改造传统产业。

1986 年 2 月，为了统一领导国家经济信息系统建设，加强经济信息管理，国务院在组建国家经济信息中心的同时，成立了国家经济信息管理领导小组，时任国家计委主任宋平任组长。

1993 年 12 月 10 日，国务院批准成立国家经济信息化联席会议，统一领导和组织协调政府经济领域信息化建设工作，时任国务院副总理邹家华担任联席会议主席。

1996 年 4 月，中央决定在原国家经济信息化联席会议基础上，成立国务院信息化工作领导小组，统领全国信息化工作，时任国务院副总理邹家华任组长。

1999 年 12 月，国务院决定成立国家信息化工作领导小组，时任国务院副总理吴邦国任领导小组组长。领导小组不单设办事机构，具体工作由信息产业部承担。

2001 年 8 月，中央决定重新组建国家信息化领导小组，时任国务院总理朱镕基担任领导小组组长。与 1999 年成立的国家信息化工作领导小组相比，新组建的领导小组规格更高，组长由国务院总理担任，副组长包括 2 位政治局常委和 2 位政治局委员。伴随着国家信息化领导小组的成立，国务院信息化工作办公室也宣告成立。

2001 年 8 月，党中央、国务院批准成立国家信息化专家咨询委员会，负责就我国信息化发展中的重大问题向国家信息化领导小组提出建议。至此，国家信息化领导小组—国务院信息化工作办公室—国家信息化专家咨询委员会"一体、两个支撑机构"的格局已经形成。

2003 年国务院换届后，成立了新一届国家信息化领导小组，中央政治局常委、国务院总理温家宝担任组长。为了应对日益严峻的网络与信息安全形势，同年在国家信息化领导小组之下成立了国家网络与信息安全协调小组，组长由中央政治局常委、国务院副总理担任。

2008 年 7 月，根据国务院大部制改革的总体部署，国务院信息化工作办公室的工作职责划归新组建的工业和信息化部，具体工作由信息化推进司负责。[①]

---

① 参见汪玉凯：《中央网络安全和信息化领导小组的由来及其影响》，载《中国信息安全》，2014（3）。

二、中央网络安全和信息化领导小组成立的重要意义

1. 中央网络安全和信息化领导小组的成立标志着网络安全已上升到前所未有的国家高度

继国家成立安全委员会之后，此次设立中央网络安全和信息化领导小组并由习近平总书记亲自挂帅，彰显信息安全问题已经上升到了史无前例的战略高度。网络安全已涉及政治、经济、军事、外交、科技、金融、意识形态等方方面面，成为关系国家安全的重中之重。

"棱镜门"事件[①]后，世界各国不断加强在网络空间的部署，联合国裁军研究所的调查结果显示，世界上已有46个国家组建了网络战部队，爆发国家级网络冲突的风险不断增加。有针对性的网络安全事件的增多，对经济和社会的影响进一步加深。从产业发展的层面看，被广泛使用的贸易保护"安全壁垒"，不断挤压我国信息技术产业的发展空间。从个人信息安全的层面看，云计算、大数据、移动互联网等新兴技术应用日趋深入，信息安全问题威胁将更加突出。因此，我国加强网络安全和信息化发展是因势而谋。

截至2014年3月，已有40多个国家颁布了网络空间国家安全战略，仅美国就颁布了40多份与网络安全有关的文件。2014年2月，美国总统奥巴马宣布启动《网络安全框架》。2月19日，德国总理默克尔与法国总统奥朗德探讨建立欧洲独立互联网，拟从战略层面绕开美国以强化数据安全。欧盟三大领导机构明确，计划在2014年底通过欧洲数据保护改革方案。作为中国的亚洲邻国，日本和印度也一直在积极行动。日本2013年6月出台《网络安全战略》，明确提出"网络安全立国"。印度2013年5月出台《国家网络安全策略》，目标是建立"安全可信的计算机环境"。因此，接轨国际，建设坚固可靠的国家网络安全体系，是中国必须做出的战略选择。我国加强网络安全和信息化发展是应势而动。

---

① 棱镜计划（PRISM）是一项由美国国家安全局（NSA）自2007年小布什时期起开始实施的绝密电子监听计划，该计划的正式名号为"US-984XN"。英国《卫报》和美国《华盛顿邮报》2013年6月6日报道，美国国家安全局和联邦调查局（FBI）于2007年启动了一个代号为"棱镜"的秘密监控项目，直接进入美国网际网路公司的中心服务器里挖掘数据、收集情报，包括微软、雅虎、谷歌、苹果等在内的9家国际网络巨头皆参与其中。2013年6月，前中情局（CIA）职员爱德华·斯诺登将两份绝密资料交给英国《卫报》和美国《华盛顿邮报》发表公开。时年29岁的斯诺登遭到美国通缉。事件发生后，斯诺登从香港逃往俄罗斯，并以临时避难者身份进入俄罗斯境内。

2. 中央网络安全和信息化领导小组的成立意味着形成新的网络管理体制

我国网络管理体制由于历史原因，形成多头管理的现实格局。习近平总书记在对中共十八届三中全会《中共中央关于全面深化改革若干重大问题的决定》的说明中明确表示，"面对互联网技术和应用飞速发展，现行管理体制存在明显弊端，主要是多头管理、职能交叉、权责不一、效率不高。同时，随着互联网媒体属性越来越强，网上媒体管理和产业管理远远跟不上形势发展变化"。

新设立的中央网络安全和信息化领导小组，在级别上高于各个部委，从国家层面进行号召，执行会更容易，协调力度、落实程度、推进力度会显著大于原来的体制。领导小组将着眼国家安全和长远发展，统筹协调涉及经济、政治、文化、社会及军事等各个领域的网络安全和信息化重大问题，破除现有管理体制的弊端。[1]

国家信息化专家咨询委员会先后两次立项进行有关国家信息化管理体制机制方面的研究。课题组 2012 年 11 月 20 日给国家信息化专家咨询委员会作为课题结项的政策建议稿指出，我们应该意识到，与欧美发达国家相比，我国信息化差距仍然较大，特别在宽带建设和新技术应用创新方面明显落后。在国际电信联盟发布的"信息通信技术发展指数"（IDI）中，我国 2008 年的信息化水平在国际排名中位于第 79 位，相比 2007 年下降了 6 位。2008 年以后下降的趋势还在持续。在联合国经济与社会事务部发布的"电子政务发展指数"（EGDI）排名中，我国最好的成绩是在 2005 年达到第 57 名，到 2008 年下降到第 65 名，2012 年再下降到第 78 名。另外，我国不同地区间"数字鸿沟"及其带来的社会和经济发展问题都需要尽快解决。中国面临的网络安全方面的任务和挑战日益复杂和多元。中国目前是网络攻击的主要受害国。仅 2013 年 11 月，境外木马或僵尸程序控制境内服务器就接近 90 万个主机 IP。侵犯个人隐私、损害公民合法权益等违法行为时有发生。

我国网络管理体制由于历史原因，造成"九龙治水"的管理格局。信息化管理比较混乱，国家对信息化的领导力十分薄弱，巨额的信息化资金投入缺乏有效的管理。如果不能从根本上改变目前的状况，我国信息化不进则退的问题还将继续。一些信息化发展先进国家的成功经验有两点值得我们关注：一是确立了信息化发展的国家战略；二是建立了适应发展又相对稳定的信息化管理体制，强化信息化的领导力。从我国的实际状况看，当前我国信息化管理体制机制中主要存在四个突出问题：

---

[1] 参见《关于中央成立"网络安全和信息化领导小组"对信息安全专业发展影响的思考》，见计世网，访问时间，2014 - 12 - 29。

一是管理机构缺乏权威，难以统揽全局。国家层面缺乏具有权威性、强有力的管理机构，是当前信息化管理体制存在的根本问题。目前我国信息化管理体制是由工信部进行统筹规划，其他各相关部门相互配合衔接。但是，工信部作为国务院的行业主管部门，在统筹管理信息化特别是电子政务方面缺乏足够的权威，难以统筹经济社会、国计民生各领域的政务发展需求，难以统揽党委、人大、政府、政协、高检、高法等单位和部门的电子政务建设工作，难以与发改、科技、公安、财政、保密、密码等相关职能部门就具体政策的制定进行协调，更难以统筹地方信息化发展。可以说，我国信息化发展实际上已经形成了顶层管理职能缺位的局面，信息化发展中一些全局性、战略性问题上始终无法取得突破。

与中央层面相比，地方层面的管理问题也很突出。一般省级信息化也有十多个不同类型的部门在分头管理，甚至分布在党委、人大等部门，出现了上情难以下达、横向难以有效协调的局面，地方反映强烈。

二是协调机制不力，统筹推进困难。由于信息化涉及全局，渗透、融合到各个领域，因此，加强协调就显得尤为重要。目前，我国信息化工作中跨部门、跨地区以及中央和地方间的协调，主要依靠国家信息化领导小组开会以及相关单位间采取"就事论事"的办法进行。这种协调方式会造成两大问题：一是国家信息化领导小组集中开会次数有限（除信息安全小组外），只能就重大问题进行商议决策，闭会期间没有明确的协调制度，特别是自2008年至今国家信息化领导小组一直没有开过会，信息化建设中需要高层协调解决的重大问题无法有效推进；二是在重大事项上部门间缺乏政策配合流程，特别是在投资审批方面缺乏规范的管理机制，依靠各相关职能部门间主办机构和公务人员一事一议的协调模式，协调成本高，随意性强，不能从根本上解决信息化建设的协同推进问题。

三是部门各自为政，重复建设严重。在信息化各领域中，电子政务管理面临的问题尤为严重。我国电子政务管理涉及的部门多、政府直接投入大，客观上对电子政务相对集中管理提出了更高的要求。但是，由于我国电子政务建设的规划、预算、审批、评估等各个环节分别由不同部门管理，特别是项目建设存在多头立项、多头审批的问题，尚未形成一个完整的机制，没有一个牵头部门对电子政务建设进行全方位的统筹，这就很容易造成重复投入、浪费投入。以网络建设为例，据有关部门调查，我国目前的网络设备的利用率只有5%～10%，与发达国家有较大差距。另外，我国政府部门的专网建设过多，也造成了网络资源的浪费，形成一系列"孤岛"和"烟囱"。因此，尽快建立一个强有力的统筹协调机制，加强对电子政务建设的统筹，遏制电子政务建设中的各自为政、重复浪费现象，显得尤为紧迫。

四是条块矛盾突出，综合效能低下。随着我国信息化深入推进，中央部门与地方协调发展的矛盾也日益突出。尤其在电子政务领域，目前中央各部门自上而下的"条"与地方的"块"之间缺乏有效的结合机制，形成电子政务建设纵强横弱、条块分割的局面。从条条看，不仅是中央垂直管理部门，而且越来越多的非垂直管理部门也开始把系统和网络直接延伸到基层甚至社区，形成了电子政务"上面千条线、下面万根针"的局面，使潜在的"信息孤岛"风险进一步加剧，安全风险进一步加大。从块块看，各部门网络和系统自成体系，地方电子政务建设统筹困难，统一应用和管理难以实现，财力也不堪重负。如果不尽快建立有效的条块结合机制，电子政务实现集约发展的难度将越来越大，电子政务综合效能难以充分发挥。[①]

三、中央网络安全和信息化领导小组的建立，预示着 我国网络安全与信息化整体将进入一个新的发展阶段

2014 年 2 月 27 日成立的中央网络安全和信息化领导小组，从表面上看，是沿袭 20 世纪 90 年代设立的国家信息化领导小组的整体格局，但实际上已经发生了重大变化：首先，新组建的中央网络安全和信息化领导小组已经不是国家层面上的，而是党中央层面上设置的一个高层领导和议事协调机构。其次，出任组长的已经不是过去的最高政府首脑总理，而是党的总书记，这有可能从根本上克服以往由国务院总理担任国家信息化领导小组组长难以协调党中央、军委、人大等的一些弊端，大大提高该小组全局的整体规划能力和高层协调能力。第三，这个小组不单是信息化领导小组，而是把网络安全放在更突出的位置。尽管在 2003 年组建的国家信息化领导小组下面曾经单设了一个国家网络和信息安全协调小组，但这样的设置有可能造成网络安全协调与信息化领导的两张皮。而这次成立的中央网络安全和信息化领导小组，在新的历史条件下特别是国家的网络安全上升为一个十分紧迫问题的情况下，突出网络安全并与国家信息化整体战略一并考虑，无疑具有重大战略意义。在某种意义上说，习近平在讲话中提出的"没有网络安全，就没有国家安全""没有信息化，就没有现代化"，已经十分明确地说明了为什么要在中央层面设立一个与全面深化改革领导小组、国家安全委员会并驾齐驱的，都由党的总书记担任组长、总理担任第一副组长的小组的深刻用意，就是这三个方面都关系到国家战略的全局，必须在组织架构上进行统筹协调，整体谋划，防止由于战略失误导致颠覆性

---

① 参见汪玉凯：《中央网络安全和信息化领导小组的由来及其影响》，载《中国信息安全》，2014（3）。

错误的发生。

至于中央网络安全和信息化领导小组未来的职责，在习近平的讲话中已经阐述得很清楚了。在笔者看来，这个机构的设立，虽然有引导网络舆论等方面的考量在里面，但其核心则在于要加快中国建设网络强国的历史进程，提高中国全局信息化的水平。正像习近平所指出的那样，中央网络安全和信息化领导小组要发挥集中统一领导作用，统筹协调各个领域的网络安全和信息化重大问题，制定实施国家网络安全和信息化发展战略、宏观规划和重大政策，不断增强安全保障能力；网络安全和信息化是一体之两翼、驱动之双轮，必须统一谋划、统一部署、统一推进、统一实施。由此可见，伴随着中央网络安全和信息化领导小组的成立，我国的网络安全与信息化管理体制机制正在发生深刻的变化，以往存在的一些明显弊端有可能被克服。这个新框架不仅预示我国新的信息化战略和网络强国战略会被提上重要议事日程，而且也预示中国在打一场信息技术和网络技术的翻身仗方面，也将迎来新的突破。[①]

四、对新形势下提升网络安全保障能力的几点思考

新设立的中央网络安全和信息化领导小组将统筹协调涉及经济、政治、文化、社会及军事等各个领域的网络安全和信息化重大问题，研究制定网络安全和信息化发展战略、宏观规划和重大政策，推动国家网络安全和信息化法治建设，不断增强安全保障能力。

领导小组将围绕"建设网络强国"重点发力，主要关注于以下几个方面：

要有自己的技术，有过硬的技术。要加快信息技术的国产化进程，提高信息系统自主可控水平。保障信息安全的根本途径是IT产业的国产化。为了确保信息安全，应加快对信息技术的国产化研发和产业化进程，做到技术有突破、设施有保障。芯片、服务器、交换机、系统集成、北斗卫星通信等基础通信设施方面，以及网络信息安全技术、工业控制系统安全技术、云计算技术、物联网技术等信息技术领域将有较大的发展空间。

要有良好的信息基础设施，形成实力雄厚的信息经济。要有高素质的网络安全和信息化人才队伍，快速形成网络安全"国家队"。习近平指出"建设网络强国，要把人才资源汇聚起来，建设一支政治强、业务精、作风好的强大队伍"。国家要

---

① 参见汪玉凯：《中央网络安全和信息化领导小组的由来及其影响》，载《中国信息安全》，2014（3）。

进一步加大研发创新支持力度，以集团整体优势开展相关项目与创新平台的申请申报，快速提升信息安全保障能力，满足国家信息安全战略需求。

信息技术将成为国家产业发展新的驱动力，带来新的经济增长点。互联网发展已经与工业、金融、通信等行业须臾不可分离，是国民经济的重要支撑，其自身也已经成为一个庞大产业。促进信息化、工业深度融合也是中央决定的发展大战略。此次发改委、央行、财政部、工信部等核心财经部门掌门人参与中央网络安全和信息化领导小组，意味着未来将从投资、财税、金融等各方面加强对互联网和信息化产业的扶持力度，带来新的经济增长点。

加快科技成果转化的进程，增强产、学、研合作。习近平指出"要制定全面的信息技术、网络技术研究发展战略，下大力气解决科研成果转化问题"。在加快科技成果转化的过程中，应加强高校、科研院所以及企事业单位的合作和交流，依托重点央企、高新技术企业加快对高校、科研院所的科研成果转化，形成产、学、研的可持续性发展链条。[①]

加强网络安全和信息化发展，必须建设网络强国，突破核心技术。我国虽然已是网络大国，但距离强国还很远，信息鸿沟依然存在，人均带宽与国际先进水平差距仍大，国内互联网发展瓶颈仍然突出，尤其是在网络核心设备和关键软硬件方面受制于人，且与国外先进水平有继续拉大的风险，我们的信息产业的发展还无法实现自主可控。"棱镜门"事件表明，除了采取各种信息安全保障措施外，采用自主可控的国产软硬件也是网络信息安全的必要条件。只有加强核心技术自主创新和基础设施建设，构建自主可控的信息安全产业生态体系，才能为国家软实力和竞争力提供坚实基础。因此，我国加强网络安全和信息化发展是顺势而为。

习近平主持召开中央网络安全和信息化领导小组第一次会议强调，网络信息是跨国界流动的，信息流引领技术流、资金流、人才流，信息资源日益成为重要生产要素和社会财富，信息掌握的多寡成为国家软实力和竞争力的重要标志。信息技术和产业发展程度决定着信息化发展水平，要加强核心技术自主创新和基础设施建设，提升信息采集、处理、传播、利用、安全能力，更好地惠及民生。

习近平指出，没有网络安全就没有国家安全，没有信息化就没有现代化。建设网络强国，要有自己的技术，有过硬的技术；要有丰富全面的信息服务、繁荣发展的网络文化；要有良好的信息基础设施，形成实力雄厚的信息经济；要有高素质的

---

① 参见《关于中央成立"网络安全和信息化领导小组"对信息安全专业发展影响的思考》，见计世网，访问时间，2014-12-29。

网络安全和信息化人才队伍；要积极开展双边、多边的互联网国际交流合作。建设网络强国的战略部署要与"两个一百年"奋斗目标同步推进，向着网络基础设施基本普及、自主创新能力显著增强、信息经济全面发展、网络安全保障有力的目标不断前进。

习近平强调，要制定全面的信息技术、网络技术研究发展战略，下大气力解决科研成果转化问题。要出台支持企业发展的政策，使其成为技术创新主体，成为信息产业发展主体。要抓紧制定立法规划，完善互联网信息内容管理、关键信息基础设施保护等法律法规，依法治理网络空间，维护公民合法权益。

《关于推进传统媒体和新兴媒体融合发展的指导意见》审议通过

中共中央总书记、国家主席、中央军委主席、中央全面深化改革领导小组组长习近平 2014 年 8 月 18 日主持召开中央全面深化改革领导小组第四次会议并发表重要讲话。他强调，2014 年是党的十八届三中全会提出全面深化改革的元年，要真枪真刀推进改革，为今后几年改革开好头。习近平强调，推动传统媒体和新兴媒体融合发展，要遵循新闻传播规律和新兴媒体发展规律，强化互联网思维，坚持传统媒体和新兴媒体优势互补、一体发展，坚持先进技术为支撑、内容建设为根本，推动传统媒体和新兴媒体在内容、渠道、平台、经营、管理等方面的深度融合，着力打造一批形态多样、手段先进、具有竞争力的新型主流媒体，建成几家拥有强大实力和传播力、公信力、影响力的新型媒体集团，形成立体多样、融合发展的现代传播体系。要一手抓融合，一手抓管理，确保融合发展沿着正确方向推进。

一、推动主流媒体在融合发展之路上走稳走快走好

会议审议通过了《关于推进传统媒体和新兴媒体融合发展的指导意见》，《意见》对新形势下如何推动媒体融合发展提出了明确要求，做出了具体部署。明确主要从以下四个方面发力：

第一，整合新闻媒体资源，推动传统媒体和新兴媒体融合发展，是落实中央全面深化改革部署、推进宣传文化领域改革创新的一项重要任务，是适应媒体格局深刻变化、提升主流媒体传播力公信力影响力和舆论引导能力的重要举措。通过融合发展，使我们的主流媒体科学运用先进传播技术，增强信息生产和服务能力，更好地传播党和政府声音，更好地满足人民群众的信息需求。

第二，推动媒体融合发展，要遵循新闻传播规律和新兴媒体发展规律，强化互联网思维，坚持正确方向和舆论导向、坚持统筹协调、坚持创新发展、坚持一体化发展、坚持先进技术为支撑。

第三，推动媒体融合发展，要将技术建设和内容建设摆在同等重要的位置。要顺应互联网传播移动化、社交化、视频化的趋势，积极运用大数据、云计算等新技术，发展移动客户端、手机网站等新应用新业态，不断提高技术研发水平，以新技术引领媒体融合发展、驱动媒体转型升级。同时，要适应新兴媒体传播特点，加强内容建设，创新采编流程，优化信息服务，以内容优势赢得发展优势。

第四，推动媒体融合发展，要按照积极推进、科学发展、规范管理、确保导向的要求，推动传统媒体和新兴媒体在内容、渠道、平台、经营、管理等方面深度融合，着力打造一批形态多样、手段先进、具有竞争力的新型主流媒体，建成几家拥有强大实力和传播力公信力影响力的新型媒体集团，形成立体多样、融合发展的现代传播体系。要一手抓融合，一手抓管理，确保融合发展始终沿着正确的方向推进。

中国人民大学新闻学院教授喻国明认为，互联网不仅仅是工具和渠道，更是一种可以改造世界的新结构方式。总书记讲话是要我们用互联网来重新整合、构建、汇聚我们的传媒实力，实际上是要用现代方式来重新整合我们的媒介。这样我们的媒介才能真正起到好的作用，对内让老百姓能够心情舒畅地表达，形成社会共识；对外广交朋友，让世界了解中国，让中国的软实力更多地能为国际社会理解和接受，至少实现正常的沟通。我们的媒体要想充分利用互联网进行改革，就必须抛弃以往"各立山头""一家独大"的包干理念。互联网时代，媒体市场不是被压缩了，而是被扩张了，但是为什么我们的传统媒体一再喊难？根子就在理念上。传统媒体要想转型，不仅仅需要进行自我改良，更需进行改革。如何改革？互联网思维不仅仅包括我们的技术，更包括整合、汇聚的能力。通过互联网，将以往各家媒体的拳头产品、金牌栏目集合起来，了解市场需求，洞察传媒变迁，才有可能跟上时代发展的步伐，继续引领传媒业发展。①

传统主流媒体在媒体融合发展中应开展集成服务。集成服务原是工商领域的概念，强调制造商不仅要为用户提供产品，还要为用户提供维修、流程和工作方法指导、人员技术培训等，并根据用户需求和意见反馈对产品进行调整、优化、改进，也就是为用户提供与产品相关的全程一站式后续服务、延伸服务。

---

① 参见喻国明：《真正以"互联网思维"推动媒体深刻变革》，见人民网，访问时间，2014-08-19。

所谓新闻信息集成服务，是把集成服务这个概念运用到新闻信息领域，就是整合媒体的网络、内容、终端和人才等资源，构建统一、开放的多媒体多功能智能化平台和终端，调整、改造、升级新闻信息生产方式、供给方式、服务方式和商业盈利模式，打造多样化、个性化、对象化产品，提供综合性、全程性、交互性新闻信息服务。它最终要构架一个"天上一片云，地下数张网，中有交互台，集成服务场"的格局。

"天上一片云"是指云计算技术以及基于这一技术的各种应用和服务，这是开展新闻信息集成服务最重要的技术支撑，基本贯穿于集成服务的全流程。

"地下数张网"是指包括采集网、传输网、终端播发网等在内的网络体系，这些网络和终端决定了集成服务的触角所能延伸到的领域和范围，以及服务效率的高低。

"中有交互台"是指规模化、标准化、智能化的新闻信息交互平台，是一个基于云计算、云传播的技术平台，要实现功能强大、系统完善、技术先进、操作便捷、界面友好、运行安全、人性化设计，具备收集分析聚合传输信息、综合加工各类资讯、技术解决、客户培训、信息反馈、意见受理、售后跟踪等集成功能，可以说是开展集成服务的核心所在。

"集成服务场"是指在具备"云""网""台"的基础上，通过资源整合、流程再造等构建起新闻信息集成服务系统。

新闻信息集成服务是一种传统媒体领域和新兴媒体、非媒体领域互相渗透，传媒和非媒体信息服务机构深度融合的生产，是一种既面向主流又面向"长尾"的生产，是一种深度互动的生产，也是一种以服务为导向的生产。通过集成服务，可以为受众提供可视化、动态化、多维度、多媒体、立体式的新闻信息内容，实现新闻信息服务量身定做、精准传播、有效互动，提高用户对新闻信息的参与度、关注度、满意度，在互动中服务、在服务中引导，取得社会效益和经济效益双丰收。

开展新闻信息集成服务，关键是三个转变：一是实现由单纯和单向的信息提供向互动和交互的信息发布模式转变；二是实现由单一的信息生产向集成服务模式转变；三是实现由不同终端界面各自分开的传统发布渠道向系统的、网络的、能够进入移动互联网终端的整合终端转变。①

---

① 参见李从军：《关于推进传统媒体和新兴媒体融合发展的思考》，见时事报告网，http://www.ssbgzzs. com。

二、着力打造一批形态多样的新型主流媒体

以互联网技术为代表的新科技革命正在急剧改变着这个世界的一切。国外同行遇到的难题也是如此。新闻媒体遇到的挑战一点儿也不亚于传统百货店较之于电商。但是，战胜挑战就是机遇！我们要主动适应国内外舆论环境变化，遵循新形势下的新闻传播规律，敢于发声、善于发声、巧于发声，在持续创新中抢占媒体融合的制高点。

能否做好意识形态工作，事关党的前途命运，事关国家长治久安，事关民族凝聚力和向心力。总书记要求我们，要适应社会信息化持续推进的新情况，加快传统媒体和新兴媒体融合发展，充分运用新技术新应用创新媒体传播方式，占领信息传播制高点。因此，要着力打造一批形态多样、手段先进、具有竞争力的新型主流媒体，建成几家拥有强大实力和传播力、公信力、影响力的新型媒体集团。

推进媒体融合发展，是一场事关我们党能否牢牢掌握意识形态工作主动权和话语权的重大而深刻的变革，是党中央着眼巩固宣传思想文化阵地、壮大主流思想舆论做出的历史性战略部署。党的十八届三中全会明确提出，要整合新闻媒体资源，推进传统媒体与新兴媒体融合发展。

推动媒体融合发展，也是传统媒体在数字革命和新兴媒体的强烈冲击下，应对全球传媒格局变化、提升整体实力和核心竞争力的必由之路。当前，我们正处于改革攻坚期，正在进行具有许多新的历史特点的伟大斗争，面临着前所未有的复杂局面。随着新科技革命浪潮的迅猛冲击，新闻信息产品的内容和结构、传播终端的形态和功能、受众的心理和习惯，都在发生革命性变化。特别是随着以互联网为代表的新兴媒体的迅猛发展，互联网生成舆论、影响舆论的能力日渐增强，年青一代更是将新媒体作为获取信息的主要渠道。传统媒体面临着市场被压缩、影响力下降、舆论引导和主导能力越来越脆弱的问题，有的甚至沦为微博、微信的"印刷体"。

在2013年前100大热点事件的传播中，由网络大V等首发或主导的占了近一半；传统平面媒体首发或主导的不足三成，七成左右为新媒体首发。新兴媒体的裂变式发展，改变了传统的舆论引导和传播格局，使舆论生态更加复杂，给新闻宣传工作带来全方位、深层次的影响。传统媒体被边缘化，主流媒体难以真正掌控主流舆论，主流舆论难以有效传播主流声音的问题已经出现。

胸怀大局、把握大势、着眼大事，找准工作切入点和着力点，做到因势而谋、应势而动、顺势而为，这是我们推进媒体融合发展的重要指引。"不谋全局者不足

谋一域，不谋万世者不足谋一时。"观大势、谋大事，就是要把握好时、度、效，审时度势、蓄势而发。只有因势、应势、顺势，才能变被动为主动、化挑战为机遇，才能如高山滚木，势不可挡。

巩固和壮大宣传舆论阵地，这是党的新闻工作者的职责所在。如果面对新形势、新挑战无计可施、束手无策，甚至守不住、丢阵地，那就是失职。面对新的舆论环境，我们必须坚持守土有责，守土负责，守土尽责，以变应变，创新、创新、再创新，在创新中掌握主动权、主导权。比如，作为新华社最年轻的部门之一，新媒体中心扮演着新华社推进战略转型的"排头兵"、探索新闻信息集成服务的"试验田"、新媒体建设发展的"先行者"、链接市场的"对接口"的角色。①

又如2014年12月24日，中央电视台与中国移动通信集团公司在北京正式签署战略合作框架协议，合作建设国家4G视频传播中心，全面开展4G业务合作。我国手机视频用户达2.94亿，年增长率为84.1%。4G的广泛应用将为移动视频带来巨大的发展空间和广阔前景。一部手机在手，随时随地看视频，正在成为人们观看视频的新常态。4G视频传播中心这一合作项目，作为中央电视台加快推进传统媒体与新兴媒体融合发展的重点项目和重要抓手，对于增强电视媒体在4G新媒体领域的传播力影响力公信力和舆论引导能力，更好地满足人民群众日益增长的精神文化生活需求有着重要意义。

三、"内容为王"定律将依然有效

"内容为王"曾是传统媒体时代的铁律。进入网络信息时代以来，很多人对这一提法提出质疑，认为与终端、平台、资本、技术等相比，内容已经变得无足轻重。这是对传媒发展规律的误读和对传媒发展趋势的误判。虽然当前新的传播技术和传播渠道层出不穷，但高品质的内容以及基于这些内容的产品，仍然是媒体机构在新时代生存发展的根本，并在未来媒体发展中起到关键作用。可以说，没有了内容的优势，传统媒体就什么都不是；没有内容这个核心资源，新媒体平台也只不过是冰冷的虚拟空间。

当然，坚持并实现"内容为王"，就必须有"王牌内容"，优质内容依然是媒体的核心竞争力，加强内容建设仍是现代媒体生存与发展的必由之路。网络信息时代，坚守正确的政治方向和舆论导向，坚守真实、优质的新闻内容，坚守提供正能

---

① 参见慎海雄：《在推进融合发展中巩固壮大主流舆论阵地》，见新华网。

量的海量信息，将是媒体机构永恒的追求。[①]

中国人民大学新闻学院教授喻国明指出，互联网时代，新媒体要想做大做强，必须要有好的内容、好的技术平台和用户洞察，这三者缺一不可。在以往的传播格局下，"传声筒"式的市场调查是根本不行的，传媒对于市场的了解是极其粗放和有限的。我们现在应将"决策权前移"，利用大数据等手段充分解读市场需求，而不是躲在"后方"，在"指挥部"里判断形势。要改变面对新兴的互联网大热产品微博、微信等时的"惯性思维"，把这些产品或平台当作延长价值的工具。正如习总书记提到的，真正运用互联网思维，颠覆以往的运营逻辑。[②]

总体来说，传统媒体与新兴媒体融合发展，其结果和目标导向还是要做以传播新闻信息内容为核心产品的媒体。传统媒体的采编队伍具有素质高、业务精、能写优质深度报道的长处，新兴媒体有传播速度快、用户群体广、对用户消费新闻信息的心理把握精准的优势。二者的融合，可以充分把各自的长处发挥到极致，使新闻信息生产和运营的社会效益与经济效益都实现最大化。因此，要更加注重新闻产品的内容建设。

另外，内容的传播需要依附一定的平台。传统媒体与新兴媒体要打通用户平台，实现用户的综合服务与开发能力。现在，各家传统媒体都有两大块珍贵的资源，一是报纸现有的订户资源，二是已经开办的新媒体积累的用户资源，其背后的社会价值和商业价值不可估量。这两大块资源现在大多并没有得到挖掘、打通。融合后的媒体应充分运用互联网思维，自己开发或引进第三方工具，对已有的读者、用户大数据进行打通、分析、挖掘，用融合后的媒体全力去吸引、服务用户群体，就一定能实现传播效果和经济效益的极大提高。[③]

内容是媒体的灵魂。推进媒体融合发展必须把内容融合摆在突出位置，在新闻生产传播上，充分发挥传统媒体专业采编优势和新兴媒体传播优势，根据不同媒体的传播规律和传播特点，建立分层分众化传播机制。新兴媒体首轮传播在"微"上做文章，新闻报道讲究精准短小、鲜活快捷、吸引力强，抢占第一落点和传播先机；传统媒体与新兴媒体"携手"二轮传播在"深"字上下功夫，突出报道的思想性、权威性和解释性，在多轮立体化传播中扩大信息传播的覆盖面。

内容深度融合还体现在新闻资讯与非新闻资讯内容的融合传播上，随着经济社

---

① 参见李从军：《关于推进传统媒体和新兴媒体融合发展的思考》，见时事报告网，http：//www. ssbgzzs. com。

② 参见喻国明：《真正以"互联网思维"推动媒体深刻变革》，见人民网，访问时间，2014 - 08 - 19。

③ 参见高亢：《传统媒体与新兴媒体融合发展的难点与对策》，载《新闻爱好者》，2014（12）。

会发展和人们生活水平的提高，人们对媒体的信息需求早已从传统媒体刊播的新闻报道、生活服务信息和广告等资讯领域，扩展到新兴媒体的网上购物、网上支付、休闲娱乐、社会交往等非资讯领域。要积极推进资讯类内容与非资讯类内容的融合，大力发展 T2O（TV to Online）电视电子商务、网络视频、网络游戏、网络社交等非资讯业务，丰富媒体传播内容，拓宽媒体服务领域，满足用户多样化、个性化、多元化需求，打造和培育新兴媒体产业。

二、网络传播规范与公权力行使

国家互联网信息办公室被授权管理互联网信息

一、国家网信办重组背景：服务于国家网络安全与信息化建设大战略

2014 年 8 月 26 日发布的国办〔2014〕33 号文件通知称：为促进互联网信息服务健康有序发展，保护公民、法人和其他组织的合法权益，维护国家安全和公共利益，授权重新组建的国家互联网信息办公室（简称国家网信办）负责全国互联网信息内容管理工作，并负责监督执法。① 2014 年刚刚成立中央网络安全和信息化领导小组（简称中央网信小组），并于 2 月 27 日召开第一次会议。该机构的办公室也设在国家网信办，国家网信办同时加挂中央网信小组办公室的牌子。4 月，鲁炜以中央网信小组办公室主任的身份亮相。对于这一机构成立的意义，国家行政学院教授汪玉凯指出，该机构的组建使得信息化及网络安全的领导机构已从国家层面上升到了党中央这个更高的层面；组长不是政府总理而是党的总书记，使得该机构对于党中央、军委、人大等机构的协调能力大大增强。② 该机构的成立可以说与党中央对当前的网络安全与信息化形势的战略认识是分不开的。而网络安全与信息化成为国家战略，主要受到几方面因素的影响：第一，信息技术的飞速发展，推动信息化时代的到来，而信息化已对整个社会的政治、经济、文化等各个方面都产生深刻的影响。信息化与社会各个领域结合，就能够极大地推动这些领域的发展。信息流带动

---

① 参见《国家网信办重组　国务院授权其负责互联网内容管理执法》，见观察者网，http://www.guancha.cn/politics/2014_08_28_261572.shtml。
② 参见汪玉凯：《中央网络安全和信息化领导小组的由来及其影响》，载《中国信息安全》，2014（3）。

技术流、资金流、人才流，已成为当今社会发展的重要动力。因此，信息资源日益成为重要生产要素和社会财富，信息的掌握和应用能力成为国家软实力和竞争力的重要标志。第二，从世界范围来看，我国的信息化能力提升还面临诸多困难，我们虽说是拥有6亿网民的网络大国，却不是网络强国。在网络空间中，中国还属于第三世界。有学者指出："如果按照'三个世界'理论来描述，在网络空间方面可以分为三类国家：一是网络霸权国家。美国依靠互联网域名管理及技术上的优势，成为网络空间唯一的超级霸权国家。二是网络独立国家。如德、英、法、日、韩等国。这些国家尽管受到网络霸权国家的影响，但已经具备网络国防意识，或制定了国家网络安全战略和规划，或正筹备建立独立的国内网。如德国在2013年10月提出建立'零监控'的国内通信网；伊朗政府在被'震网'病毒攻击后，宣布建立国域网。三是网络空间租客国家。包括我国在内的大部分国家，受制于发展现状及网络信息技术瓶颈，在网络空间上受制于网络霸权国家。"① 而且，我国网络相关的核心技术远落后于一些西方国家，国外品牌基本垄断了国内计算机的硬件、软件产业。我国所有的移动终端和台式电脑也都几乎被苹果、安卓、微软这三大品牌的操作系统所垄断。第三，一直以来，我国的信息产业对于国外企业、产品近乎"完全开放"，这就使得国家、公民的网络信息安全存在很大的隐患。特别是近年来，我国政府的网络大量被攻击。鲁炜在国务院新闻办举行的新闻发布会上曾向记者提道："中国是网络攻击的受害国，每个月有1万多个网站被篡改，80％的政府网站受到过攻击，这些网络攻击主要来自美国。"② 信息安全是国家安全的重要内容，也是确保国家政治安全、经济安全、文化安全和军事安全的前提条件。第四，在社会、经济的转型时期，社会矛盾大量增加，这时候网络中管理的滞后，极易使得信息能力提高的同时增加社会的不安定。而当前最大的问题还是面对信息化时代的到来，我们的管理落后，特别是管理体制、机制都无法适应网络技术和网络社会的发展。因此，要解决这些问题，就迫切要求把网络安全与信息化建设上升到国家战略，对于网络安全与信息化建设从战略层面进行"顶层设计"。而中央网信小组将网络的发展与治理作为该机构的两大使命。习近平指出，网络安全与信息化要并行不悖，它们是实现网络强国目标的重要支撑和保障。没有网络安全就没有国家安全，没有信息化就没有现代化，中央网信小组的任务是，要发挥集中统一领导作用，统筹协调各个领域的网络安全和信息化重大问题，制定实施国家网络安全和信

---

① 谢新洲：《网络空间治理须加强六个方面的顶层设计》，见人民网。
② 《国家网信办：80％政府网站受到过攻击》，载《南方日报》，2014-10-31。

息化发展战略、宏观规划和重大政策，不断增强安全保障能力；网络安全和信息化是一体之两翼、驱动之双轮，必须统一谋划、统一部署、统一推进、统一实施。由此可见，该机构成立之后由它直接负责制定推动网络安全与信息化发展的战略，统筹协调全国各个领域网络安全与信息化中的重大问题，这与之前设在国务院的信息化协调机构有很大不同。①

二、国家网信办的工作职责及成立后的相关举措

2014年8月26日，国家网信办重组，国家互联网信息办公室被授权进行全国互联网信息内容管理工作，并负责监督管理执法。而且，国家网信办同时加挂中央网信小组办公室的牌子，由此可见，国家网信办是中央网信小组的具体执行机构。中央网信小组办事机构即为中央网信小组办公室，而由国家网信办承担具体职责。国家网信办的职责也会将发展与治理并重，推动中央建设网络强国目标的战略部署得以实现以及国家大政方针的落实。中央网信小组的职责有三个方面：第一，着眼国家安全和长远发展，统筹协调涉及经济、政治、文化、社会及军事等各个领域的网络安全和信息化重大问题；第二，研究制定网络安全和信息化发展战略、宏观规划和重大政策；第三，推动国家网络安全和信息化法治建设，不断增强安全保障能力。而国家网信办成立之后，在制定和推动互联网信息传播法治建设以及网络内容的监督执法方面有不少新的举措。最明显的是，其制定和推动立法的数量、效率与国务院其他下属部门相比是非常罕见的。国家网信办重组以来，一方面推动网络信息化建设与发展。如2014年9月10日下发通知，要求全国各地网信部门推动党政机关、企事业单位和人民团体积极运用即时工具开展政务信息服务工作等。另一方面加强网络治理。比如，2014年这方面的举措就包括：8月7日正式发布《即时通信工具公众信息服务发展管理暂行规定》，以十条规定，规范以微信为代表的即时通信工具的公众信息服务，简称"微信十条"；9月24日国家网信办、工信部、工商总局召开"整治网络弹窗"专题座谈会，专项研究治理网络弹窗乱象，决定启动"整治网络弹窗"专项行动，进一步加大对网络弹窗的整治力度，严肃查处传播淫秽色情信息、木马病毒、诈骗信息等非法弹窗行为；11月6日国家网信办召开跟帖评论管理专题会，新华网、人民网、新浪网、搜狐网、网易网、腾讯网等29家网站在会议上签署了《跟帖评论自律管理承诺书》；12月8日国家网信办根据群众

---

① 参见汪玉凯：《中央网络安全和信息化领导小组的由来及其影响》，载《中国信息安全》，2014（3）。

举报，对传播色情、低俗、虚假、谣言信息的迅雷弹窗服务采取关停措施，另对 8 家故意编发、炒作低俗内容的网站进行了查处；等等。[①] 总之，推动和完善互联网相关立法是其工作的重要内容，而且，今后国家网信办立法的任务依然繁重，计划继续制定或推动互联网新闻信息服务管理、网络广告监管相关的规范，并且正在推动互联网网络安全审查制度，将对关系国家安全和公共利益的系统使用的重要技术产品和服务进行网络安全审查等。此外，国家网信办成立后还重视推动国际范围内互联网发展与治理方面的交流合作。2014 年 9 月 10 日，鲁炜出席 2014 夏季达沃斯论坛以"促进世界互联网安全和繁荣"为主题的分论坛，发言强调建立和平、安全、开放、合作的互联网。11 月 19 日至 21 日，由国家网信办、浙江省政府共同主办的首届世界互联网大会在桐乡乌镇召开，大会以"互联互通共享共治"为主题。

三、国家网信办互联网内容管理与执法监督初见成效

国家网信办对于网络内容管理及监督执法的经验主要体现在以下几个方面：其一，从成立以来，在互联网治理问题上，国家网信办出台监管规范的速度让外界瞩目，不断推动各类针对新的网络平台的监管措施，给人一种政府主动、有为的良好形象；成立以来，已开展了打击网络谣言、政治类有害信息、淫秽色情、网络敲诈等专项行动，严厉打击网络攻击、网络暴力、网络诈骗、网络窃密等违法犯罪活动。对于网络空间中出现的新问题，国家网信办及时跟进进行监管，一定程度上维护了国家、社会与网民的利益，促进了新媒体平台的健康发展。国家网信办面对"新问题"，一改过去一些行政部门行动迟缓，等到问题严重后才出手的"懒政"思维，及时回应公众反映强烈的问题，得到社会好评。国内民调机构零点调查公司发布的"党的十八大以来国内网络生态环境"调查报告，其中一项结论显示，对于"网民普遍肯定党的十八大以来网络环境的积极变化"网民普遍表示认可，并盛赞网络空间日渐清朗。[②] 其二，这一机构的成立对于网络空间的管理也是一种体制的创新。它在一定程度上改善了网络内容管理"九龙治水"多头管理的局面，弥补了执法能力严重不足的弊病。其三，国家网信办对于网络空间的监管，也充分体现了国家社会治理理念和方法的创新。网络空间体现出多终端、多媒体、多主体、社交

[①] 参见国辉：《2014 年网信办网络安全大事记》，载《中国信息安全》，2014（12）。
[②] 参见《网信办：2015 年着力解决公众反映强烈的问题》，载《中国青年报》，2015-03-03。

性强的特征，而且，新的媒体形态层出不穷，这就使得网络的违法活动具有复杂、难以发现、影响范围广、危害性大等特殊性，对于新的现象监管也必须得有新办法。比如，"微信十条"在互联网内容监管问题上就是一次探索、创新。在监管模式上，尝试依靠社会组织参与网络信息的管理，以此来应对网络信息数量庞大、难以管理的现实困境。微信等即时通信的管理引入了由国家网信办管理网络信息服务提供者，再由网络信息服务提供者监管公众号使用者的模式，由此，降低了政府管理的压力，从"全面抓"转向了重点、局部的监管，这是互联网内容监管的一次积极的探索。在当前互联网空间的治理方面，国家网信办立足于"管得住"，大胆实践，也为国家治理能力现代化积累了宝贵的经验。

不过，国家网信办的网络内容管理目前也还存在一些问题。一是政策出台过快，容易产生效率不高、民主性不够等问题。国家网信办为了推动建立理性客观、正能量的网络空间，已经出台了许多监管的规范性文件。虽然这是为了适应网络技术更新快、新问题不断涌现的社会现实需要，但作为政府的规范性文件，如果仓促出台，就很可能因准备不足而出现科学性不够的问题，从而降低监管的效率，导致规范的预见性、前瞻性不足。对外经济贸易大学法学院副教授卢海君指出："互联网立法要兼顾保守性和前瞻性。既不可操之过急，以防阻碍创新；也要立足长远，为新技术的发展留下足够空间。"[①] 另外，规范出台过于频繁，也会降低公众对于政策的可预见性。在现代民主社会，政府的立法一般都需要先向社会征求意见，民主性是对于规范性文件的一项基本的要求。权力机关规范出台过快，在公众心里就很难留下深刻的印象，规范性文件的执行效力就会大大降低。二是监管权的法律层级低，执法"力度"不够。国家网信办虽然被赋予网络内容管理与监督执法的权力，但是，目前这种权力在落实过程中往往需要借助于其他部门的协助，单靠国家网信办自身，由于缺乏对执法权力的明确、具体授权，以及在运行的制度规范、相应的制度保障等方面存在诸多的不完善，就使得网络空间的管理中执法"力度"不足。网络空间的管理，监管压力大，特别是从推动国家网络安全与信息化的角度来看，它肩负着重要的使命，需要面对整个互联网空间推动相关的立法、执法。鉴于其担负的重要使命和职责，这既需要国家更高层级的权力授权，也需要有强大的"执行力"作为后盾。比如，在网络色情的监管问题上，有人赞成执法权都应集中到国家网信办，"因为我听说国信办现在也要准备立法增加它的执法权，把它作为一个执法部门来看待。而且国信办又是一个网络内容主管部门，所以我觉得可以考虑相对

---

① 《网信办连办三场座谈 研讨用法治撑起网络蓝天》，载《人民日报》，2014-10-28。

集中处罚权，根据《行政处罚法》，将多个行政机关的执法权集中到一个行政机关来行使，可以把有关网络淫秽色情的处罚权集中到国信办，这样的话能提高联动的效率"①。不过，也有人表达了不同的意见："当然，我们可以考虑网络执法的决定权与执行权的分离，这需要制度设计。比如说，网信办可以就职权范围内的案件作出行政违法决定，然后交给公安的网络保卫部门去执行，这也是可能的。"② 总之，网信办的执法权如何落实的问题是必须要先加以解决的。三是权力运作的法治化程序有待加强。在立法层面，网络空间立法是网络治理的重要内容。清华大学法学院院长王振民认为："首先需要网信办等相关主管部门加强顶层设计，从立法、执法、守法等各方面总体考虑，提出建设法治化网络的总目标、总任务，制定时间表、路线图。"③ 而这项工作更是十分艰巨，对此国家网信办副主任任贤良有很真切的表述："我国的互联网立法存在及时性不够、系统性不强、法律位阶较低等问题，特别是随着网络新技术新业务快速发展，相关法律问题不断涌现，如网民财产权益受侵害后难以取证、网络侵权案件管辖权存在争议、跨国网络犯罪法律适用困难等。我们要结合网络空间的全球化、虚拟化、动态化等特征以及互联网发展最新态势，加强顶层设计，构建互联网法律体系，认真展开调研，围绕关键基础设施、互联网资源、信息安全、垃圾信息、网络版权、电子商务、网络犯罪等方面及时开展相关的立法和法律修订工作。"④ 此外，国家网信办自身网络监管的法治化，也已成为业界的期待。有人对于国家网信办的监管这样建言："我们现在经常会写一些通知、公告等文件，这时我们常会引用一些标准、制度，但是如果有相关的法律文件，我们更愿意引用法律条文，因为它比这些标准、制度的级别更高。这样一来，我们往下推行推进一些工作的时候，可能会更顺利一些，所以从工作的角度上，希望法律尽快完善。"⑤ 还有，在国家网信办权力增加的同时，对其如何监督，以及如何实现权利的救济都是需要跟进解决的问题。对于国家网信办的行政处理决定，当事人都有申请行政复议或者向法院寻求救济的权利。

---

① 谢永江：《关于打击网络色情的几点看法》，"打造清朗网络空间环境——网络色情安全挑战与应对策略研讨会"发言，见博客中国，http://zt.blogchina.com/2015zt/wlsq/index.htm。

② 谢君泽：《打击网络违法犯罪急需升级侦查执法手段》，"打造清朗网络空间环境——网络色情安全挑战与应对策略研讨会"发言，见博客中国，http://zt.blogchina.com/2015zt/wlsq/index.htm。

③ 《网信办连办三场座谈　研讨用法治撑起网络蓝天》，载《人民日报》，2014-10-28。

④ 《网信办副主任任贤良：加强顶层设计构建互联网法律体系》，见人民网。

⑤ 《各界专家建言网信办网络安全工作　他们眼中的"网信办"》，载《中国信息安全》，2014（12）。

四、权力的界定及网络监管权力的完善

1. 服务国家网络安全与信息化建设的目标，国家网信办的职权需通过立法明确界定

2014年，围绕着如何推动网络安全与信息化工作，国家网信办组织了多场研讨会。如9月24日，召开信息化形势研判专家高层研讨会。国家互联网信息办公室副主任王秀军提出，要把握我国信息化发展的新特点，充分发挥专家和智库的建言献策作用，大力推进网络安全和信息化工作。11月5日，组织召开有关部委负责人、专家学者和企业负责人专题座谈会，就如何贯彻落实十八届四中全会精神，推进信息化发展和保障国家网络安全进行专题研讨。由此可见，国家网信办将如何实现国家网络安全与信息化的战略作为工作的目标。2014年8月26日，第十三届中国互联网大会在京举行，国家网信办副主任任贤良在大会开幕式上做主旨报告，阐述了他的网络安全观。他指出互联网发展应紧跟信息技术革命潮流，积极投身网络强国建设，安全是创新的前提和发展的保障，是互联网的生命线和核心竞争力的标志。从中我们也能够看到他对于国家网信办功能的理解。他认为网络安全应从五个方面着手：第一，要将创新作为互联网发展的永恒主线。第二，要将媒体融合作为互联网发展的重要内容。第三，要将安全作为互联网发展的有力保障。第四，要将责任作为互联网发展的内在要求。第五，要将法制作为互联网建设的工具。① 从他对于网络安全的五点论述中，能够体会到：其一，网络安全概念涵盖习近平所讲的网络安全与信息化、发展与治理这两个方面；其二，体现了国家网信办着眼于国家安全推进网络治理与发展的整体思路。不过，服务于网络安全与信息化建设的整体目标，国家网信办的职权范围需通过立法进一步明确地界定，否则就可能因职责界定模糊，而制约其推动网络安全与信息化重大战略目标的实现。但目前，其自身权限并未在法律上给予明确的界定。有律师就指出："关于网信办自身的法律地位与法律授权问题希望进一步明确。关于互联网信息内容管理，希望有上位法的支撑，明确网信办和其他的几大部委在内容管理上的职责与权限。国信办也好，网信办也好，应在国务院的体系里边明晰定位。"② 因此，国家网信办需要先解决身份不清、主体地位不明、职责不清的问题。该律师表示："在四中全会强调依法治国、强调

---

① 参见任贤良：《安全是互联网发展的有力保障》，见新华网。
② 《各界专家建言网信办网络安全工作 他们眼中的"网信办"》，载《中国信息安全》，2014（12）。

科学立法；严格执法的背景下，网信办或者说国信办，要解决这个立法上的瑕疵，应获得全国人大常委会或者全国人大立法明确的授权。"① 在此基础上，实现网络安全与信息化的国家战略，还要求在法律上应做到网络监管权力的合理配置，做好规范之间的衔接而不冲突。国家网信办一方面应当在自身的权限范围内根据《关于维护互联网安全的决定》和《关于加强网络信息保护的决定》等法律文件出台网络监管与执法的实施细则，推动全国人大互联网监管的立法精神、要求的落实，另一方面也应适时推动网络空间的规范能够向更高层次的法律"迈进"，通过国务院向全国人大提出立法建议，从而通过法律的形式从根本上推动网络安全与信息化建设。中国社科院法学所传媒与信息法研究室主任、研究员陈欣新指出："但是无论是老国网信办还是新网信办，最大的问题在于它属于国务院的办事机构，无权制定规章，只能制定规范性文件。"② 这就限制了其权力的行使范围，面对自己权限之外的问题时就需要通过国务院或者人大立法解决。最后，由于互联网空间的治理涉及的领域相对广泛，而国务院的相关部委也都对网络空间的发展与治理在自己的职权范围内负有相应的法定职责，这就要求对于网络空间的监管，国家网信办需要与其他部门分工合作，对于权力进行合理配置，从而在网络治理和发展上形成合力。总之，在推动互联网治理与发展中，法治体系的整体设计是非常重要的，国家网信办面对纷繁复杂的网络空间治理难题，需要事先做好立法的规划，明确自身的角色，这样才能更好地发挥作用。

2. 国家网信办应重视保障网络安全与信息化建设中社会与公民利益的实现

国家网信办成立以来，网络监管领域出现了不少新气象，这是国家网络安全与信息化建设新思路的体现，也反映了中央对于国家治理体系与能力现代化的要求。应该说，国家网信办对网络内容的管理及监督执法是解决网络安全与信息化建设问题的一个重要途径，是推动国家网络安全与信息化建设的重要组成部分。无论发展还是治理，目标都是服务于国家、社会、个人的利益。不过，在治理网络空间，激发正能量的同时，国家网信办还需要处理好网络安全与社会发展之间的关系，特别是要在推动我国的信息技术网络产品的科技研发、支持企业的技术创新上多做工作，从而推动信息产业的更快发展。北大教授陈钟认为，从全世界的经验来看，安全问题需要通过产业的方式来解决。"我国虽然在世界互联网大会争取了一定的主动权，但我们能否提出普世价值观适应其他国家和民族是一个问题。……网信办抓

---

① 《各界专家建言网信办网络安全工作　他们眼中的"网信办"》，载《中国信息安全》，2014（12）。
② 《2014年度中国十大传媒法事例专家点评意见》，见中国社会科学网。

国家战略时应有能够以不变应万变的对策，特别是能够创造一个有利于企业、行业创新的环境。"① 由此可见，安全问题的根本解决还依赖技术、管理的共同进步，而技术对于信息化时代而言又是极为关键的。这就需要通过立法规划，尽快完善关键信息基础设施保护等法律法规，对重要技术产品和服务提出安全管理要求。还有在互联网信息内容的管理中，除了治理的一面，也应当重视公众在网络文化建设中的作用。在规范性文件制定中，从注重制定义务性的规范向增加提倡、引导性规范过渡，推动社会的信息服务，繁荣发展网络文化。此外，对于网络内容的治理如果从信息论的角度来看，就应当推动信息的流动，注重利用各种媒体和传播的技术、手段使得国家意志得以落实，而技术、传播能力是解决信息化问题的关键。总之，网络强国目标的实现，需要全社会的共同参与，国家网信办在着眼国家利益时，也要平衡国家利益与民众的利益，特别是要推动解决公民、社会在网络安全与信息化方面的需要和问题。

---

① 《各界专家建言网信办网络安全工作 他们眼中的"网信办"》，载《中国信息安全》，2014（12）。

互联网即时通信工具中信息内容的监管问题探讨

—— 对"微信十条"的文本解读

2014 年 8 月 7 日，国家互联网信息办公室正式发布《即时通信工具公众信息服务发展管理暂行规定》，以十条规定规范以微信为代表的即时通信工具公众信息服务，简称"微信十条"。这一政府规章专门针对的是移动端发展的问题，也体现出政府对于网络信息内容监管新的思路。其中重要的一点就是与社会力量合作一同来维护网络空间的健康发展，更注重社会的自我管理（规范的倡导性、原则性较强），将法律作为网络信息内容监管的最主要依据（规章起到辅助作用），呈现出法律—规章—伦理规范的多元约束体系。

一、"微信十条"出台的背景

2014 年 7 月 21 日，中国互联网络信息中心（CNNIC）在京发布第 34 次《中国互联网络发展状况统计报告》（以下简称《报告》）。《报告》显示，截至 2014 年 6 月，中国网民规模达 6.32 亿，其中，手机网民规模 5.27 亿，互联网普及率达到 46.9％。网民上网设备中，手机使用率达 83.4％，手机作为第一大上网终端的地位更加巩固。随着手机上网的愈发普及，网民的移动端社交媒体使用也是多种多样，包括聊天、视频、购物、阅读等等。移动端媒体的属性一般被形容为 SoLoMo——即社会化、本地化与移动化，这也是手机终端迅速崛起的重要原因。在移动端应用服务快速普及以及移动端影响力不断扩大的同时，也出现了不少不良现象：网络谣言大行其道，网络诈骗、淫秽色情信息、危害社会稳定信息等大量出现，这就直接影响着移动媒体的健康发展。为此，对于移动端互联网空间的治理也成为政府和社会必须面对的问题。"微信十条"正是应对即时通信工具中的有害信息的一种尝试，其内容主要涉及：服务提供者从事公众信息服务需取得资质；强调保护隐私；实名注册，遵守"七条底线"；公众号需审核备案；时政新闻发布设限；明确了违规的处罚。

二、"微信十条"的主要内容及特征

第一，"微信十条"中明确规定国家互联网信息办公室负责统筹协调指导即时通信工具公众信息服务发展管理工作，省级互联网信息内容主管部门负责本行政区域的相关工作。国家网信办统一管理即时通信工具明确了责任主体，使得监管更及时，也有利于去除网络内容条块化管理的弊端。

第二，随着移动端公众使用行为的快速普及，移动媒体的影响力也越来越大，"微信十条"的出台体现了对于移动端媒体发展的重视。如第四条规定："即时通信工具服务提供者从事公众信息服务活动，应当取得互联网新闻信息服务资质。"第七条规定："即时通信工具服务使用者为从事公众信息服务活动开设公众账号，应当经即时通信工具服务提供者审核，由即时通信工具服务提供者向互联网信息内容主管部门分类备案。"由此可知，通过即时通信工具从事公众信息服务活动，一方面，即时通信工具信息服务提供者要申请从事公众信息服务的许可资质，另一方面，即时通信工具使用者要向服务提供者申请由其审核开设公众账号的资质。

第三，与时俱进，"微信十条"还从实际出发，适应互联网内容监管的变化。首先，在整体上，面对信息的即时性、多样化等微信的新媒体特点，突出了"自我管理"的理念。比如，对于已经设立的公众号，只要内容不对社会构成危害，即使目前没有按照有关规定申请和备案，也同样可以使用。"微信十条"要求，即时通信工具服务提供者应当与用户签订协议，用户应按照协议约定遵守"七条底线"。而且，"七条底线"在内容上，依靠倡导性、原则性的规范进行监管，减少了权力的介入，这都体现出"微信十条"增强了灵活性，更符合移动端媒体发展的实际状况。其次，在监管模式上，尝试依靠社会组织参与网络信息的管理来应对网络信息数量庞大、难以管理的现实困境。此次对于微信等即时通信的管理引入了由国家网信办管理信息服务提供者，再由后者监管公众号使用者的模式。由此，降低了管理的压力，从"全面抓"转向了重点、局部的监管，也是对于互联网内容监管的一种新的探索。

第四，从政府与社会的关系角度，推动政府使用微信公众号加强信息沟通力与对微信公众号的监督并重。"微信十条"提出："鼓励各级党政机关、企事业单位和各人民团体开设公众账号，服务经济社会发展，满足公众需求。"

第五，为第一次开通公众服务号设置门槛——要求审核备案，对于时政类的公众号要经过国家网信办的资格审批。

文件将公众号作为重点监管的对象，可能是由于其能够产生相较于个体账号更大范围的影响，而这种区分是"微信十条"中的要点。通过公众号，可在微信平台上实现和特定群体的文字、图片、语音、视频的全方位沟通、互动。"本规定所称公众信息服务，是指通过即时通信工具的公众账号及其他形式向公众发布信息的活动。"第七条对于公众号的开通设置了提前审批的规定，这里的审批是由服务商而不是政府来承担，审批后即时通信工具服务提供者仅需要向主管部门备案即可。而对于非公众号实行的是用户与服务提供者签署原则性协议的方式，不必在主管部门备案。第六条规定："即时通信工具服务提供者应当按照'后台实名、前台自愿'的原则，要求即时通信工具服务使用者通过真实身份信息认证后注册账号。"这也就是说，非公众号使用的是实名制的管理方式。

发布、转载时政类新闻的公众号则需要经过资格认证，审批之后方可发布、转载。其他非时政类的公众号只需要由网络信息服务商审核、备案即可。第七条规定："新闻单位、新闻网站开设的公众账号可以发布、转载时政类新闻，取得互联网新闻信息服务资质的非新闻单位开设的公众账号可以转载时政类新闻。其他公众账号未经批准不得发布、转载时政类新闻。"事实上，我国对非新闻单位转载时政新闻在申请程序上的要求是相当严苛的，所以说，对于在即时工具上从事新闻内容的发布、转载是有严格要求的。① 不过，需要注意的一点是，对于个人账号，包括个人的公众账号发布、转载新闻信息的问题仍是监管中的难点。国家网信办发言人指出："自媒体公众账号是否会被关闭，取决于其是否依法依规发布内容。"②

第六，在监管规范的落实方面，借助社会组织的力量，交由即时通信服务提供者执行。对违反协议约定的即时通信工具服务使用者，即时通信工具服务提供者应

---

① 《互联网新闻信息服务管理规定》（新闻办令第37号）第七条规定："设立本规定第五条第一款第（一）项规定的互联网新闻信息服务单位，应当具备下列条件：（一）有健全的互联网新闻信息服务管理规章制度；（二）应当有5名以上在新闻单位从事3年以上的专职新闻编辑人员；（三）有必要的场所、设备和资金，资金来源应当合法。"第八条规定："设立本规定第五条第一款第（二）项规定的互联网新闻信息服务单位，除应当具备本规定第七条第一款第（一）项、第（三）项规定条件外，还应当有10名以上专职新闻编辑人员；其中，在新闻单位从事新闻工作3年以上的新闻编辑人员不少于5名。可以申请设立前款规定的互联网新闻信息服务单位的组织，应当是依法设立2年以上的从事互联网信息服务的法人，并在最近2年内没有因违反有关互联网信息服务管理的法律、法规、规章的规定受到行政处罚；申请组织为企业法人的，注册资本应当不低于1000万元人民币。"
② 《网信办发言人就十条新规约束微信等即时通信工具答记者问》，见观察者网，http://www.guancha.cn/Media/2014_08_07_254430.shtml。

当视情节采取警示、限制发布、暂停更新直至关闭账号等措施，并保存有关记录，履行向有关主管部门报告义务。而群组和朋友圈具有私密和公众双重属性，对用户的私密社交行为，"微信十条"明确要求即时通信工具服务提供者应当落实安全管理责任，保护用户信息及公民个人隐私。[①]

三、"微信十条"的争论及问题

1. 部分内容规定得比较模糊，仍需要完善

例如，第八条规定："即时通信工具服务使用者从事公众信息服务活动，应当遵守相关法律法规。""对违反协议约定的即时通信工具服务使用者，即时通信工具服务提供者应当视情节采取警示、限制发布、暂停更新直至关闭账号等措施，并保存有关记录，履行向有关主管部门报告义务。"目前对于上述制裁程序缺乏监督机制，法律程序的不健全将导致即时通信服务使用者面临权利受侵害的威胁。

如何对即时通信服务提供者进行监督，使其不泄露公众隐私以及防止其他侵权行为？第五条规定："即时通信工具服务提供者应当落实安全管理责任，建立健全各项制度，配备与服务规模相适应的专业人员，保护用户信息及公民个人隐私，自觉接受社会监督，及时处理公众举报的违法和不良信息。"在个人信息安全保护趋于严峻的形势下，如何确保信息不会泄露或者作为他用，仍然存在风险。

第六条规定："即时通信工具服务提供者应当按照'后台实名、前台自愿'的原则，要求即时通信工具服务使用者通过真实身份信息认证后注册账号。"这一条如何解读？是对普通号还是公众号的要求？有资料显示，"腾讯内部即与网信办展开了沟通，'经过与国信办反复确认，《规定》里提到的实名制只是指公众平台。'这也意味着实名制与个人用户暂没有关系"[②]。不过，目前此类即时通信应用在注册时大多需要用户提供并绑定手机号码，从某种程度上来说，已经实现了实名制。对此问题文件应当有明确的表述。

2. 一些实施层面的遗留问题仍需解决

"微信十条"要求自公布起生效，今后新注册的公众账号要遵守此规定。此前已开通的未符合要求的公众账号，发布新内容时，即时通信工具服务提供者将通过

---

① 参见《网信办发言人就十条新规约束微信等即时通信工具答记者问》，见观察者网，http://www.guancha.cn/Media/2014_08_07_254430.shtml。

② 蔡婧嫣：《网信办"十条规定"规范即时通信工具信息服务解读》，载《青年时报》，2014-08-08。

技术手段使其按规定完成认证。这些工作还需要服务者逐步落实。在目前的微信公众账号注册页面，尚未出现要求提交互联网新闻信息服务资质的设置，据经营一个公众账号的媒体人称，目前也没接到腾讯公司的补充资质的相应通知。[①] 实质上，微信公众号管理的问题非常复杂。微信公众号涉及旅游、教育、酒店、房产、电商、汽车、金融、餐饮等行业，内容包括行业新闻、品牌新闻、企业活动信息推送、互联网热点等各类信息。有人做过统计，就微信而言，其中新闻发布类的账号占公众账号总量大概为 1%。若按最新公布的微信公众账号总量 580 万个、80% 的新闻账号受影响来计算，这次新规或将影响到 4.6 万个机构的微信运营。显然，对这些已经存在的自媒体发布、转载新闻信息如何监管则是更令人头痛的问题。而且，目前时政类的账号在后台很难进行区分。[②] 时政类新闻的界定，存在一定的难度。按照《互联网信息服务管理规定》第二条，其应"包括有关政治、经济、军事、外交等社会公共事务的报道、评论，以及有关社会突发事件的报道、评论"，不过，这一定义并无明确标准。"很多时候都是跟着感觉走的，比如国家领导人出访肯定是时政类新闻，但一些文艺新闻、案件新闻也可能与时政有关。"[③] 不过，"微信十条"明确提出："新闻单位、新闻网站开设的公众账号可以发布、转载时政类新闻，取得互联网新闻信息服务资质的非新闻单位开设的公众账号可以转载时政类新闻。其他公众账号未经批准不得发布、转载时政类新闻。"目前个人自媒体通过公众号发布、转载新闻如若无法管理，那么这一规定的意义就十分有限。此外，还要求即时通信工具服务提供者应当对可以发布或转载时政类新闻的公众账号加注标识。由此可见，上述规定使得政府对于即时通信服务提供者监管的难度与责任就大大增加。还有一点，"微信十条"中提到"取得互联网新闻信息服务资质的非新闻单位开设的公众账号可以转载时政类新闻"，尽管其不能发布新闻，但是可以通过访谈等其他方式进行时政类新闻的报道，打擦边球的做法依然无法有效控制。"而微博的出现，使得 UGC 被商业门户网站视为突破新闻采访权的主要手段，尤其是在一些重大突发事件中，微博网站通过组织网友观察团等方式，变相从事新闻采访。"[④]

---

① 参见王峰：《"微信十条"发布：并非新增行政审批》，载《21 世纪经济报道》，2014 - 08 - 08。
② 参见谢睿等：《"微信十条"绑住自媒体 4.6 万时政公众号或成"炮灰"》，载《南方都市报》，2014 - 08 - 13。
③ 王峰：《"微信十条"发布：并非新增行政审批》，载《21 世纪经济报道》，2014 - 08 - 08。
④ 曾茜：《监管的制度化与信息传播的有序化——我国互联网治理的变化及趋势分析》，载《新闻记者》，2014（6）。

3. 规定是不是新的权力扩张?

将即时工具服务提供者从事公众信息服务号申报程序直接等同于新闻网站的审批程序,是不是限制了公众的言论自由? 第四条规定:"即时通信工具服务提供者应当取得法律法规规定的相关资质。即时通信工具服务提供者从事公众信息服务活动,应当取得互联网新闻信息服务资质。"这可以说在即时通信服务的入口方面设置了较高的标准,大量的即时通信服务提供商因此而无法进入该领域。同时,"微信十条"增加了普通人使用公众号传播的难度。第七条规定:"即时通信工具服务使用者为从事公众信息服务活动开设公众账号,应当经即时通信工具服务提供者审核,由即时通信工具服务提供者向互联网信息内容主管部门分类备案。"

对于公众账号的随意关停如何维权,宪法权利又缺乏司法程序的保障,凸显了维权的风险。有人认为,"对目前绝大多数由个人经营的微信公众账号可能会产生影响,因为这些微信公众账号大多并不具有互联网新闻信息服务资质,也就是说,这些'自媒体'将不能再发布、转载时政类新闻。然而,这同样并不意味着'微信十条'设置了新的行政审批。在互联网新闻发布方面,我国政府以前已有相关的规定。这次'微信十条'就是将《互联网信息服务管理办法》的相关规定具体到即时通信工具公众信息服务这个领域"[1]。对此有关部门的解释则有些耐人寻味,"自媒体公众账号是否会被关闭,取决于其是否依法依规发布内容"[2]。显然,目前并没有对个体的公众账号发布、转载新闻信息的行为提出明确的管理办法。在政策不够明确的情况下,发生纠纷时公众账号的维权将面临更大的困难。

此外,有人认为"对于违反上述规定的'罚则'也并非行政机关直接进行处罚,而是依据对用户注册时同意的民事协议,由通信工具服务提供者作出。这是即时通信工具服务提供者和用户之间的民事法律关系,而非行政机关直接越过即时通信工具服务提供者进行行政处罚"[3]。这种说法能否成立? 同样是对于公民言论自由的限制,由社会组织来限制就不是对宪法权利的限制? 而且,服务提供者的监管权力从何而来? 这个规定是其进行处罚的依据,其与行政机关之间是委托授权的关系,实质上并不改变权力的性质。因此,"微信十条"对合理性、合法性缺乏必要论证的程序,对于法规之间不协调的现象也没有必要的救济程序。

---

[1] 王峰:《"微信十条"发布:并非新增行政审批》,载《21世纪经济报道》,2014-08-08。

[2] 《网信办发言人就十条新规约束微信等即时通信工具答记者问》,见观察者网,http://www.guancha.cn/Media/2014_08_07_254430.shtml。

[3] 王峰:《"微信十条"发布:并非新增行政审批》,载《21世纪经济报道》,2014-08-08。

四、互联网即时通信工具中信息内容监管的对策思考

1. 以借助技术手段进行事后监管为主，注重行政机关引导下的社会自我管理（规范的倡导性、原则性较强）将是互联网内容监管发展的趋势

从权力设置的初衷开始重新审视规定的相关内容，我们需要思考究竟是哪些信息危害严重，必须要通过规定来监管。"微信十条"发布以来，腾讯公司查处的微信账号包括假冒社会公共机构和媒体名义、传播淫秽色情信息、涉暴力恐怖、发布虚假广告、编造传播谣言、破坏民族团结、诽谤他人、侵犯个人隐私共八类违规行为的公众账号，采取的措施包括暂停账号更新 7 天、15 天、30 天、90 天和永久关闭等。截至 8 月 25 日，共暂停更新公众账号 311 个、永久关闭公众账号 46 个。首批永久关闭的公众账号中，"浙江新闻"因假冒媒体机构发布虚假信息被关闭。"双甜记""艾斯 8"等因发布大量淫秽色情图片，"纸巾老湿"等因发布大量低俗图文被永久关闭。腾讯落实"微信十条"处置 357 个公众账号，在整治行动中，腾讯公司关闭了 400 多个微信账号，绝大多数因为传播谣言，也有少部分传播了暴力、色情信息。[①] 而在回答网民"微信十条"是否将压制言论时，国家网信办发言人指出："恰恰相反，《规定》的出台有利于保护正当的言论自由。我们的网络空间不能成为杂乱无序、充满戾气的空间。世界上任何一个国家都不允许谣言、暴力、欺诈、色情、恐怖信息传播。自由和秩序是辩证的关系，任何个人的自由必须在法律的范围内行使，不能突破底线，妨碍他人自由。"[②] 从现阶段"微信十条"的实施情况来看，主要是对于发布不良信息的账号采取了关停等措施，这也是服务提供者最为主要的权限。而对于情节严重，构成犯罪的违法行为，主要是根据相关规定（诽谤罪等）在即时通信服务提供者的协助下对具体行为做出相应处罚。因此，此次即时通信工具服务管理的规定主要是事前控制，以及作为法律的补充而发挥作用。行政权力虽然依然在各国的互联网监管中发挥着重要的作用，但是，通过技术手段采取适应互联网特征的治理手段将是未来网络内容监管的主要方式。加强互联网管理虽是世界共识，但是措施也有不同，比如英国更着重采取技术措施自动屏蔽有关不良内

---

① 参见王峰：《"微信十条"发布：并非新增行政审批》，载《21 世纪经济报道》，2014 - 08 - 08。
② 《网信办发言人就十条新规约束微信等即时通信工具答记者问》，见观察者网，http://www.guancha.cn/Media/2014_08_07_254430.shtml。

容。英国曾采取封网措施，屏蔽 2 万个网站净化网络环境。① 从根本上来说，对于互联网信息内容的监管还是要以网民的自律为主，再加上政府部门（媒体）信息沟通能力的增强，这两条才是必由之路。毕竟，对于网民而言，最为常见的影响微信健康发展的现象，如虚假信息、过度营销等，主要还需依靠网络的"自净"功能。

2. 即时通信工具上内容的监管应具有互联网思维

互联网技术的发展、社交媒体的出现使得行政力量的监管难度不断增加。社会化媒体阶段，网络内容呈现多元主体参与、多种媒体形式并存等特性。就即时通信工具而言，对于普通公众使用非公众号对时政类新闻的转载，其实并不能够限制。在网络交错链接的特征面前，对于公众号的限制又有多大意义？这种限制仅仅来自与提供者之间"七条底线"的协议，而对于对微信等即时通信工具的群组、朋友圈等功能主要还应通过技术的手段加以事后的监管，很难进行事前控制。互联网本身是平等的，网状、链式的传播结构决定了对于局部（公众号）的控制很难真正发挥作用。在泛媒体时代，微信等各类媒体的影响力来源于关系，而这种关系并不受到其账号类型的限制，而要看账号的价值有多少。

从互联网技术的发展来看，媒介形态变化很快，即时通信仅仅是其中一类社会化媒体形式，监管部门应该具有"大媒体"的思路，制定针对社交媒体的统一规范。在媒体功能迅速融合的背景下，微博等网络社交媒体同样具备即时通信的功能，因此，对于即时通信专门出台规范是否必要？移动终端只是社会化媒体当中的一部分，政策制定过程中的视野应当尽可能宽泛一些。只有从泛媒体的视野出发，充分运用互联网思维，制定的规范才能够更具有前瞻性，也才会产生持久的效果。

---

① 参见薛珏：《微信十条：依法管理公众信息势在必行》，见 http://news.cjn.cn/cjsp/gc/201408/t2518405.htm。

电视互联网化过程中的行政监管问题

——广电总局关闭互联网电视终端产品中 违规视频软件下载通道及视频 APP 事件分析

一、引言

2014 年 6 月，广电总局发出关于立即关闭互联网电视终端产品中违规视频软件下载通道的函件（以下简称"关闭函"），禁止电视盒子预装视频 APP 及其他相关问题软件，文件中点名批评了牌照方，同时也将通知发到了相关企业。[①] 虽说是"关闭函"，其实质上是"整改令"，这从涉及相关企业的反馈中就能够看到。"整改令"直接下发到牌照方的主管单位，这体现出广电总局严厉、坚决的查处态度，同时，这也是"净网行动"的一部分。[②] 从媒体开始报道此事数月之后，"整改令"就收到了效果，各类视频 APP 及视频聚合软件、互联网浏览器软件的下载正在逐步消失。[③]

而此"整改令"出台的依据是广电总局 2011 年颁布的 181 号文，虽然此次行动只是对于该政策的落实，但是，仍有人认为这是史上最严的网络视频禁令。181 号文发布于 2011 年，正处于三网融合试点第一阶段，该文件规定，互联网电视集成平台不能与设立在公共互联网上的网站进行相互链接，不能将公共互联网上的内容直接提供给用户；互联网电视内容服务平台只能接入到总局批准设立的互联网电

---

① 参见《"客厅新宠"互联网机顶盒撞上"监管墙"》，见网易财经，http://money.163.com/14/0626/10/9VLJ4L2M00253B0H.html。

② 从表面来看，此次动作是国家"净网行动"的其中一个举措，背后实则是广电总局对互联网电视及相关产品的监管趋紧的信号。见 http://network.chinabyte.com/3/13022503.shtml。

③ 参见《广电总局下"整改令" 电视盒子内容缩水》，见南方网，http://ent.southcn.com/8/2014-10/08/content_109693971.htm。

视集成平台上，不能接入非法集成平台；互联网电视集成机构所选择合作的互联网电视终端产品，只能唯一连接互联网电视集成平台，终端产品不得有其他访问互联网的通道，不得与网络运营企业的相关管理系统、数据库进行连接；互联网电视集成机构与互联网电视机顶盒生产企业合作生产的机顶盒产品，应在"三网融合"试点地区有计划地投放，不得擅自扩大机顶盒产品投放的地域范围。

二、互联网电视发展的现状
——技术、法律、产业三维审视

1. 市场需求是互联网电视产业发展的根本动力

随着数字技术的发展，OTT TV（Over The Top TV）业务应运而生，这是指基于开放互联网络提供音视频服务，即通过公共互联网向电视用户传输视频的一种新型视频服务。[①] 视频网站以 OTT 为传输形式，将视听节目推送至电视屏幕，使观众在电视上既能看到传统电视节目，又能看到视频网站的节目，从而实现了电视、手机、PC 等不同终端之间的转换。从主体角度看，从事 OTT 业务的主要包括集成牌照方、家电企业、广电有线运营商、互联网企业以及电信运营商。自一开始家电厂商就是互联网电视发展最积极的推动者。早在 2006 年，中国 13 家电视机企业就设立了互联网电视联盟合作推动网络化电视的业务。2007 年，TCL 与腾讯合作最早推出网络化的电视产品，集成了腾讯的即时通信服务、在线相册和休闲游戏。2009 年随着芯片产品的成熟，TCL 最先与 C2（芯片）和迅雷合作推出第一代网络电视产品。几乎各大电视厂商都加入到互联网电视业务的开发行列当中。"当前国内电视机企业已经形成共识，通过集成互联网功能与国外厂商产品形成差异化，走与硬件捆绑的服务模式才能有未来。"[②] 不过，随着 OTT 业务的逐渐成熟，国家广电总局自 2009 年开始，也对互联网电视的发展加强了监管，其监管思路是："根据现行管理规定，规范互联网电视的发展。在总结 IPTV 和手机电视管理经验的基础上，通过集成播控和内容服务两个资质的认定，推动互联网电视有序的发展。"[③] 此次"整改令"虽然是针对"盒子"的，但产业链相关各方都在解读此次行动的背后意图，甚至一些已经有所反应。广电总局发函关闭互联网电视盒子视频客户端后，彩电厂家提前停止预置视频客户端。而长期以来，家电企业预置商业化视

---

①　参见刘洋：《OTT TV 的发展阶段和业务模式研究》，载《电信网技术》，2013（1）。

②③　邵珅：《互联网电视的发展及对传统电视业的影响》，载《新闻界》，2011（2）。

频客户端（包括其他各类软件）甚至是预留功能，让用户可以直接从公共网络上下载相关的应用，这是比较普遍的现象。虽然此次监管对市场已经产生了一些影响，但从长远看，家电厂商在电视上预置客户端或者开放用户自己从互联网下载客户端的功能仍将是对广电监管政策是否能够有效执行的最大挑战。

从市场情况和国家互联网电视监管政策的发展趋势来看，"盒子"仍将是今后广电部门监管的重点。这是为什么？对于盒子而言，广电总局是管制或者整顿，而不是"封杀"。电视盒子，即互联网电视机顶盒，是一种介于传统电视和智能电视之间，能够将互联网内容投射到家用电视机上，从而使传统电视智能化的小型计算终端设备，因其外观类似盒子，所以叫作电视盒子。电视盒子主要有以下优势：第一，用户只要简单地通过 HDMI 或色差线等线材将盒子与传统电视相连，就能在传统电视上实现网络视频播放、应用程序安装等功能。盒子是传统电视向互联网电视转换的桥梁，它能够实现传统电视的升级，使用户可以轻松获得大量的网络视频节目。第二，通过盒子观看互联网视频节目，使用的是无线或者有线的互联网流量，从而节省有线电视的费用，这对于很多年轻人是很有吸引力的。第三，盒子的内容"入口"地位，使得企业可以成为内容的"把关人"从而更好地达到自身的传播目的。盒子被当成企业树立自己品牌和实现内容传播以及资源整合的平台，这就导致市面上的电视盒子各有其特点。边锋盒子依靠浙报传媒的强大新闻实力，能将最新资讯实时推送到用户面前，使用户不用切换电视模式便可获知天下大事；乐视盒子以海量正版片源作为强大的内容支撑；彩虹盒子以电视屏幕上的购物体验为卖点；天猫魔盒凭借其电商优势主打网购体验吸引用户；小米盒子通过与小米等手机互联，成为小米手机最发烧的配件。这些都是盒子产品的差异化特色，当这些特色受到消费者认可后，电视盒子将更具生命力。[1] 由此可见，盒子通过自身的优势，做出特色，更加个性化地满足用户的需求，这就类似于 PC 上网时的门户网站，作为互联网的入口，对用户的行为进行引导，从而实现人群的聚合。还需要说明的是，盒子作为技术发展与市场竞争的产物，同时也为监管的便利化创造了更好的条件。上面所提到的提供盒子及相关服务的企业为了获得更为优质的内容，就会对接入电视的内容进行自我监管，它们也将成为实现三网融合后互联网内容管理的重要力量。

2. 技术是互联网电视发展以及未来监管的关键性要素

除了上述的参与主体外，技术服务商在互联网电视产业的发展中也具有重要的

---

① 参见诸葛达维：《电视盒子：我的未来不是梦》，载《传媒评论》，2014（5）。

作用。互联网电视的一项核心技术是互联网电视的操作系统。芯片巨头英特尔公司与谷歌合作推出具有搜索引擎和浏览器的 Google TV 电视操作系统，索尼公司和三星公司开始在北美地区生产基于 Google TV 操作系统的互联网电视产品，此类产品如果进入中国市场必将影响中国现行集成播控的互联网电视管理与发展模式。芯片也是互联网电视终端十分重要的技术，而技术的发展能够对监管产生重要的影响。有人就认为，"芯片厂商提供底层的驱动程序、中间件和参考应用，为电视机企业提供完整的解决方案。目前大多数电视机企业在芯片厂商提供的参考设计上修改不同的界面快速推送到市场。芯片提供商在互联网电视的产业链里扮演非常重要的角色，因此建立可管、可控的互联网电视终端需要密切与芯片厂商的合作"①。目前，在互联网电视的监管中，技术的发展也是相当重要的方面，广电总局要求"不能与未经广电总局批准的互联网电视集成平台相连接，不能采取开放式链接"，这就为监管提供了技术上的支持。总之，技术是互联网电视发展与监管中的一项重要因素，是实现互联网电视发展可管、可控目标的有效途径，所以是政策制定中必须要考量的要素。

3. 法律监管权力主导，呈现"重监管轻引导"的政策逻辑

很多业内人士认为，此次"整改令"并没有新意，而是对于之前颁布的 181 号文的执行。对于互联网电视的发展，广电总局至今已经发布了多项法令。2009 年，广电总局下发《关于加强以电视机为接收终端的互联网视听节目服务管理有关问题的通知》，在这一通知中就提出要确保传播视听节目内容可管、可控。"内容可管、可控"这一要求此后也一直被坚持下来，可见行政主管部门监管思路的稳定性。2010 年，广电总局下发《互联网电视内容服务管理规范》《互联网电视集成业务管理规范》，明确提到互联网电视的播出必须通过链接由广电总局批准的互联网电视集成平台商，而内容也必须是来自广电总局授权的内容牌照商，或者是允许与这些内容牌照商合作生产的内容。这样就使得电视终端来自互联网的内容是在现有的集成内容的平台和制度框架内有序地发展，从而确保网络电视可管、可控的政策目标的实现。目前批准的内容服务牌照商共有 14 家，包括电影卫星频道节目制作中心、城市联合电视台 CUTV、北京台、云南台、山东台、湖北台、江苏台、CNTV、百视通、华数、南方传媒、湖南电视台（芒果 TV）、中国国际广播电台（CIBN）、中央人民广播电台（其中的 7 家内容牌照商同时是集成播控牌照商）。2011 年 7 月，广电总局下发《关于严禁通过互联网经机顶盒向电视机终端提供视听节目服务的通

---

① 邵坤：《互联网电视的发展及对传统电视业的影响》，载《新闻界》，2011 (2)。

知》，要求视频网站立即开展自查整改，自行关闭互联网电视平台，停止一切销售、宣传活动。2011 年 12 月，广电总局下发《持有互联网电视牌照机构运营管理要求》（广办发网字〔2011〕181 号）。① 可见，这些文件之间是层层递进的，后面的文件是对前面相关要求和问题的逐步细化、明确以及对于相关要求的落实。

广电总局对互联网电视以及盒子的监管反映出的是在权力主导下推行的"重监管轻引导"的政策逻辑。2009 年，广电总局下发《关于加强以电视机为接收终端的互联网视听节目服务管理有关问题的通知》，提道："开展以电视机为接收终端的互联网视听节目集成运营服务，应当建立具有节目播控、节目导视、版权保护等功能的集成播控系统，健全节目内容管理制度、安全保障制度和应急处理机制，确保所传播视听节目内容可管、可控。"可以看出该规定中已经提出了通过集成播控和内容服务两个方面进行管理的具体制度。该制度的核心是强调通过许可方式管控播放、内容权限，由此实现进入电视（在电视上播放的互联网内容）的互联网内容的权力监管，从而确保通过电视所播放的内容都是广电部门可管、可控的。2010 年广电总局下发的《互联网电视内容服务管理规范》中对于持有内容平台牌照机构的运营制定了详细的规范，"持有'互联网电视内容服务'牌照的机构，必须建有安全、可靠、可管、可控的互联网电视节目服务平台，节目服务平台只能与持有'互联网电视集成业务'牌照机构所建设的互联网电视集成平台相连接，不能与未经广电总局批准的互联网电视集成平台相连接，不能采取开放式链接。持有'互联网电视内容服务'牌照的机构播放节目的播出方式、节目内容，不得超出许可证规定的范围"。与此类似，在《互联网电视集成业务管理规范》中对于持有"互联网电视集成业务"牌照的机构开展业务的要求做出了具体规定。作为前面文件的延续，2011 年发布的 181 号文《持有互联网电视牌照机构运营管理要求》主要涉及四方面的内容：第一，对于互联网电视集成业务管理要求更加具体，如"互联网电视集成平台不能与设立在公共互联网上的网站进行相互链接，不能将公共互联网上的内容直接提供给用户"。还有，"目前阶段，互联网电视集成平台在功能上以支持视频点播和图文信息服务为主，暂不得开放广播电视节目直播类服务的技术接口"。这两条内容禁止不同平台之间的互相转换，而且不开放直播服务接口，体现了政策对于现有广电直播的一种保护。第二，明确了对于互联网电视内容服务管理的具体内容包括审查范围、标准、机制等。而且也要求"互联网电视内容服务平台只能接入到

---

① 参见邱庆峰、何巧琴：《网络电视发展的政策解读》，载《山东视听（山东省广播电视学校学报）》，2005（5）。

总局批准设立的互联网电视集成平台上，不能接入非法集成平台。同时，内容服务平台不能与设立在公共互联网上的网站进行相互链接"。第三，明确了业务运营要求特别是各方的责任："互联网电视集成机构和内容服务机构在业务开展中各自承担相应的审查把关责任，集成机构主要负责审查所接入的内容服务平台资质是否合法，但不负责对具体的节目进行播前审查；内容服务机构负责审查其开办的内容服务平台上的节目是否符合相应的内容管理、版权管理要求，对具体的节目要进行播前审查，承担播出主体责任；内容平台的合作方负责对自身所提供的节目内容和版权进行审查，向内容平台承担相应责任。"第四，对于互联网电视机顶盒等终端产品管理提出具体要求。如"互联网电视集成机构所选择合作的互联网电视终端产品，只能唯一连接互联网电视集成平台，终端产品不得有其它访问互联网的通道，不得与网络运营企业的相关管理系统、数据库进行连接"。这应当是此次对于"盒子"发布"关闭函"进行整顿最主要的政策依据。

广电总局互联网电视监管政策的出台为其实施监管提供了法律上的依据。自从互联网电视兴起之后，广电总局对其发展加强监管的立场从一开始就是明确的，但是其监管规范与互联网电视市场的发展之间始终处在一种"竞赛"的状态。早在2006 年，盛大盒子就夭折于一纸封杀令。2009 年，奈飞公司将 OTT 应用于视频传输，揭开了 OTT TV 扩张的序幕。2010 年谷歌与苹果公司均推出 OTT TV 设备，也正是在这一年，广电总局开始着手出台互联网电视相关监管规范。2011 年广电总局 181 号文出台。但整个产业的发展却在加速，盒子的发展并没有停止，反而愈发迅猛。2012 年小米推出互联网电视盒子，11 月 22 日被广电总局叫停；12 月乐视推出互联网盒子工程机。2013 年 1 月 28 日，小米宣布与 CNTV 战略合作，在上海、杭州、长沙试点小米盒子；同年 4 月 1 日，乐视推出新一代互联网电视盒子。自此 OTT TV 盒子大战拉开序幕，除小米盒子、乐视盒子外，市场上出现海美迪、开博尔、美如画、百视通、清华同方、创维、天敏、TP-Link、迈乐、我播、亿格瑞、华录、威堡、杰科、忆捷等数十款互联网电视盒子，百度、快播等更是直接推出 USB 接口网络电视棒，大量基于安卓系统的山寨盒子也开始兴起。[①] 2013 年下半年不仅是百盒大战，而且，互联网电视也是快速发展，乐视、海尔、海信、创维、TCL、长虹等诸多电视厂商也开始将电视卖点由原来的护眼、高清、3D 等感官指标转移至 OTT 服务上，云电视客厅角逐战愈演愈烈。可以说，正是在这一互

① 参见白亮等：《OTT TV 时代广播电视直播业务的现状、发展与监管研究》，载《广播电视信息》，2014（3）。

联网电视与电视盒子发展如火如荼的形势下，2014 年 6 月广电总局的"关闭函"出台。

分析广电总局的监管思路可以发现，对于盒子的监管是重点，也容易取得效果。而厂商的监管也将是今后广电部门进行非法客户端监管的一个重点，但在技术已经成熟的条件之下，政府监管面临的困难会越来越多。"苹果 Airplay 等无线互联协议让多屏共享趋于简单，三星也发布类似的 Swipelt 协议技术。可以预期，客厅屏幕共享必将成为趋势，OTT TV 纵使绝禁广播电视直播软件也无法屏蔽互联网移动设备在电视上的投用。甚至随着技术的发展，手机、平板电脑完全代替遥控器对电视互动操作也十分可能……"[①] 如果用户自己从互联网中下载客户端或者直接将其他地方的软件上传到电视上进行使用，如何监管？这种监管是否会侵害公民的传播权利？这可能都是更为重要的问题。在 OTT 业务野蛮生长的过程中，广电总局为了监管的需要，被动地使出"撒手锏"——推出了一个又一个的法规文件。对于国家的一项监管制度规定而言，监管的必要性与可行性，即如何有效监管是互联网电视发展到现在必须回过头认真思考的问题。

三、"关闭函"法律层面的相关问题讨论

此次"关闭函"中对于整顿理由是这样阐述的："据核查，你省华数传媒公司在推出的'天猫魔盒'互联网电视机顶盒中，载有爱奇艺、搜狐视频、优酷等商业视听节目的客户端软件及电视猫、泰捷视频、兔子视频等视频聚合软件和互联网浏览器软件。为政治有害、淫秽色情和低俗不良节目及侵权盗版节目大量进入电视机提供了技术支持和通道，严重违反了中央要求和总局相关管理政策。"并且要求："浙江电视台和杭州市广播电视台履行互联网电视平台开办主体的责任，组织华数传媒公司进行整顿，将载有互联网电视终端产品中各类商业视听网站客户端软件、视频聚合软件和互联网浏览器软件，立即予以技术处理，在未完成整顿之前，不得发行新的互联网电视终端产品，如网上有害节目通过载有华数互联网电视集成平台的终端产品进入电视机的问题不能得到有效解决，要追究开办者的责任。"此外，在广电总局网络司下发给上海市文化广播影视管理局的关闭函中，也有相似的内容："在百视通推出的小红互联网电视机顶盒中，载有优酷等商业视听节目网站客户端软件，为大量未经国家批准的境外影视剧及含有色情内容的微电影、网络剧等

---

① 白亮等：《OTT TV 时代广播电视直播业务的现状、发展与监管研究》，载《广播电视信息》，2014（3）。

节目进入电视机提供了技术支持和通道，严重违反了中央要求和总局相关管理政策。"文件中几乎都提到了这些牌照方机顶盒中存在的盗版、低俗、色情内容以及未经批准的境外剧等不良节目内容，未能履行对其中商业视听网站客户端软件、视频聚合软件和互联网浏览器软件的监管职责。从中我们可以清楚看到广电部门监管的理由之一是出于内容安全方面的考虑。① 不过，文件中所透露出来的另一方面含义就是对内容播放资格的限制。"早在 6 月底，国家新闻出版广电总局（以下简称'广电总局'）发函禁止浙江、上海两地电视盒预装未经审核的视频 APP，并要求两家牌照方华数和百视通进行整改；之后再度发文，要求部分互联网电视集成播控平台取消集成平台里直接提供的电视台节目时移和回看功能；7 月 11 日和 15 日，广电总局分别约见央视、央广、国广这中央三大台领导及广东、浙江、湖南、上海四大台及地方局，就当前的互联网电视管理与经营工作存在的问题和整顿方向及时间提出了明确的要求。"② 那么，此次监管的目的是要取消盒子里的商业视频客户端还是要求其进行整改，至少在 6 月份的这次通知当中还是有些模糊的。所以，也才有"关闭"还是"整改"的不同解读。现在看来，此次"关闭函"虽然是针对牌照方发出的，但是，与牌照方合作的相关互联网内容服务商却纷纷表示自己正在进行内容的整改。显然，"关闭函"给大量的商业化视频网站增加了通过与几家牌照方合作发布内容的难度。③ 华数传媒在给媒体的回应中也提道："华数传媒和阿里合作推出的天猫魔盒中，载有爱奇艺、搜狐等客户端软件，以及其他视频聚合软件和互联网浏览器软件。对于存在问题，华数已进行整改，通过强制通知下线及终端升级限制用户自行下载第三方应用商店，保障互联网电视的内容安全。"④ 通过上面的分析，能够看出"关闭函"所针对的并不仅仅是内容的问题，还包括牌照方对于监管的"失职"，对于互联网电视上传播行为的管理不严以及对现有电视播放秩序以及利益格局的维护。如果说对于内容安全、著作权等进行监管有其合理性，那么，对于传统广电利益的保护是否有必要？下面就针对互联网电视监管的正当性，特别是其中的几个问题从法律角度展开探讨。

---

① 此前的相关文件中还提到监管制度具有保护知识产权、他人合法权益的作用。"近期，一些企业为谋取不当经济利益，未经行业主管部门批准和著作权人授权，擅自将互联网上的影视剧等各类视听节目，随意传送到电视机终端供用户收看，严重侵犯了著作权人的合法权益，扰乱了互联网视听节目传播秩序。"参见《广电总局关于加强以电视机为接收终端的互联网视听节目服务管理有关问题的通知》。

② 吴纯勇：《重生中的中国互联网电视行业》，载《通信世界》，2014（20）。

③ "关闭函"发布之后，乐视网回应称："公司自有内容储备丰富，'关闭函'对视频业务影响有限，但对互联网业务将产生较大影响，会影响互联网产品的安装、预装等环节，解决办法还在讨论中，公司也将对'违规'内容进行审查、整顿。"同时，记者调查也发现，一些应用被屏蔽无法使用。

④ 刘小珊：《传广电总局"关闭"盒子 "天猫魔盒"已进行自查》，载《南方周末》，2014-06-24。

1. 审播监管法律不完善

从审查制度来看，三网融合在技术层面已在逐步融合，在政策上也已经给予确认。市场的发展促进了技术的进步，公众对于不同终端之间的内容转换存在着现实的需求，作为一项政策如若不顾及现实，仅仅是以规定来人为地"堵"而不是"疏"，政策将难收实效。[①] 有人就认为："三网融合已经多次写入国家政策，将互联网电视'局域网化'管理已经落后，将'互联网电视'和视频网站的管理割裂，'互联网电视'不能包含'包括政治有害、淫秽色情和低俗不良、侵权盗版、未经国家批准的境外影视剧'，而对视频网站默认放行是一种懒政。"还有，"电视机作为互联网输出显示的屏幕，已被广泛使用，没有'互联网电视'盒子，并不能真正'堵住'电视连接到互联网这条路"[②]。这里所反映出的就是政府对于互联网电视管理思路中的问题。而在互联网内容海量化的现实面前，依靠社会组织来实现对互联网世界的管理应当是唯一可行和有效的出路。从2009年开始，广电总局自建集成发布平台，依靠自有体制内的"广电管理力量"对互联网电视进行监管。但是，这一思路最大的问题在于没有认识到互联网发展本身的特征既是技术上的一次革命，也是一次社会革命——公民权利的解放，而之所以需要不断发布禁令，甚至逐步陷入监管无力的境地，这一切的根本原因就在于缺乏互联网思维，而互联网电视迫切需要通过全新的思维和方式加以管理。管理思路的调整，就包括重新认识围绕互联网电视发展中，政府与公民、政府与其他社会组织、社会组织与公民等之间的相互关系。不然，政策的执行由于认识无法统一就很难产生实质的效果，文件就成了两张皮，很容易出现各方不同解读的现象。此次"关闭函"，从内容来看是要求"将载有互联网电视终端产品中各类商业视听网站客户端软件、视频聚合软件和互联网浏览器软件，立即予以技术处理"，这个要求是比较模糊的。对此有人这样理解，"关闭函"令使得还未出产硬件的视频网站（优酷、搜狐等）失去了家庭互联网的重要出口，原来妄图以"合作"形式提高流量和收入的想法将因此而受挫；"关闭函"虽然意在禁绝APP泛滥，令各家电视盒子回归"差异化竞争"，但可令其对传统数字电视等对手的威胁大大缩小。[③] 但是对于商业视频网站而言，却有着不同的解读，将其仅仅看成一次"净化网络"行动。但从上面提到相关规定中对审播的要

[①] 有人就说："鉴于互联网盒子与互联网电视均具备 DLNA 与 Airplay 的无线跨屏播放功能，'关闭函'之于聪明的中国人民'那都不是事儿'。除非有关部门将这两个技术禁绝，顺便将 WiPlug 封杀。"参见：《广电总局再出手，谁会杯具?》，见虎嗅网，http://www.huxiu.com/article/36170/1.html。

[②] 《专家批以淫秽盗版通道名义关闭 OTT 盒子是懒政》，见飞象网，http://www.cctime.com/html/2014-6-25/2014624175468674.htm。

[③] 参见《广电总局再出手，谁会杯具?》，见虎嗅网，http://www.huxiu.com/article/36170/1.html。

求来看，对商业化视频直播节目是明令禁止的。① 应当说，政策是明确的，但是三家商业视频网站对于此次监管要求的理解却是存在差别的，这背后的原因值得政策发布者思考。此外，作为一项政策，姑且不论在禁止技术要求上是否可行，单从其合理性来考量，也是不够充分的。为什么公民不能通过盒子下载第三方应用？难道担心非法内容的产生，就要因噎废食，让公众承担巨大的损害，还是别有他图？②

2. 内容管控体系未形成

互联网电视监管的相关政策中，内容的审查范围不仅仅是视频，还涉及其他互联网服务，所以，应当统一规划，以整体性的治理思路出台具有针对性的监管举措。从未来三网融合的趋势来看，对于内容的监管是重要的方面，因而也就有特别重要的作用。网络内容监管包括新闻内容（包括新闻视频）、视频内容以及其他服务内容，而涉及的网络内容不同，监管也应采取不同的监管模式，这也是我国网络内容监管的基本模式。对于一般性内容而言，采取的主要措施是依靠行业协会、公众举报等社会力量为主，通过向社会倡导正面的网络行为，依靠公民自律、道德的约束治理网络中出现的问题。严守"七条底线"（即法律法规底线、社会主义制度底线、国家利益底线、公民合法权益底线、社会公共秩序底线、道德风尚底线和信息真实性底线）以及遵循"九不准"的要求。而对于一般内容中性质严重的违法行为则依据相关法律进行追究，对于个别法律无法追究的现象也只能通过立法加以完善。此外，针对不同类型的网络内容也设置了相应的监管规范和制度。对于新闻内容的监管，因为新闻的特殊性，对于涉及新闻传播的机构在设立上具有严格的限制，也即设置了审批程序，对其内容生产的管理比较严格。视频内容管理方面，我国广电业监管有两个基本考虑因素：（1）准入机制，包括行业准入和技术准入；（2）内容监管，包括事前审查和事后监督。传统广电的监管实行二者并重，以行业和技术准入为门槛，以内容审查和监督为方法，实现广电业的社会政治监管目标。2007年《互联网视听节目服务管理规定》第七条规定："从事互联网视听节目服务，应当依照本规定取得广播电影电视主管部门颁发的《信息网络传播视听节目许可证》（以下简称《许可证》）或履行备案手续。未按照本规定取得广播电影电视主管部门颁发的《许可证》或履行备案手续，任何单位和个人不得从事互联网视听节

① 参见《广电总局发禁令 视频盒子突被叫停有何玄机》，见新华网，http://news.xinhuanet.com/fortune/2014-06/25/c_1111299285_2.htm。

② 广电总局"现在强化电视上网禁令并不是像外界想象的那样是为了捍卫面临严峻挑战的传统电视机顶盒和传统电视节目的影响力，而更多的是针对网络视频的种种乱象，是出于'净网'的考量。"从中看出对此事的确存在各种不同的判断。参见《广电总局发禁令 视频盒子突被叫停有何玄机》，见新华网，http://news.xinhuanet.com/fortune/2014-06/25/c_1111299285_2.htm。

目服务。"对于网络上从事视听内容服务与从事新闻服务一样设置了事前的审查程序，进行事前监管；而对于新闻视频节目内容的信息生产与传播就设置了更高的要求。"互联网视听节目监管从本质上讲属于互联网内容安全监管。从世界范围看，互联网内容安全管理是一项庞大的工程，它不但需要多种技术手段，而且需要全社会的共同参与，需要一定的法律法规来约束。目前，以互联网视听节目监管为代表的互联网内容安全监管是全世界范围内政府监管面临的一个新课题，各国都处在不断摸索的阶段。在现有互联网运行机制的基础上，借鉴既有的广电监管模式，充分考虑互联网视听节目传播特征，是建立有效监管模式的最佳途径。"① 尽管针对互联网视频节目的监管问题依然还在探讨之中，但问题是，进入互联网电视领域之后，这个终端能否按照"互联网"原有的规范来管理？这就是一个更为棘手的问题。有人指出，将来的政策对于互联网电视监管将采用传统电视的监管模式，当然从之前的管理规范中也能看出其基本上延续了原有的管理模式。但是，互联网电视上存在的信息服务，涉及互联网中所有类型的内容，包括新闻、视频、一般资讯和服务等等。对于互联网电视而言，播出前的审查、内容的专门管控是否有必要？对此，就需要有足够的理由和依据。一般性应用在互联网电视上的传播目前是广电总局严格禁止的范围，凡是没有经由给予牌照的播放平台播出或者非持有牌照内容方提供的内容，在电视终端运行的应用都在广电总局的查处范围之内。而这一宽泛的监管范畴，一方面增加了监管的难度，另一方面也引发社会对于广电总局权力膨胀以及维护部门利益的质疑。2009年，广电总局下发《关于加强以电视机为接收终端的互联网视听节目服务管理有关问题的通知》，此时监管对象针对的是视频，而2010年总局下发《互联网电视内容服务管理规范》《互联网电视集成业务管理规范》以及2011年12月下发《持有互联网电视牌照机构运营管理要求》都将范围扩大到了一般的应用，互联网上的各类服务被大幅度地限制在了电视终端之外。这就使得对于互联网电视的管理范围大大超出了新闻、视频这些特殊网络信息内容播放的限制条件。甚至，规定新闻之外的节目还要与广电机构合作才能够播出。在互联网电视平台上针对不同类型内容的监管没有建立相应的制度，而是一概地按照传统电视的管理模式进行限制。由此不难看出，三网融合的方向已经确定，但监管制度没有融合，这就迫切需要制定统一的网络内容管理办法——从监管制度到措施都应当涉及。三网融合现阶段最主要的任务就是要解决"文本规范"的对接问题，应当从统一立法入手，为三网融合提供可靠的法律制度保障，而统一立法有利于解决主体混

---

① 任军庆：《互联网视听节目监管模式研究》，载《声屏世界》，2007（8）。

乱、标准不一、效果不理想的问题。因此，三网融合过程中内容监管政策本身如何规范和统一，将日益成为有待解决的问题。

3. 规范与发展的冲突

在市场化的初期，政策在规范的同时也要注重对于产业发展的扶持。有人认为，广电总局颁布 181 号文代表着对于互联网电视管理理念从单纯的禁止转向了鼓励支持。"今年 7 月，广电总局一度下发《关于严禁通过互联网经机顶盒向电视机终端提供视听节目服务的通知》，要求视频网站立即开展自查整改，自行关闭互联网电视平台，停止一切销售、宣传活动。不过，行至 2011 年年末，互联网电视产业却得到了一个利好消息，近日国家广电总局下发的《持有互联网电视牌照机构运营管理要求》（广办发网字〔2011〕181 号）文件显示，广电总局决定改变以往通过叫停规范互联网机顶盒的方式，转而引导该产业的发展。"[①] 显然，这种判断是稍显乐观了，通过上面对于近期广电总局相关政策内容的分析来看，其重点还是在于管制，而很难看到在规范层面如何促进产业的发展。而且，还有一种说法认为，"关闭函"只是强化监管的前奏，后面还会有针对客户端其他主体的监管措施出台。这种预测也不是没有可能。广电总局对于 OTT 业务的监管，先是互联网电视后是盒子的监管，再后面会是所有终端内容的监管，这个逻辑是比较清晰的。不过，在这个过程中也需要考虑企业的合法权益，而不能为了监管而监管，甚至是在权力合理性、合法性等问题尚未得到充分说明的情况下就急于出台文件。此外，从已经发布的互联网电视的相关规范看，其重点还在于"管制"，而对于如何从市场角度引导互联网服务企业更好地为消费者提供服务，如何对三网融合保驾护航，这一方面还很难看到有何突破。从公众和社会的利益来看，其对于网络不同平台之间的自由使用是存在需求的，对其而言，互联网电视作为"一屏"也应当包含新闻、视频等各类优质的信息服务，而目前的互联网电视的监管政策是无法迎合公众在多媒体环境下养成的媒介使用习惯以及满足他们对于工作、生活的需求的。如果互联网电视的管理模式无法更新，久而久之，电视终端的用户就会流失，现有广电的利益也会萎缩。而生产力是生产关系变化的根本动因，这就要求政策制定方与时俱进地适应媒介的变化，在电视终端的监管过程中制定促进而不是阻碍技术发展的政策。

---

① 薛娟：《广电总局发 181 号文件鼓励互联网电视运营》，载《中国经济时报》，2011 - 12 - 29。

网络色情淫秽信息政府监管中存在的问题反思
——以新浪网传播淫秽色情信息案以及 "扫黄打非·净网 2014" 为例

一、打击网络色情淫秽信息的形势及其必要性

2014 年 4 月 24 日，在"净网 2014"行动中处于核心地位的全国"扫黄打非"工作小组办公室发布通报称，因新浪网涉嫌在其读书频道和视频节目中传播淫秽色情信息，决定吊销新浪公司的《互联网出版许可证》和《信息网络传播视听节目许可证》，依法停止其从事互联网出版和网络传播视听节目的业务并处以罚金。据报道，新浪网上提供了 20 部淫秽色情小说、4 部色情视频。4 月 29 日，北京市文化市场行政执法总队依法责令该单位立即改正违法行为，并罚款 5 085 812.8 元。此后，当用户打开新浪读书频道，会出现弹窗提示用户："近日新浪读书频道出现涉嫌不良内容作品，为维护洁净网络环境，频道决定暂时关闭作品内容，开始进行自查自纠行动，将针对个人作者和第三方团签的不良作品筛查清理，结束后恢复上线!"[1] 有媒体解读此事件时将其与 2 月成立的中央网络安全和信息化领导小组联系起来，认为这场"扫黄"风暴的最大不同在于，网络治理实现"从行业安全到国家安全的转变"。"净网 2014"开始以后，各地纷纷展开行动，"在北京，各大网站已经展开自查自纠，官方还组织妈妈评审团就部分网站内容进行评审，北京市共清理淫秽色情低俗信息 18.3 万条，关闭违法违规账号 810 个。上海行业主管部门要求网站在文字、图片、视频、移动互联网等各个环节不留死角，在一些大型的新闻网站，对于网民在论坛、微博、博客里发表的各类评论，或者消息，都有专职审核

---

① 《新浪暂时关闭读书频道运营　或因第三方内容涉黄》，见和讯网，http://tech.hexun.com/2014-04-14/163907156.html。

员，在一些关键字上进行筛选"。而网络运营商们也行动起来，"百度网对百度空间历史图片进行了大面积清理，共清理历史图片三十万张；搜狐网暂时关闭了手机网的相册和搜索功能；西陆网永久性关闭了'七情六欲之言情'论坛。搜狐等北京属地网站针对存在的问题立即进行整改，关闭相关板块，而且全部在网站显著位置发布了道歉信，恳请社会公众原谅"①。由此可见，新浪因涉嫌传播淫秽色情信息被处罚，只是这场风暴的一个部分。针对非法网络不良内容的"专项行动"，这已经不是第一次，有人对此曾做过统计，"从 2004—2014 年，据不完全统计有 16 次专项执法，其中 13 次是联合执法。联合执法时，参与部门最多的时候达到了 14 个，扫黄打非办虽然只算一个，但却由 27 个部门组成。最多的一年是 2009 年，专项打击了 4 次，其次是 2011 年专项打击了 3 次。在这 11 年间，大概专项打击的时间总计在 4 年半以上，基本上三分之一还要多的时间在进行专项打击。按照年度来算，最长的应该是 7 个月，2012 年有一个是从 2 月打到 9 月，2014 年专项行动从 4 月打到 11 月。所以，可以看到打击网络色情的专项行动是非常的密集，而且变得长期化，效果应该也是比较明显的"②。"运动式"执法已经成为我国对包括网络色情在内的互联网不良信息整治的一大特色。

在法律层面，淫秽和色情内容是有区别的。《刑法》第三百六十三条至第三百六十七条规定了制作、贩卖、传播淫秽物品罪，其中第三百六十七条对于淫秽物品的界定是："指具体描述性行为或者露骨宣扬色情的淫秽性的书刊、影片、录像带、图片及其他淫秽物品。"有关人体生理、医学知识的科学著作不是淫秽物品。显然，"露骨"等关键词的表达并不清晰。对于色情的概念，在 1988 年新闻出版署《关于认定淫秽及色情出版物的暂行规定》中指出："色情出版物是指整体上不是淫秽的，但其中一部分有第二条（一）至（七）项规定的内容，对普通人特别是未成年人的身心健康有毒害，而缺乏艺术价值或者科学价值的出版物。"司法上，处理淫秽信息主要采取刑事制裁和行政处罚两种方式，而色情信息的处理主要是由公安机关对其进行行政处罚。事实上，"淫秽""猥亵""公然的冒犯"等概念的内涵在美国立法上也是一直饱受诟病，而这种模糊性与操作上的不确定也引发了美国社会对网络色情监管的关注。③ 一般而言，对于"色情""淫秽"信息的监管主要是为了防范其对未成年人的侵害。新加坡对于色情信息的监管还有一个理由——维护社会稳定和

①　程朋：《"净网"风暴突袭中国互联网》，载《电脑报》，2014－05－05。
②　谢永江：《关于打击网络色情的几点看法》，见"打造清朗网络空间环境——网络色情安全挑战与应对策略研讨会"发言，见博客中国，http://zt.blogchina.com/2015zt/wlsq/index.htm。
③　参见董媛媛、王涪宁：《美国防止互联网色情信息侵害未成年人的法律体系评述》，载《国际新闻界》，2010（2）。

传统价值观。"从新加坡网络色情管制来看，政府认为网络色情不仅侵蚀年青一代，而且对现有社会道德基础上构建的社会规范和社会秩序带来冲击，成为社会动荡的隐患，因此政府有权力进行管制。"① 当然，这种处理方式是容易产生争议的，毕竟对于道德的理解因人而异。此外，我国法律要求个人在行使权利时不能侵害其他人的利益，淫秽色情信息也应限定在"不侵害其他人利益"的范围之内，即不能超出社会中不愿意接受色情信息那部分人的"容忍度"。对于网络色情信息的社会容忍度就是公众对于色情影响的忍耐程度。在我国社会组织不是十分发达的情况下，政府经过一定的程序，可以根据社会容忍度对网络色情进行治理。但这种治理必须是从这部分群体的需要出发，通过一定的协商程序，制定共同的标准。只有发扬民主，征求公众意见，才能了解社会群体对于网络色情的社会容忍度到底如何。在政府介入网络色情治理问题上，让公众自己拥有选择权或者控制权，这也是政府保障言论自由权的体现。最后，对于因网络色情信息传播引发的"次生灾害"，即可能引发其他的违法犯罪活动，应当制定明确的法律加以规范。

二、他山之石：国外网络色情淫秽信息治理的经验

西方国家主要依靠社会的力量来实现对于淫秽、色情信息的控制。由于涉及宪法所保护的言论自由与保护未成年人的利益，美国在法律上推动淫秽色情信息的监管遇到了很大的困难。美国《通讯庄重法》（The Communications Decency Act，CDA）规定通过网络向十八岁以下未成年人传输淫秽、粗鄙、不雅信息的，处以刑事处罚。同时，通过互动式网络服务，以十八岁以下未成年人可以取得的方式，展示任何在当前社区标准之判断下系以明显令人不悦的方式，描写淫秽行为或淫秽物品的行为，应当处以刑事处罚。不过，在 CDA 法案签署仅 4 个月后的 1996 年 6 月 12 日，费城东区法院的法官就阻止了 CDA 法案的继续生效。理由是其对于保护未成年人免受色情信息侵害的范围界定过于宽泛。而《未成年人在线保护法》（Children Online Protection Act，COPA）也坚持以"当前社区标准"作为判断色情信息的依据，但这一标准本身也很模糊。"美国第三巡回法院的专家小组认为，COPA 法案中用当前社区标准来判断色情信息是否有害于未成年人，这就有可能导致在某些宽容的社区被允许传播的信息将会在某些严厉的社区被禁止。"② 1997 年 6 月 22

---

① 徐天晓：《新加坡网络色情管制分析及对我国的启示》，北京，北京交通大学硕士论文，2011。

② 董媛媛、王涪宁：《美国防止互联网色情信息侵害未成年人的法律体系评述》，载《国际新闻界》，2010 (2)。

日，美国联邦最高法院审理 Reno v. ACLU 一案，CDA 法案被宣布为违宪，彻底否决了美国国会对保护未成年人免受网络色情信息侵害的立法尝试。其之所以遭到否决，是由于美国社会对于个人权利的重视，而保护未成年人免受色情信息侵害就很可能以牺牲成年人言论自由这一宪法权利为代价。John Paul Stevens 大法官这样说，"尽管政府致力于防止未成年人免受互联网有害信息的侵害，但 CDA 法案通过限制成年人的言论自由权而实现上述目的，无法满足美国宪法第一修正案的言论内容精确性要求。CDA 法案通过增加成年人的言论权的负担，而不是设置更少的限制性替代措施来实现其立法目的是不能被接受的"[①]。还有，就是美国司法部门并不赞成过去用于大众媒体上网络色情的政府规制措施可以直接适用于互联网。就连 V-chip 这个安装在电视机里用来分辨并"锁定"预先设定的某些级别节目的硬件装置，也受到严格的违宪审查。V-chip 条款规定，"电视机生产厂商应在每一台十三英寸及以上的电视机里安装 V-chip 装置，使观众能用一个分级系统锁住所有被认为是儿童不宜的节目，其目的是为了限制儿童接触电视中的淫秽、暴力和有伤风化的节目"[②]。尽管是通过技术手段来监管淫秽色情信息，但其违宪的本质并无任何差异。这一理由不在于是通过技术还是法律规范治理网络色情，而在于究竟是国家的意志还是个人的意志在判断淫秽色情中起到了真正的作用，因为按照国家意志就很可能侵害公民的权利。时至今日，完全由政府来主导控制网络淫秽色情信息在美国几乎没有取得成效。而且，对于政府通过技术手段来控制网络淫秽色情带来的权利侵害风险，美国社会变得愈发警惕，"随着新兴科技而来的内容强制分级和强制标识等制度，尤其是具有强大过滤功能的信息科技，其实不但正在改变言论自由的古典面貌，甚至正在限缩我们发表言论与接受信息的自由选择空间，却未受到应有的重视与检验"[③]。因此，在限制淫秽色情问题上，规制的理念的重要性要远超于网络分级或者标识制度等这些执行层面的问题。

那么，技术在保护未成年人免遭侵害或者在淫秽色情信息治理方面究竟能够起什么样的作用？意义何在？网络内容分级制度是当前世界上很多国家应对网络色情淫秽信息最为重要的手段。而网络技术发展带来的问题，主要还是需借助技术的手段加以解决。网络内容分级制度就是通过设定不同级别的标准对网络色情淫秽内容进行分级，网络内容提供者根据标准在网页上进行自我标示，由内容接受者自行决定是否接入网站内容的制度。[④] 但是，这种标识背后的问题是，它并不具有强制性，

---

①②③ 董媛媛、王涪宁：《美国防止互联网色情信息侵害未成年人的法律体系评述》，载《国际新闻界》，2010（2）。

④ 参见张志铭、李若兰：《内容分级制度视角下的网络色情淫秽治理》，载《浙江社会科学》，2013（6）。

选择权在使用者手中，而且网络面向所有人，包括未成年人，也就不能够很好地起到保护未成年人免受不良信息侵害的效果。不过，分级制度或者标识这种手段的最大优势也正是在于它尊重网络使用者自己的意愿，网络运营商也能够自己来选择如何控制网络色情信息，这就避免了在宪法上权利冲突的问题，从而有助于打破现有的监管困境。具体说来，网络内容分级制度是由相应的组成机构、分级系统和分级标准组成，内容分级制度的提出得益于麻省理工学院设立的国际标准化组织 W3C（world wide web consortium），PICS 是由 W3C 设计出的一种软件标准，根据这一标准可以对互联网上的内容进行标记。[①] 其初衷就是为了帮助家长和老师控制未成年人对网络的接触，利用网站内容自动标签化的技术供网络使用者进行不同的内容选择。而 PICS 网络分级标准必须与某种内容分级系统相结合才能发挥作用，其中最为普遍的是网络内容分级组织 ICRA 所创立的分级系统。[②] ICRA 的宗旨就是保护儿童、未成年人的利益，使其免受网络不良信息的侵害。而通过这种行业自律方式，可以使互联网行业来对抗政府的立法管制。简单说，PICS 为互联网对内容进行标记和分级设立了一个技术标准，而 ICRA 则在 PICS 的技术平台上设计一套分级标准。但是，ICRA 也仅仅是对网络内容加以分级，最终是否要打开还是由网络使用者自己决定。由此可见，"PICS 仅仅是分级过滤软件的一部分，只是为标记、分级提供一个平台。PICS 要求提供网络信息的网站经营者或者发布网络资讯者以自愿的方式就其网络内容或分布的网络内容作自我分级"[③]。所以说，对于网络内容的治理不是依靠哪一种手段就能够奏效，而是要多管齐下。而分级制度就为愿意对网络内容进行控制的人群提供了一种可能，包括家长等不愿意接受网络色情内容的人群就能够有所作为，而且这在一定程度上也减轻了政府在该问题上的国家义务。我国台湾地区是唯一强制推行内容分级的地区，由政府制定详细的电脑网络内容分级处理办法，具体规定了分级的标准和规制方向。这也能看出台湾地区在对待淫秽、色情信息上的政府态度。但在推广上，台湾依据"网络内容分级处理办法"第九条规定成立财团法人台湾网站分级推广基金会，由其负责推行网络内容分级制度，职责涉及制定网站分级系统，推动行业自我分级标示，提供分级标签产生器给内容提供者自我标示。即便依靠社会力量推行分级制度，台湾的这一做法也还是遭到了不少批评与指责，认为其对于网络服务提供者、内容提供者等的限制实质也是一种管制，与言论自由的精神是相悖的，实质上是一种事前审查。比如，"不符合台湾当局认定标准的信息将会被标识或者事先过滤，这也剥夺了公民自主选择和

---

①②③　参见张志铭、李若兰：《内容分级制度视角下的网络色情淫秽治理》，载《浙江社会科学》，2013（6）。

自我判断的权利"①。如果通过技术方式过滤或限制网络淫秽色情，就无法保障成年人的利益；但是，如果不依靠强制推行，让网络使用者自己进行判断，就可能造成另一种现象，为了商业利益，很多网站不使用或者放开对于网络色情信息的控制。这就使治理网络色情信息陷入两难困境。因此，面对这一复杂的问题，就只能采取综合的思路来应对。在新加坡，基于青少年保护以及维护社会稳定并重的出发点，对待网络色情信息的态度相对保守。"新加坡阻止人们接触不适宜内容，主要通过代理服务器的方式，代理服务器一般作为储存已访问网站的备份并防止用户重复请求而干扰通信线路的手段而被 ISP 广泛应用，而新加坡以这种手段来阻止用户进入政府禁止的 100 个网站。它要求 ISP 利用政府服务器安排用户的路径，即凡被列入黑名单的网站均不准上网，需要指出的是，在正常情况下，没有适当代理环境的用户不能进入互联网，只有具备这类环境者才能进入被禁网站。当有人试图进入列入黑名单的网站时，会遇到提示信息并链接至 SBA 解释分类许可制度的网页。"② 这种方式可以在一定程度上改善商业网站为了自身利益而消极对待网络分级制度的状况。对于英国的情况，有学者提道："英国也是九龙治水，政府是参与其中的，但是，政府参与其中只是起到一个牵头作用。英国有 200 个专业机构，由网络服务提供商，各种专门的内容生产机构，青少年保护组织，家长组织，教育机构等组成。对于网络生产的这些内容如何判断合适不合适？这么多专业机构混在一起，包括那些大的互联网服务商，如谷歌、Facebook 等等，它们一起来探讨应该建立一个什么样的内容规范，起到一个具有参考价值的作用，而非强制性的。"③ 当然，社会组织在英国国内并没有那么强的实力，组织能力较弱，况且很多时候需要借助于外部力量（如网站）的配合才能实现规范性约束，此时，就需要政府的支持，根据情况在中间进行协调。此外，英国的大众媒体如报纸、广播、电视等也会制定对待色情内容的相关规则，对于自己的行为做出约束。其他组织当然也可以根据情况制定色情内容规制的规定。由此可见，网络色情信息的治理只能是疏堵结合、有所为有所不为。从国外的治理经验来看，主要是一种自下而上的治理模式，不同社会组织在自己的范围内，结合自身的需求、主体、所处环境等形成色情信息的自律组织，从而逐步改善整个社会的色情问题的状况。网络色情问题的解决并不会有一个十全十美的方案，但任何社会又都必须要面对色情网站对于青少年利益的侵害以及可能诱

---

① 张志铭、李若兰：《内容分级制度视角下的网络色情淫秽治理》，载《浙江社会科学》，2013（6）。
② 徐天晓：《新加坡网络色情管制分析及对我国的启示》，北京，北京交通大学硕士论文，2011。
③ 李丹林：《英国的网络色情治理经验》，见"打造清朗网络空间环境——网络色情安全挑战与应对策略研讨会"发言，见博客中国，http：//zt.blogchina.com/2015zt/wlsq/index.htm。

发的其他社会危害，因此，就只能寻找具有相对合理性的应对方法。

三、国内网络色情淫秽信息治理中的主要问题分析

1. 理念纷争：对于网络色情淫秽信息及其管制的认识没有统一

对于什么是淫秽色情信息，国内并没有取得一致的认识，主要有几种看法：第一种，淫秽色情信息是指法律上规定具有社会危害性的信息，即法律标准。第二种，从价值角度，有人认为，淫秽色情信息全部是负能量，也有人认为它也有积极、正面的作用，包括经济价值、艺术价值等等。第三种，也有观点指出，色情信息构成了人类的非理性，与理性的存在一样正常，因此也是不可能从根本上清除的。总之，林林总总，看法不一。由此可见，对网络淫秽色情信息概念的理解还是存在分歧的，这也可以看出其本身的复杂性。但是网络淫秽色情的传播还是需要有边界，从世界范围来看，这个边界就是针对未成年人的传播。除此之外，就是淫秽色情的法律标准，如果传播淫秽色情触犯了法律就应当承担相应的责任。所谓法律上的标准有其严格的界定方法，在法治社会，这个标准就在于一定要得到利益最可能受到侵犯的那部分人的认定，也就是说要使最可能宽容色情内容的那部分人同意，依据这个最低标准进行判断。"许多情况下，看来是不好的文学、艺术作品，很可能是解放民族思想与灵魂的好作品。所以，《刑法》不是以社会大众的'一般人'，也不是以政府人士的看法为准，而是交由中立的司法机关进行判断，交由专业的作家进行判断，这基本上是符合最低法治要求的。"[1]

现在我国治理网络色情的问题是，产业界、成年网民与政府会因各自在淫秽色情信息中的利益诉求不同而发生冲突。原因也很简单，事先各自对于权利的边界没有达成一致认识，产生争执就难以避免。政府虽然面对的是满满负能量的网络淫秽色情信息，但是，在产业界与成年网民联合抵制的情况之下，政府的意志并不是总能实现。相反，按照法治社会的理念，政府的权力本身就不是万能的，只有通过立法与这些最不支持的人达成了共识，才能够对其进行规制。而当前的治理方式，更像是一部分人生病就让全社会一起"吃药"的做法。而要治理网络色情信息，就必须考虑语境、对象、需要和场地等多重因素，区别对待。这是因为要考虑到色情信息背后不同主体的自身利益，"针对如何治理网络信息问题，在价值目标的确定上

---

① 曲新久：《关于网络色情问题的几点看法》，见"打造清朗网络空间环境——网络色情安全挑战与应对策略研讨会"发言，见博客中国，http://zt.blogchina.com/2015zt/wlsq/index.htm。

不是单一的，而是综合考虑的：首先保证其经济能够很好地发展；其次，保证广大社会成员的自由表达、享受信息自由交流的权利能够得到很好的实现；最后要重点考虑对儿童的保护。针对儿童的保护，除了考虑政府、各种各样的社会机构外，最重要的是赋予家长权利和职责。因此在相关的各种网站里面，要对家长提供更多具体的、直接的帮助，如指导家长应该如何判断这些信息是否适合孩子，该采取什么样的措施等"①。

但是，现在问题还是回到了究竟网络色情治理要达到什么目的，这是政府先要明确回答的。为了谁？经过了怎样的程序？上面已经谈到，即便全部都是负能量，网络色情信息也是无法全部彻底清除的，也没有必要。只有明确了政府监管的目标，才能将政府、社会组织、个人的行动协调好，从而在网络色情治理上取得实效。相对于目标，技术、方法都不是大问题，但如果方向错了，将会南辕北辙。

2. 现有管制模式对网络经营企业的压力过大，因标准不明确，令其无所适从

由于网络色情信息的数量庞大，现有的规制理念及思路上的不清晰，导致一方面企业面对网络色情信息承担了过重的责任，而且，一旦网络服务商、内容提供商等未能积极履行义务，当积累到一定的程度就会受到监管部门的严厉处罚。另一方面，现有的网络色情监管方法存在很大的缺陷，使其并不能达到有效遏制网络色情信息的目的。实践中，有业内人士提道："不问为什么，单从可行性上也有问题。判别网络色情的标准不清，实践中把握存在难度。我特别希望给我们一个明确的标准，我们在打击色情过程中做了很多的事情，但是标准非常不明确。比如明确的定义让我们怎么去判别，所以，我们对色情的判别就是组织几个部门开会，把图片一遍遍过，让大家一起决议，这个是不是色情，如果是色情的话，色情有什么特点，我们写成一个规则让机器去区分。从规则来讲，当时给我们的规则就是含有挑逗意味的图片，大家就要判断这个是不是挑逗的。还有一个更宽泛的就是有害社会良俗的，很多宗教、艺术，对社会是有价值的，对于这些文学，我们怎么去评判？包括以前一些比如古龙的小说、贾平凹的作品，在文学来讲还是艺术的瑰宝。所以，这一点非常难以判断。所以，希望在色情的概念上能给一个明确的表述，当然这个明确不能想象说一板一眼一个规则，最起码要比原来的规则更加准确一些，具有一定的可操作性。"② 这段话反映了在网络经营者中普遍存在的困惑。但是，网络经营者

---

① 李丹林：《英国的网络色情治理经验》，见"打造清朗网络空间环境——网络色情安全挑战与应对策略研讨会"发言，见博客中国，http：//zt.blogchina.com/2015zt/wlsq/index.htm。

② 杨忠鹏：《网络色情的判别标准需要明确》，见"打造清朗网络空间环境——网络色情安全挑战与应对策略研讨会"发言，见博客中国，http：//zt.blogchina.com/2015zt/wlsq/index.htm。

时常还要承受来自政府的很大监管压力。有人表达了对此的看法："现在有很多执法机关对互联网的认识慢慢也提高了，他知道瞄准重点，所以现在基本上说要抓一个互联网、管制互联网，他就瞄准这个平台企业，这是目前治理过程中政府觉得比较拿手的事。但是这样的一个结果就是平台的责任过重，已经超越了整个法律鉴定的范围，包括网络色情事实上也是，平台承担的责任过大。"① 其实，实行层面的困难不能完全归咎于技术提供者以及网站运营者，而是源于我们监管部门一开始对于网络淫秽色情信息的界定还不完善，治理思路上存在偏差。所以，过度苛责于执行部门显然是不合理的。而且，如果使得网络运营企业盲目行动，反而会导致更大的资源浪费。

四、我国网络色情淫秽信息治理的关键

1. 从国家治理能力现代化角度谋划网络色情信息治理的新思路

中央网络安全和信息化领导小组成立后，重组了国家互联网信息办公室，国务院赋予其全国的网络内容管理与执法监督的权力，而且它是中央网络安全和信息化领导小组的具体执行机构。从国家战略层面管理及监督执法来看，互联网的健康发展蕴藏着新的契机。所以说，对于网络内容的监管较之以前也应形成"新常态"。国家网信办成立后，面对网络空间中的各类问题，及时出击，积极作为，出台了不少监管新规，立足"管得住、正能量"，在遏制网络不良内容传播方面确实取得了一定的成效。重组后的国家网信办对于网络内容监管与监督执法负有直接的责任。国家网信办专职副主任任贤良就曾提道："中央新闻网站和主要商业网站是网民获取信息的重要入口，必须自觉承担起'切断黄瘤'的责任。不仅要作出承诺，更要践行承诺。各网站要按照对涉黄信息零容忍的标准，制定具体措施，持续开展自查自纠，着眼建立长效机制。"② 不过，网络色情信息是网络空间中的"顽疾"，而且，在治理层面，当前对色情淫秽的界定也是不清楚的，这直接导致网络色情淫秽信息的治理手段与目标无法协调一致，治理效果不佳。此次"净网 2014"对于相关企业的处理声势浩大，但这并不能从根本上减少淫秽色情的数量，更谈不上从根源上解决问题，因为往往"运动式"整治之后，色情网站很快又会死灰复燃，使监管陷入恶性循环。所以说，对于网络淫秽色情治理也应当有新思路，对症下药。这就是要

---

① 王俊秀：《网络色情目前的发展现状》，见"打造清朗网络空间环境——网络色情安全挑战与应对策略研讨会"发言，见博客中国，http://zt.blogchina.com/2015zt/wlsq/index.htm。

② 罗俊：《将"净网"进行到底！》，载《人民日报》，2014-04-25。

从国家治理能力现代化的角度，理解中央网络安全和信息化领导小组成立的使命，转变过去管理网络色情信息的惯性思维：一是，对于网络色情信息进行深入研究，国家意志在治理中要找到合适的定位，对于该问题的解决要尽快形成适应国家治理能力现代化需要的"新常态"，而不是采取以往的权宜之计。二是，在网络色情淫秽信息治理中摆脱"拍脑袋"决策的旧模式，真正掌握公众对于色情信息问题的关切点在哪里，由此出发，确立网络淫秽色情信息监管的目标与职责。这正是在国家网络安全的视野下重新审视和谋划网络色情淫秽治理，提升政府的治理能力。对于网络色情淫秽信息的监管可以借鉴国际经验，但也要考虑本国国情。在淫秽信息治理问题上应当界定清楚政府与社会各自的责任，通过技术、法律等综合手段治理网络淫秽色情信息。一方面，政府通过刑法和行政法对于明确界定的确实具有社会危害的淫秽色情信息依法监管，坚守法律底线思维。政府在这方面，应当"有所作为"，依法加强监管，从而达到"禁止向未成年人及不愿接受的成年人散布色情物品，禁止散布硬色情；对向自愿的成人散布软色情的无被害人犯罪采取管理措施"的监管效果。① 另一方面，除了前面这些情形下权力需要强力介入之外，网络色情淫秽信息的治理更多地需要通过政府引导下的社会共同参与来解决，这就是"共治"理念的实践。监管思路确立之后，就应当建立网络内容分级制度，让公众掌握网络色情淫秽信息的控制权，由他们自己选择限定的范围，而政府主要是提供相关的技术支持与保障等服务。分级制度的实质是区别不同对象选择不同的管理方式，因此，也应包括在学校、图书馆等场所强制安装过滤软件。结合中国的情况，政府在网络色情治理中，还可以借鉴新加坡的治理理念和方法，选定一批网站，要求其不得有色情信息，传播正能量。总之，政府应当根据分级制度背后"区别对待"的理念，不搞一刀切，而是从现实出发，疏堵结合：区分愿意接受和不愿意接受网络色情信息的成年人，区分允许存在与不允许存在网络色情淫秽信息的场所（包括网络空间）的空间，由此针对不同情况摸索不同的治理方式，既体现了政府对于网络色情淫秽信息主动作为的态度，又要做到"有所为，有所不为"，确保"作为"的真正效果。

2. 推进网络色情淫秽信息监管的法治化是长久之策

网络监管法治化是依法治国的题中之义。法治化是国家治理能力提升的重要途径。对于网络色情淫秽信息的治理一定要依靠法治思维：无论是通过技术、行政权

---

① 参见董玉庭、黄大威：《论传播淫秽、色情物品犯罪的刑事立法政策——以无被害人犯罪为视角》，载《北方法学》，2014（1）。

力、立法等何种手段，都应当坚持基本的法治原则。首先，我国宪法规定公民有言论自由的权利，治理网络色情淫秽信息即便是有利于保护青少年，也一定要在法治原则下将其对于成年人利益的侵害降低到最低程度。其次，权力法定原则是法治国家一项基本的原则。面对网络空间，不能够将现实社会中的"权力"直接嫁接到网络空间，而是应通过网络立法重新确立政府在网络空间中监管权力的合法性。这就涉及网络不良信息监管中的权力部门，如行政、司法机关各自有哪些权力？权力部门对于网络经营者而言，又有哪些权力？党的十八届四中全会提出，推进全面依法治国，法治建设也逐步进入"深水区"，而网络淫秽色情信息监管权力的法治化就是需要面对和解决的深层次问题。最后，还要加强和完善司法对于权利的救济，使得在网络不良信息监管中权利受到侵害的组织或者个人都能够通过法律途径争取自己的权利。

三、传媒与公民权利保护

修订后的《中华人民共和国广告法》
通过并实施

改革开放以后的首部《中华人民共和国广告法》于 1994 年 10 月 27 日由第八届全国人民代表大会常务委员会第十次会议通过，1995 年 2 月 1 日起施行。该法是我国规范广告活动的重要法律，实施以来，在一定程度上规范了广告活动，促进了广告业的健康发展，有效地保护了消费者的合法权益，维护了社会经济秩序。2015 年 4 月 24 日，中华人民共和国第十二届全国代表大会常务委员会第十四次会议通过了修订后的《中华人民共和国广告法》（以下简称《广告法》），并于 2015 年 9 月 1 日起实施。

《广告法》的颁布，顺应了因互联网技术这一生产力变革而引发的媒介生态以及媒介传播关系的重大变化。媒介的变化可以概括为内容的社会化、多元主体参与、多终端、多种媒体形式。而媒介变化导致的是对于广告这种传播形式认识上的深刻变化，这也是媒介转型的体现。对于广告的认识也更加丰富，舒咏平认为广告就是信息，广告传播模式的嬗变从之前的"信息邂逅"转变为信息的"搜索满足"。[1] 广告作为服务于商业领域的传播活动，其本身也必须放到媒介转型这一社会变局中来加以审视。即作为传播中的一个子系统，它与社会的关系如何？影响怎样？应当在社会发展中扮演何种角色？只有先对这些问题进行思考并找到了答案，才能够进一步对于广告传播的实践如何监管做出自己的评价。

一、《广告法》修订的进步意义

《广告法》的修订是对于媒介空间（包含网络空间）良性发展的一次积极探索，

---

① 参见舒永平：《"信息邂逅"与"搜索满足"——广告传播模式的嬗变与实践自觉》，载《新闻大学》，2011（2）。

它为媒介空间的完善做出了一些贡献。这些探索可以从媒介转型过程中的传播机制、内容、制度保障这几个角度进行分析。在媒介空间中，传播行为对于社会影响的变量涉及传播方式、内容、制度保障、道德伦理等众多要素，它们缺一不可，这些要素只有有机组合才能够促使广告传播活动的健康发展。①

1. 从广告传播主体以及传播方式角度探索监管方式的革新

传播的主体关系方面，修订后的《广告法》首次引入"广告代言人"的法律概念，是专门针对一直饱受诟病的名人明星代言广告的行为所设定的，其规定的连带责任意味着名人明星等公众人物的代言行为将受到法律约束，违法将负连带责任。

《广告法》所称广告代言人，是指"广告主以外的，在广告中以自己的名义或者形象对商品、服务作推荐、证明的自然人、法人或者其他组织"。他们在商业广告中扮演重要角色，通过自主的意思的表达，引发消费者的信赖，若进行虚假代言，则极易误导消费者。

传播的有序进行需要不同主体的相互配合，而形成合理的责任分配是关键。《广告法》严格规范广告主体的行为，明确广告主应当对广告内容的真实性负责（第三十四条）。该条规定："广告经营者、广告发布者应当按照国家有关规定，建立、健全广告业务的承接登记、审核、档案管理制度。广告经营者、广告发布者依据法律、行政法规查验有关证明文件，核对广告内容。对内容不符或者证明文件不全的广告，广告经营者不得提供设计、制作、代理服务，广告发布者不得发布。"

当然，广告主作为最重要的责任主体应当确保广告内容真实，并对其提供的证明文件的真实性负责。广告主依法应当提供证明广告内容真实性的证明文件而不提供的，视为广告内容不真实。《广告法》第五十六条规定："发布虚假广告，欺骗、误导消费者，使购买商品或者接受服务的消费者的合法权益受到损害的，由广告主依法承担民事责任。广告经营者、广告发布者不能提供广告主的真实名称、地址和有效联系方式的，消费者可以要求广告经营者、广告发布者先行赔偿。关系消费者生命健康的商品或者服务的虚假广告，造成消费者损害的，其广告经营者、广告发布者、广告代言人应当与广告主承担连带责任。前款规定以外的商品或者服务的虚假广告，造成消费者损害的，其广告经营者、广告发布者、广告代言人，明知或者应知广告虚假仍设计、制作、代理、发布或者作推荐、证明的，应当与广告主承担连带责任。"

---

① 本文先从传播角度来考察《广告法》修订对于传播监管的积极意义，而传播主要包括传播主体之间的关系、传播的方式（技术、路径等）。

从传播趋势来看，这是一大进步。广告活动的发展越来越多地体现出去"中介化"的特征。在新媒体环境中，广告主自身就可以将广告传播活动中经营者、发布者等多重身份合为一体。广告活动中，广告主应当是传播义务最为重要的承担者，强化广告主责任体现了《广告法》修订的前瞻性。

2. 加强特殊产品广告审查

对于广告的内容，《广告法》也积极探索如何促进其良性发展的办法。《广告法》对于广告内容中最为突出的问题——虚假广告进行了更为具体的界定。第二十八条明确规定下列情形构成虚假广告：一是推销的商品或者服务不存在的；二是推销的商品的性能、功能、产地、用途、质量、规格、成分、价格、生产者、有效期限、销售状况、曾获荣誉等信息，或者服务的内容、形式、质量、价格、销售状况、曾获荣誉等信息，以及与商品或者服务有关的允诺等与实际情况不符，对购买行为有实质性影响的；三是使用虚构、伪造或者无法验证的科研成果、统计资料、调查结果、文摘、引用语等信息作证明材料的；四是虚构使用商品或者接受服务的效果的；五是以虚假或者引人误解的内容欺骗、误导消费者的其他情形。虚假广告直接威胁广告活动的发展，是广告传播负效应的集中反映，虚假广告的管理是广告内容监管中的重要组成部分。与一般的虚假信息相比（比如虚假报道），广告内容虚假的现象更为普遍，发生频率更高，如不能有效遏制，将对社会信誉、市场经济的健康发展都产生很大的危害。但另一方面，虚假广告一直是监管中的难点，《广告法》这次尽可能详细地规定构成虚假广告的具体情形，有利于实现对虚假广告的监管，遏制虚假广告的泛滥。

此外，《广告法》最大的变化就是增加了对一些特殊内容的审查监控。一是对药品、医疗器械广告准则做了完善（第十六条），新增保健食品广告准则（第十八条），禁止除药品、医疗器械、医疗广告外的其他广告涉及疾病治疗功能（第十七条）。二是补充、完善农药、兽药广告准则，增加饲料、饲料添加剂广告准则和种子、种畜禽、水产苗种和种养殖广告准则（第二十一条、第二十七条）。三是增加教育、培训、招商、房地产广告准则（第二十四条、第二十五条、第二十六条）。四是对发布烟草广告的媒介、形式和场所做了更严格的限制，明确规定不得设置户外烟草广告（第二十二条）。这样规定的立法初衷是促进广告传播活动的健康、持续发展，《广告法》中通过单独设置特定内容的监管程序及制度，包括由专门机关负责审查、设立传播活动的事前审查制度，以及由工商行政部门负责对于违法活动进行监管，也是对于广告活动及产业发展的保护。不然，这些内容通过广告的形式向社会传播，若是违法违规发布信息，其后果将非常严重，很可能需要通过刑罚来控制。而通过将其作为行政法监控的重点，事前主动防范，就可能最大限度地避免不良的广告传播活动造成严重的社会后果。可以说，对于这些内容大篇幅的规定（增加了不少），体现了《广告法》规范的愈发精细化，而这也正是《广告法》的保障价值所在。

3. 保障规则层面的完善

多样化处罚措施的探索使得良性传播机制得以维持，这也是传播活动的重要保障，同时，也是完善媒介空间监管经验的重要组成。传播规则是传播体系中的重要内容，是广告传播有序化的支撑，《广告法》中增加了广告代言者的法律责任，这是广告空间治理的有益探索。广告代言者在广告中对商品、服务进行推荐或者证明，应当依据事实，并且符合本法和有关法律、行政法规的规定。广告主依法应当提供证明文件的，广告代言者应当查验证明文件，核对广告内容。广告代言者不得为其未使用过的商品或者未接受过的服务进行证明。同时，《广告法》第六十二条规定：广告代言者明知或者应知广告虚假仍在广告中对商品、服务进行推荐或者证明的，由工商行政管理部门没收违法所得，并处违法所得一倍以上两倍以下的罚款。

结合媒介转型的实际，《广告法》增加了处罚的形式，提高了法律责任的可操作性和震慑力。《广告法》第五十五条规定："违反本法规定，发布虚假广告的，由工商行政管理部门责令停止发布广告，责令广告主在相应范围内消除影响，处广告费用三倍以上五倍以下的罚款，广告费用无法计算或者明显偏低的，处二十万元以上一百万元以下的罚款；两年内有三次以上违法行为或者有其他严重情节的，处广告费用五倍以上十倍以下的罚款，广告费用无法计算或者明显偏低的，处一百万元以上二百万元以下的罚款，可以吊销营业执照，并由广告审查机关撤销广告审查批准文件、一年内不受理其广告审查申请。"

回顾《广告法》20多年来的执法历史，各地行政执法部门从狭隘的地方利益和部门利益出发的情况比较多，对虚假广告的处罚存在着两种情况：一是对严重损害消费者利益并应追究刑事责任的虚假广告行为往往通过罚款了事，不移交司法部门依法审理。二是有些执法人员的腐败行为得不到遏制，这些人利用广告监管权与虚假广告传播者大搞权钱交易，成为虚假广告行为的"保护伞"，助长了虚假广告行为的蔓延。三是为了获得广告交易收益，一些地方领导大搞地方保护主义，对本地经营者的虚假广告行为装糊涂，不闻不问，即使出了问题，也千方百计予以庇护。因此，地方商业广告监管机构在虚假广告责任追究过程中，克服"以罚代刑"、严惩监理中的腐败、摆脱利益诱惑等，成为《广告法》实施的当务之急。

另外，《广告法》还补充和丰富了规范的内容与追究民事责任的范围。《广告法》第四十三条规定："任何单位或者个人未经当事人同意或者请求，不得向其住宅、交通工具等发送广告，也不得以电子信息方式向其发送广告。以电子信息方式发送广告的，应当明示发送者的真实身份和联系方式，并向接收者提供拒绝继续接收的方式。"第四十四条规定："利用互联网发布、发送广告，不得影响用户正常使用网络。在互联网页面以弹出等形式发布的广告，应当显著标明关闭标志，确保一键关闭。"第四十五条规定："公共场所的管理者或者电信业务经营者、互联网信息服务提供者对其明知或者应知的利用其场所或者信息传输、发布平台发送、发布违法广告的，应当予以制止。"第六十九条规定："广告主、广告经营者、广告发布者违反本法规定，有下列侵权行为之一的，依法承担民事责任：（一）在广告中损害未成年人或者残疾人的身心健康的；（二）假冒他人专利的；（三）贬低其他生产经营者的商品、服务的；（四）在广告中未经同意使用他人名义或者形象的；（五）其他侵犯他人合法民事权益的。"

二、修订的重要原则

在《广告法》的修订过程中，有些相关问题的争议持续了很多年。2009 年 9 月，工商总局向国务院报送了《中华人民共和国广告法（修订送审稿）》，在经过向社会广泛征求意见之后形成了《中华人民共和国广告法（修订草案）》。修订草案于 2014 年 6 月 4 日经国务院第 50 次常务会议讨论通过。此后，草案提交全国人大审议。第十二届全国人大常委会第十次会议初次审议了《中华人民共和国广告法（修订草案）》，并且向全社会再次征集修改意见，一直到 2015 年 4 月 24 日《广告法》通过。在修订过程中，以下相关原则和问题还是需要重视。

1. 保障商业信息的自由流动，维护社会公共利益

中国完善社会主义市场经济体制始于 2002 年，其特点是：中国加入世贸组织；国有资产管理体制进行改革，国家出台"非公 36 条"；劳动力、资本、土地进一步市场化；收入分配制度改革和完善社会保障体系次第进行。2013 年 8 月，国务院正式批准设立中国（上海）自由贸易试验区。该试验区成立时，以上海外高桥保税区为核心，辅之以机场保税区和洋山港临港新城，成为中国经济新的试验田，实行政府职能转变及金融制度、贸易服务、外商投资和税收政策改革等多项改革措施，并将大力推动上海市转口、离岸业务的发展。按照市场经济的经济一体化、全球化理论，中国市场也将经历自由贸易区、关税同盟、共同市场和经货联盟四个阶段，也

意味着在不久的将来在一定范围内实现货物、服务、资本与人员的"四大自由"。也就是说,修订广告立法不仅仅服务于当下,通过的《广告法》还要为今后十年、二十年中国的广告信息产业适应中国经济的发展做好准备。

商业(广告)信息的自由流动是中国内部及外部市场发展的基础,是与货物自由流动这一社会基础需要相辅相成的。人类社会"货物贸易是历史最长、交易范围最广、最为重要的贸易形式,货物的市场营销问题与消费者的健康和日常生活密切相关"[1],最早的广告产生于人类"以货易货"时期的叫卖,货物自由流动的历史也是广告传播发展的历史。因此,商业广告法制自由原则是指在市场经济环境和自由经济规律下坚持的企业竞争自由和信息传播自由的综合体现。商业广告信息自由传播也是人类进步文明最基本的诉求。"无论广告有时看起来可能是多么乏味与泛滥,但是它传播了谁正在以何种价格、何种理由生产与销售何种产品的信息。只要我们维持一种自由企业主导的经济,我们的资源就将在相当程度上通过无数的私人经济决定来分配。保证上述决定在整体上是理智的、信息充分的,这是一个公共利益问题。为了这个目的,商业信息的自由流动是不可或缺的。"[2] 商业广告不但是自由经济发展的结果,是市场经济发展的润滑剂和引擎,也是自由经济发展的一部分,即广告不但是市场经济的重要组成部分和自由经济的重要表现形式,而且"广告自由被市场经济、民主政治与西方历史传统文化内化,在历时过程中逐渐法制化,被构建为西方国家的发展逻辑、利益轨迹和意识形态"[3]。从社会组织建构视角来看,其蕴含的社会价值观和共享社会成果的方式意义,本身就包含着市场精神和自由原则。商业广告在构建当代社会消费需求的同时,也在构建着社会有序存在的基础。

2. 广告立法的目的不是减少诉讼,而是平衡商业信息传播者与接受者的利益,保护消费者权利

"为了保障安全、健康、环境和消费者利益,消除成员国间的技术性壁垒,实现技术协调,保证货物在内部市场自由流动,欧盟建立并完善了欧洲标准化体系。欧洲标准化体系是欧盟内部市场货物自由流动的重要保障,也是必须趋同的一个重要方面。利用该体系,欧盟对与安全、健康、环境和消费者利益密切相关的行业或商品,通过综合采用旧方法指令和新方法指令进行欧盟层面的立法协调,消除大部分内部技术性贸易壁垒;同时,以相互承认原则保证不需要欧盟立法干预的商品在

---

① 张淑静:《欧盟货物自由流动与消费者保护》,载《国际经济合作》,2007(10)。

② Virginia State Board of Pharmacy v. Virginia Citizens Consumer Council, Inc., 425U. S. 748. (1976). 转引自[美]唐·R·彭伯:《大众传媒法》,516页,北京,中国人民大学出版社,2004。

③ 王凤翔:《西方广告自由法制原则的被解构——以美国为例》,载《新闻与传播研究》,2012(1)。

内部市场自由流通。"① 从某种意义上说，广告法也是一种"标准体系"，在这个体系下，要求广告信息传播者传递的广告话语要准确、客观、清楚、明白；广告应当具有可识别性，并不得含有虚假内容，不得欺骗、误导和诱导消费者等。这也是有些国家没有广告法，但有消费者权利保护法的原因。

为了保护商业信息接受者，即消费者信息选择的自主权，在修订后的《广告法》中，考虑到由于网络传播便利性特点，未经同意向他人网络空间发送广告的行为愈演愈烈，其中还涉及个人信息的泄露问题，并可能引发一系列其他负面影响，于是增加发送广告须经同意的条文（第四十三条）。"事先同意"与"明示拒绝"都是消费者的选择权。但是，消费者接到了垃圾广告应该向谁举报、如何处罚还应进一步明确。

另外，修订后的《广告法》还进一步强化电信运营商对垃圾短信的筛选责任，明确电信运营商责任（第四十五条）。也就是说，修订后的《广告法》对利用移动通信网络、互联网发布广告的行为做了规定。从技术来看，网络服务提供者对于他人发布的骚扰信息或虚假广告实际上提供了技术支持，因而在明知的情况下，应当承担相应的法律责任。这与现行《侵权责任法》和《信息网络传播权保护条例》的规定是一致的。比如《信息网络传播权保护条例》第二十三条规定："网络服务提供者为服务对象提供搜索或者链接服务，在接到权利人的通知书后，根据本条例规定断开与侵权的作品、表演、录音录像制品的链接的，不承担赔偿责任；但是，明知或者应知所链接的作品、表演、录音录像制品侵权的，应当承担共同侵权责任。"《侵权责任法》第三十六条规定："网络用户、网络服务提供者利用网络侵害他人民事权益的，应当承担侵权责任。"

三、对其中问题的分析

1. 对于《广告法》所要监管的"广告"的思考——朝向对社会更有意义的广告努力

《广告法》的监管首先要回答什么是"广告"这一最根本的问题。我们的社会需要什么广告，而不要什么广告？这就需要对现实中的广告有一个整体性的认识，也就是说，要在国家层面为倡导或者反对的广告确立一个评判的标准和范围。美国联邦贸易委员会将不法商业广告予以规格化，划分为九类：不实及欺诈广告、不正

---

① 张淑静：《欧盟货物自由流动与消费者保护》，载《国际经济合作》，2007（10）。

当广告、吹嘘广告、诱饵广告、虚假不实的推荐或证言广告、保证广告、电视模型试验广告、香烟广告和信用消费广告。在美国，作为监管对象的"广告"相对于我们而言可以说是一种广义上的"广告"。对于虚假不实广告的定义是："任何具有误解、省略，或其他可能误导大批理性消费者使其受到伤害的行为的广告。无须任何证据证明消费者受到欺骗，广告表现也可以是明确的或暗含的。关键在于广告是否传达了虚假印象——即使文字上无可挑剔。"① 美国联邦贸易委员会规定："广告的表述或由于未能透露有关的信息给理智的消费者造成错误的印象，这种错误印象又关系到所宣传产品、服务实质性特点的，均属欺骗性广告。"② 所以，据以判断广告是否属于虚假不实广告的主要标准是消费者的态度，即是否产生了"虚假印象"。只要广告有误导大批理性消费者的嫌疑，有可能使消费者受到伤害，即使其广告表现天衣无缝、其文字无可挑剔，其也被划归不实广告之列。此外，在美国联邦贸易委员会看来，有些广告虽然自身不含欺骗性，但也会被认定为不正当广告而被加以监管。"不正当广告意味着对消费者的'不正当的伤害'或'对公共规则（例如其他政府法令）的违背'。换句话说，不正当广告的产生是由于缺乏'完整的信息'或广告的其他一些外部特性。例如，事先未经证实的声明，利用弱势群体（如老人、儿童）的声明，以及消费者因广告主隐瞒了产品或广告中提及的竞争对手产品的重要信息而无法做出真正的选择，上述行为均属不正当行为。"③ 从这些表述里我们可以看到，美国联邦贸易委员会在制定广告法规时，非常重视对消费者的保护，因此，对于作为监管对象"广告"的界定也相当宽泛，只要广告对消费者构成误导、伤害，或使之难以做出正确的选择，就可能会受到惩罚，这种"扩张解释"对于消费者利益而言能产生更大的保护，而对于广告发展的指向性也会更加丰富——既能够指导广告做什么，也明白广告应朝哪个方向发展。修订后的《广告法》尽管对于虚假广告进行了细化，提高了虚假广告判断的可操作性，但是，从丰富的广告实践来看，这种过于具体的规定，仅仅是利于监管而不能对消费者利益起到更多的保障作用。有人打了这样一个比方，"'意大利聚酯漆家具'是一句著名误导广告，因为它既可以理解成'意大利生产的聚酯漆家具'，也可以理解成'用意大利聚酯漆刷的家具'，如果消费者说自己受骗，恐怕以那些客观的判断标准来看就很难维护自己的权益"④。而国外一般是从消费者的感受出发判断是否为虚假广告。因此，

---

① 转引自阮卫：《美国广告法规对我国〈广告法〉修订的启示》，载《新闻界》，2008（6）。
② 转引自赵洁、骆宇：《美国网络广告监管以及对我国的启示》，载《中国广告》，2007（11）。
③ 转引自阮卫：《美国广告法规对我国〈广告法〉修订的启示》，载《新闻界》，2008（6）。
④ 《我国〈广告法〉修改完善之我见》，见国家工商行政管理总局网站，http://www.saic.gov.cn/gsld/jgjl/200301/t20030103_56752.html。

《广告法》应当将那些对于消费者有不良影响的广告都考虑在治理范围当中。"广告面向广大消费者传达信息，必须本着以人为本，为消费者服务，为消费者更好地生活提供便利的态度。因此，凡事都要以消费者为重心。要以消费者为基点思考问题、确立规则。这一点在美国广告法规中得到鲜明体现。"①

2. 广告监管制度方面的问题

（1）广告监督体制中的问题。

广告的监管制度具有以下四点特征：一是完善广告审查制度，规定医疗广告发布前须经审查，未经审查不得发布。二是明确强制措施，根据行政强制法的规定，赋予了工商行政管理部门在履行广告监督管理职能中可以行使的职权。三是约束媒体行为，规定工商行政管理部门会同新闻出版广电、信息产业等主管部门，制定利用广播、电影、电视、报纸、期刊、电信网络、互联网等媒介发布广告的行为规范。四是建立信用档案，规定国务院工商行政管理部门应当建立广告监督管理信息系统，将广告主、广告经营者、广告发布者和广告代言人的违法广告行为记入信用档案。

广告监管制度的关键在于如何能够有效行使广告监管的权力，并且对于这一权力进行监督。一方面，审查程序的设立，使得对于特殊广告的监管建立起了"分权"的管理模式。广告发布前的审查权力是广告监管权力的重要组成部分，审查制度是十分特殊而重要的制度。不过，从广告实践来看，审查制度并未起到应有的作用。"有关广告审批的法规、规章大多明确规定特殊广告的发布内容必须与审查批件文本内容保持一致，但行使广告内容行政审查权限的卫生、药监等行政主管部门所出具的批件基本都是简单的格式化文本；广告主、广告经营者、广告发布者擅自改动行为频发，大大增加了广告监管工作的难度，虽然工商部门具有对违反审批内容的广告进行处罚的权力，但该类广告数量实在太多，工商部门监管往往力不从心。"② 广告活动由不同部门的监管也带来了管理的不统一，这迫切要求不同部门之间协调一致。监管中暴露的问题是主体之间的关系没有理顺，那么，是否要建立起事前审查与事后监督机构共同参加的协调机构？有人就主张，"高度重视广告监管体系中的薄弱环节和职能交叉所带来的矛盾，政府牵头，结合各单位工作，对多头管理、职责不清、推诿扯皮等问题进行逐一研究，依法明确责任主体并提出解决办法。对于需要部门协同进行的监管执法工作，应明确各部门职责权限，并在部门间

① 阮卫：《美国广告法规对我国〈广告法〉修订的启示》，载《新闻界》，2008（6）。
② 张磊：《刍议新时期广告监管执法体系的完善》，载《中国工商管理研究》，2014（2）。

建立互动、联动的协调机制，保证广告监管工作机制协调运转。在此基础上，将相关工作分解细化并纳入日常工作规划"①。而协同的机构或者沟通机制就需要国务院牵头各个行政部门对于广告监督与执法中的问题进行研究和解决。对此问题，《广告法》第六条规定："国务院工商行政管理部门主管全国的广告监督管理工作，国务院有关部门在各自的职责范围内负责广告管理相关工作。县级以上地方工商行政管理部门主管本行政区域的广告监督管理工作，县级以上地方人民政府有关部门在各自的职责范围内负责广告管理相关工作。"除此之外，并未提出关于协同应对广告违法的具体对策。②

同时，《广告法》对于工商总局的定位存在诸多的问题。广告监督权力是集中还是分散，这是权力模式研究的核心问题。虽然法律规定由工商部门行使监督权有利于对广告违法案件的集中、统一管理，但作为同级别的机构，工商部门如何能够实现对广告监管涉及的审查机构的有效监督，这并非易事。另外，工商部门的主要职责是为企业服务，促进经济发展，相对于消费者利益而言其主动性就会稍弱一些，所以，也存在执法者"角色冲突"以及中立性面临质疑的问题。

（2）广告监督机制层面的问题。

在监管制度的内容中，过去一般广告审查涉及的广告主经营的许可、内部审查人员等机制被取消。其一，根据《国务院关于严格控制新设行政许可的通知》要求和监管实际，取消对广告经营者的行政许可，仅对从事广告发布业务的广播电台、电视台、报刊出版单位、互联网站进行广告发布登记。对于一般广告而言，如若不在大众媒体上发布广告将更加自由，无须办理广告经营手续，即可进行广告的传播活动。其二，取消了广告经营单位设置广告审查人员的要求。该如何评价对于一般广告事前审查要求的宽松化？很多人在之前的研究中，都提出应强化对于所有广告的事前审查。有人认为，应当建立覆盖所有广告的事前审查机制，"独立广告审查制度最大的优点（同时也是当前我国广告行政审查制度的漏洞所在）就是将事前审查的范围覆盖到了所有广告，并强调了事前审查的权威性和强制性。如果这一制度能够建立起来，笔者相信一定会对当前的广告乱象起到很好的抑制作用"③。事前审查除了经营许可的审查，还包括发布时的审查。还有人赞同通过广告经营登记制以及设置审查员强化对广告发布的监管，"广告发布环节好比'水龙头'，抓住发布环

---

① 张磊：《刍议新时期广告监管执法体系的完善》，载《中国工商管理研究》，2014（2）。
② 实践中，还是会以专项行动开展：2014年4月10日至8月31日，国家工商总局牵头，会同中宣部、国信办、工信部、卫生计生委、新闻出版广电总局、食品药品监管总局、中医药局，组织开展了互联网广告专项整治，八部门联合下发《关于开展整治互联网重点领域广告专项行动的通知》。
③ 陈丽平：《关于我国违法广告治理问题的思考》，载《新闻知识》，2014（4）。

节就是抓住了广告监管的重点环节。依据现行广告法律法规规定，只要求事业单位性质的广告发布者在开展广告发布活动前应领取《广告经营许可证》。目前规定的事前审批范围过窄，大量的非事业单位性质的商业组织以及转企改制后的媒体不领取《广告经营许可证》，只经过相应的商事登记核准即可取得广告发布经营资格，这使得行政审批的监管功能被严重弱化。为加强对广告发布环节的监管，可考虑专门设置广告发布经营登记制度，即规定凡利用广播、电影、电视、报纸、期刊、移动通信网络、互联网、电子显示装置从事广告发布经营业务的，均应当依法办理广告发布经营登记……"① 这些观点都体现了应当加强广告发布事前监管的思路。这虽然会方便政府相关部门对于广告活动的监管，但忽视了广告传播的现实环境，并不具有可操作性——网络传播的简便化使得传播活动十分便利，每个个人的信息平台如果发布广告都要事前审查，其工作量可想而知。再说，这也不符合网络传播信息内容监管的发展趋势，而且，也忽视了社会其他主体在广告监管中的能动作用。对于广告一般内容监管的宽松化是一种进步，是新技术引发的公民传播自由权利扩大的体现。而这也是广告法所承担的促进广告传播产业发展的另一项目标。

① 史新章：《关于完善我国广告法律体系的思考》，载《中国工商管理研究》，2012（11）。

全国人大常委会批准《视听表演北京条约》

2014 年 4 月 24 日，十二届全国人大常委会第八次会议表决通过了关于批准《视听表演北京条约》（Beijing Treaty on Audiovisual Performances，以下简称《北京条约》）的决定，批准了这一条约。

根据《北京条约》的规定，其应在 30 个缔约方交存批准书或加入书 3 个月之后生效。"从以往的情况看，国际条约从签署到生效大致需要 6 到 10 年的时间，我国批准该条约后，将和世界知识产权组织一同推动该条约早日生效。"[1]

为缔结视听表演新条约而召开的外交会议于 2012 年 6 月 26 日在北京成功闭幕，世界知识产权组织（World Intellectual Property Organization，WIPO）各成员国的谈判者签署了以最后一轮谈判的承办城市命名的《视听表演北京条约》。新条约有史以来第一次全面地将视听表演者纳入国际版权保护框架中。共有 156 个成员国、6 个政府间组织和 45 个非政府组织参加了外交会议。这是 WIPO 外交会议参会者人数最多的一次，共有 122 国家签署了条约《最后文件》，48 个国家签署了条约。在条约上签字表明签字国初步核准条约，有意在国内对条约进行审查，并考虑批准；不过，签署条约并不产生要求签署国必须予以批准的法律义务，只有批准或加入，才意味着同意受条约各条规定的法律约束。虽然加入与批准的法律效力相同，但程序却有别。批准是指有关国家先签署条约，再批准条约。而加入程序只有一步，亦即事先无签字行为。最常见的情况是，支持条约的各国在条约得到通过之后不久便在条约上签字。这些国家随后在完成国内需要完成的所有内部法律程序之后，对条约予以批准。其他一些国家可能一开始就启动国内批准程序，一旦国内程

---

[1] 《国家版权局副局长阎晓宏就我国批准〈视听表演北京条约〉答记者问》，见新华网。

序完成之后，便加入条约，而不事先在条约上签字。

WIPO 总干事高锐感谢中国政府和北京市为 2012 年 6 月 20—26 日举行保护音像表演外交会议做出的组织工作，尤其感谢中国国家版权局（NCAC）和北京市为承办本次外交会议发挥的主要的作用。"北京视听条约的缔结作为一块重要里程碑，填补了视听表演国家权利制度的空白，并体现了多边工作中的协作性质。"高锐指出，"国际版权框架从此不再对某一类表演者加以区分对待"①。

《北京条约》是新中国成立以来，第一个在我国缔结并以我国城市命名的平等的国际条约。高锐表示："中国政府对《北京条约》的缔结做出了杰出贡献，在中国成功缔结该条约，也意味着全球经济生产和文化生产的重心正在向亚洲转移。"②

截至 2014 年 4 月，已有包括我国在内的 72 个世界知识产权组织成员国签署了《北京条约》，其中，阿拉伯叙利亚共和国和博茨瓦纳共和国已经正式批准条约，我国成为第 3 个批准条约的国家。

一、《北京条约》的背景

1883 年召开保护作者权利的国际会议时，来自各国文学协会的代表、艺术家、作家和出版商着手制定了统一文学产权法律框架的简明条款，并归纳了所有国家均能接受的各条原则。会议上形成并于 1886 年通过的《伯尔尼公约》成功地为作家和艺术家的创意作品提供了知识产权保护。

20 世纪初期出现了无声电影，随后不久又出现了有声电影，催生了整个电影产业。演员和歌唱家等表演者的表演首次被录制下来，向国内和国外的观众发行，从而让这些录制品能推向现场以外的观众。正是由于这一原因（及其他一些原因），伯尔尼联盟、国际劳工组织（ILO）和联合国教科文组织（UNESCO）制定了 1961 年《保护表演者、音像制品制作者和广播组织罗马公约》（《罗马公约》）。虽然《罗马公约》对声音表演者提供了保护，但对视听表演者规定的权利很有限。随着摄录设备的普及，对表演的摄录变得极为简单易行，在影视产业外也产生了大量的"视听录制品"，而传播技术的发展也使得对"视听录制品"的利用方式日益丰富，很多国家迫切要求尽快制定新的国际公约，以在世界范围内对利用"视听表演"的行为加以规制。

---

① 《WIPO 缔结〈视听表演北京条约〉》，见世界知识产权组织网站，http：//www. wipo. int/pressroom。
② 《国家版权局副局长阎晓宏就我国批准〈视听表演北京条约〉答记者问》，见新华网。

1996 年，《世界知识产权组织表演和录音制品条约》（WPPT）签署，该条约于 2002 年生效。WPPT 使声音表演者的国际标准实现了现代化，但视听表演者及其表演仍在很大程度上未受到国际标准的保护。

条约的谈判始于 1993 年。由于美国等国家担心新条约对录制在"视听录制品"中的表演进行高水平的保护会使电影演员享有过多权利，从而导致其极为强大的影视产业受到冲击，而欧盟等国家则站在表演者的角度要求对"视听录制品"中的表演提供充分国际保护，双方分歧较大，导致世界知识产权组织 1996 年和 2000 年两次召开的外交会议均未能够缔结此条约。

表演者权是各国著作权法/版权法所保护的一项重要权利，大陆法系国家一般通过邻接权的方式加以保护，而英美法系国家将表演者的表演直接作为"作品"赋以版权保护。也就是说英美法系的表演者直接享有作者的权利。出现这样差别的关键是两大法系对作品获得著作权/版权保护的条件，尤其是对"作品独创性"的理解不同。虽然近几十年来，两大法系在版权领域中的保护标准明显趋同，在表演者权的保护上达成了更多的共识，但在保护表演者的形象方面却仍缺乏统一认识。

一般来说，表演者权的产生必须有两个前提，一是表演者及表演活动，二是把表演者的表演活动以录制方式固定下来的技术。[①] 爱迪生发明的"留声机"就是这样一种既为固定和复制音乐表演者的表演实况提供可能也为表演者权的产生奠定基础的技术。而表演者权的产生则首先源于《罗马公约》的签订。

《罗马公约》规定，表演者就其表演活动享有以下三项权利：第一，防止未经许可广播或向公众传播其表演实况，但专为广播或向公众传播的表演，以及根据已授权录制的表演进行广播或转播的除外；第二，防止他人未经许可录制其表演活动；第三，防止他人未经许可复制录有其表演的录音制品，但原版录制已获授权，或者复制目的没有超出表演者同意的范围，以及复制行为属于合理使用的除外。此外，公约还规定如果为商业目的发行的唱片或此类唱片的复制品直接用于广播或任何向公众的传播，表演者应当获得一笔总的合理报酬，并且缔约国可将标明主要表演者，或者标明拥有相关表演者权人的姓名作为保护条件。同时公约规定，如果若干表演者参加同一项表演，相关表演者的权利行使可由缔约国根据本国法律和规章进行规定。公约还规定，不管该公约有什么规定，一旦表演者同意将其表演录像或录音录像，前述条款就不再适用。

[①] 参见郑成思：《版权法》，49 页，北京，中国人民大学出版社，1997。

由上可见，《罗马公约》所保护的表演仅仅指对于文学艺术作品的表演，而不包括其他表演，如电影演员的表演，公约明确这类表演由各缔约国国内法规定。同时，公约也仅为表演者提供了"'第一次利用'其表演的权利"，表演者许可他人就其表演活动进行广播或向公众传播、进行录音录像以及复制录有其表演的录音制品，其权利都是一次性用尽的，一旦表演者同意将其表演录像或录音录像，那么后续权利皆为终结。表演者无权就已获授权的录音制品进行广播、转播、向公众传播以及复制等获得报酬。

《罗马公约》的产生过程就是表演者权的产生过程，从这一过程中，我们可以看到两种力量以两种理由进行的斗争。一种力量代表表演者的利益，包括表演者本身、知识工作者国际联盟以及 ILO 等，他们坚持应当为表演者的表演确立独立的知识产权保护而不仅仅是通过合同进行，理由是表演活动本身就是一种创作，表演者应当获得类似作者的保护地位。另一种力量代表的是作者以及那些利用表演进行营利的组织，典型的如录音制品制作者和广播组织，他们坚持表演缺乏独创性，关于表演的报酬问题只能通过合同解决。

从《罗马公约》最终规定的表演者权内容看，《罗马公约》中的表演者权保护是这两种力量的一种妥协，但后一种力量明显占了优势。因为《罗马公约》根本未将表演者视为作者，而仅仅将表演者作为相关作品的传播者提供保护，表演者仅取得固定其表演形象的权利，其他权利仍由作者控制。

同样，《罗马公约》也是表演者们与表演利用组织之间的较量。在《罗马公约》协商过程中，影片制作者坚持对其制作的电影享有作者权，电视广播者也坚持这一立场，认为给予表演者权将阻碍他们对作品的利用，因此表演者没有从对影视表演的音像固定中获得权利。广播组织机构认为，公约将在全世界予以适用，而当时有些地区依赖于有线广播实现文化交流，如果允许表演者有权就其表演禁止转播，将为文化交流设置新的障碍，因此表演者无权要求对其表演的转播享有权利。因此从某种意义上说，《罗马公约》既是作者们与表演者、录音制作者和广播组织者之间利益较量的结果，同时也是表演者与录音制品制作者和广播组织者之间较量的结果。在以作者权为保护核心的大陆法系国家，无论相对于作品的创作者们还是作为投资者的录音制品制作者和广播组织者，表演者（从事表演工作的人）的权利保护都处于弱势。[①]

---

① 参见李菊丹：《表演者权保护研究》，载《知识产权》，2010（2）。

二、《北京条约》的内容

如前所述，歌星与演员在著作权法制方面的保护，传统上就不如一般小说家、画家或词曲作家等著作人，这是因为歌星与演员的职业发展强烈依附于唱片业、电影业及广播电视媒体业等著作权产业，而这些产业不乐见歌星与演员有太大的权利，以免不利产业经营。所以，从 1961 年《罗马公约》开始，表演人在国际公约上的保护就显得不足。

经过近 12 年的努力与协调，主张表演人应该如同其他著作人享有相同权利的欧盟国家等与坚决反对的美国好莱坞与印度宝莱坞终于达成妥协，同意以较弹性的条约文字，在国际公约上确立保护歌星与演员等表演人在视听产品上的利益，但其立法方式则尊重各国自主权。等到《北京条约》获得 30 个会员国的批准而生效后，各国就会开始修正著作权法，进一步保护歌星与演员等表演人在视听产品上的权利，尤其是针对视听著作在数字网络环境下之利用，表演人也能如同其他著作人一样获得适当的利益分配。①

《北京条约》为保护表演者提供了更清晰的国际法律框架，从而巩固了表演者在视听产业中岌岌可危的地位。条约还将第一次让表演者在数字环境中受到保护，亦将有助于维护表演者的权利，避免其表演在未经许可的情况下被用于电视、电影和录像等视听媒体。

《北京条约》关注的是著作权中表演者的权利。在表演领域中，著作权法的保护范畴主要包括两种类型的权利：一是表演权，即著作权人依法享有的"公开表演作品，以及用各种手段公开播送作品的表演的权利"，这是作者的权利，例如，作家老舍先生对其作品《骆驼祥子》拥有许可该作品搬上话剧舞台的表演权；二是表演者权，即表演者（如歌手、演员等）依法享有的许可或禁止他人使用其在表演作品时的形象、动作、声音等一系列表演活动的权利，包括对其表演进行现场直播、录制、制作音像制品发行，以及通过网络进行传播的权利，这是表演者的权利，属于作品传播者所享有的邻接权的一种。

《北京条约》是基于国际社会对表演者和表演者权利的重视，对表演者的声音和形象给予全面保护的新的国际规范，主要针对录制在"视听录制品"中的表演，为表演者规定了广泛的权利，包括表明身份权、禁止歪曲权、复制权、发行权和信

---

① 参见章忠信：《表演人的著作权保护再向前一大步》，见著作权笔记网，http：//www.copyrightnote.org。

息网络传播权，以及缔约方可视具体情况规定的出租权、广播和以其他方式进行传播的权利。条约最大的亮点是填补了视听表演领域给予表演者全面保护的国际公约的空白，平衡了创作者、制片人、表演者等各环节的利益关系。

《北京条约》加强了电影演员及其他表演者的经济权利，并可以为其劳动提供额外的收入。条约将让表演者得以与制作者分享视听制品在国际上的创收；还将让表演者享有精神权利，以防止出现不在表演上署名或加以歪曲利用的现象。

依据《北京条约》规定，表演者将就其在视听著作上的表演，享有标示其姓名及禁止不当修改而致损害其名誉的"表演人格权"（moral rights）；在经济利益方面，表演人将可以禁止他人使用他们在视听媒介上的表演，例如，未经授权不得将录有他们表演内容的电视节目、电影或录像，加以复制、公开播送、上传网络、出租、散布等。

对表演者的权利如何能转到视听制作人身上这个议题的处理方法，《北京条约》第 12 条乃采取两套机制，让会员国自行选择其中一套机制纳入国内法。一是一旦表演者同意他的表演被录制，其权利就会自动转让给制作人；二是经由表演者的同意，将他在视听物上的表演的权利转让给制作人。不管是采用哪一种选择，过去由制作人独享的视听表演利益，表演者未来都有机会分得一杯羹。

在《北京条约》缔结之前，有三大国际条约涉及对表演者权利的保护，即 1961 年的《罗马公约》、1994 年的《与贸易有关的知识产权协议》（TRIPS）、1996 年的《世界知识产权组织表演和录音制品条约》（WPPT）。这三大条约都为视听表演者提供了一定程度的保护，但不是全面的保护。

该领域著名专家王迁举例说，京剧大师梅葆玖先生在舞台上表演的京剧，就是典型的视听表演，既有声音唱腔，又有动作和形象。如果有人未经许可，对梅葆玖先生的表演进行现场直播或者录音录像，那么这三大条约都是禁止的。因此不能说在《北京条约》缔结之前，对视听表演者就没有提供任何保护。但这些条约区分了以音频的方式和以视频的方式录制的表演，对于前者提供保护，而不对后者提供保护。

也就是说，假如梅葆玖先生已经许可他人将其演出京剧时的声音录成 CD，而有人擅自翻录和销售该 CD，那么梅葆玖先生就可以起诉此人侵犯其表演者权。但假如梅葆玖先生已经许可他人将其演出的京剧录成 DVD，而他人擅自翻录和销售该 DVD，则三大条约的缔约国没有义务对梅葆玖先生提供保护。而在《北京条约》生效后，梅葆玖先生以 DVD 等视听录制品形式记录的表演就会在缔约国受到保护，他人擅自翻录和销售该视听录制品就是侵权行为。

例如，在《北京条约》缔结前，如果梅葆玖先生演出京剧的正版录像在国外未经许可被复制发行，梅葆玖先生以表演者的身份去起诉，国外是没有义务保护的。而在《北京条约》缔结后，只要该国加入了该条约就有义务提供保护。因此，《北京条约》与过去三大条约的不同之处在于，不再区分在录音制品上的表演和以视频方式录制的表演，对两者都提供保护。①

对于网络传播的问题，专家王迁也表示，此次条约也有新规定。在 WPPT 中，虽然为表演者设立了信息网络传播权，但只针对录制在录音制品中的表演。也就是说，如果有人未经许可把一张 CD 唱片上传到网上供他人下载，在任何加入了 WPPT 的国家，这种行为不仅侵犯词曲作者和唱片制作者的权利，也侵犯了表演者的权利。但如果有人未经许可把梅葆玖先生演出京剧的 DVD 上传到网上供他人下载，WPPT 的缔约国没有义务向梅葆玖先生提供保护。而《北京条约》生效后，梅葆玖先生的这一权利就能在加入《北京条约》的国家受到保护了。

目前，我国的第三次修订著作权法正在进行，在《北京条约》为表演者规定的权利中，我国《著作权法》只有两项权利没有规定，即出租权和广播及公众传播的权利。但是根据条约的规定，这两项中国是可以不规定的。因为条约规定，如果一个国家没有出现因商业出租而导致载有表演的视听录制品遭到广泛复制，就可以不规定出租权。而因商业出租导致视听录制品被广泛复制的现象，在我们国家并未出现，因此我国可以不做规定。但即使这样，我国《著作权法》第三次修改草案中也还是对表演者的出租权做出了规定，这说明我国对表演者的保护水平已经超越了国际条约规定的最低义务。对于广播及向公众传播的权利，条约允许各国在加入时声明保留。如果我国加入时声明保留，就无须规定这项权利。当然，如果在加入时选择不做保留，就需要通过修法来增加这一项权利。

王迁也提出，我国现行著作权立法对"表演者"的定义只限于作品的表演者，而没有将民间文学艺术表达的表演者（如表演少数民族传统杂耍节目的民间艺人）包括在内。而《北京条约》保护的"表演者"范围是包括民间文学艺术表达的表演者的。目前，《著作权法》第三次修改草案已经将"表演者"的范围扩大到了"表演文学艺术作品或民间文学艺术的人"，这就与《北京条约》的规定一致了。

在条约讨论的过程中，《北京条约》曾被《音像表演条约》代替，但无论是"视听表演"还是"音像表演"，对应的英文都是 audiovisual performances。早在1996 年世界知识产权组织主持缔结 WPPT 时，就希望对视听表演进行全面保护，

---

① 参见解读《〈视听表演北京条约〉保护表演者权利》，见中国新闻出版网。

但因当时存在意见分歧，没有成功。于是外交会议就通过了一个决议，要求各方继续协商谈判，以召开一个新的外交会议，专门对视听表演提供保护。在该文件的中文文本中，世界知识产权组织将准备召开的外交会议名称翻译为"音像表演外交会议"。到 2000 年，该外交会议召开时，中文名称也是"音像表演外交会议"，而本次在北京召开的外交会议是对 2000 年外交会议的延续，因此外交会议的名称保持不变。

之所以最后将条约的名称改为《视听表演北京条约》，是因为从 1996 年至 2012 年这十余年时间内，技术发展变化非常快，一些术语也有了新的中文译法。在这期间，国内学术界越来越关注国外《著作权法》中的一类作品名称，英文为 audiovisual work，所有人都将其翻译为"视听作品"，没有人翻译成"音像作品"。《著作权法》第三次修改草案中也使用了"视听作品"这一术语。显然，在同一部法中，不应出现对同一单词 audiovisual 的两种译法，即将"audiovisual work"译为"视听作品"，而将"audiovisual performances"译为"音像表演"。考虑到对条约名称的翻译需要和我国国内立法进行衔接，因此，最终决定把"音像表演"改为"视听表演"。再有，"视听"可以更形象、准确地反映国际条约的本意，即不仅要保护观众用耳朵"可听"的表演，也要保护用眼睛"可视"的表演；不仅要保护已经录制在音像载体上的表演，也要保护尚未录制的现场表演。①

除此之外，《北京公约》也允许会员国比照著作权的合理使用规定，对表演人的权利加以限制，以利公众合理使用。

三、我国批准《北京条约》的意义

中国批准《北京条约》意义重大：一是作为《北京条约》的缔结地，批准该条约，将在成功举办外交会议和推动缔结《北京条约》的基础上，大大提升我国在保护知识产权方面的形象，增加我国在知识产权领域的国际话语权，有助于我国加强与国际社会的合作，发挥我国在国际知识产权领域的积极作用；二是《北京条约》生效以后，表演者在其"视听录制品"中的权利将得到承认和充分的保障，表演者的创造热情将进一步激发，从而促进表演作品的创作和广泛传播；三是表演行业类型丰富，广播、影视、舞台门类多，《北京条约》将使更多的人投入文化产业，特别是演出产业中，会推动相关产业的发展，提升国民经济的发展，并会使更多的人

---

① 参见《解读〈视听表演北京条约〉保护表演者权利》，见中国新闻出版网。

享受到丰富的精神文化产品；四是《北京条约》把"民间文学艺术表达"的表演者纳入保护范围，对于拥有五千年悠久历史的我国而言，也有利于促进我国传统民间表演艺术发展，挖掘、推广我国传统民族表演艺术，推动中国传统文化"走出去"；五是该条约是以北京市这个城市命名的，有利于推进北京国际化城市建设。

批准这个条约利大于弊，具体说，一是我国政府一直重视对表演者权利的保护，现行法律、法规从总体上已基本达到《北京条约》规定的标准；二是《北京条约》延伸了表演者的保护范围，涵盖了"文学或艺术作品"和"民间文学艺术表达"的表演者，而我国的"民间文学艺术表达"资源和相应的表演者数量是其他国家难以相比的；三是根据我国视听产品出口量小于进口量的现实情况，中国将在《北京条约》第 11 条第 3 款许可的前提下，对我国现行法律、法规中尚未规定的该条约第 11 条第 1 款和第 2 款关于"广播和向公众传播的权利"予以保留；四是《北京条约》生效后，中国表演者将在同是《北京条约》批准或加入国的国家获得全面保护，当然，中国政府也将承担相应的国际义务。

中国现行《著作权法》与刚刚签署的《北京条约》相比，差距主要有两点：（1）中国没有为表演者规定两项权利即出租权和广播权（其中根据 BTAP 规定只有在非商业性出租已导致此种录制品的广泛复制，严重损害表演者专有复制权的情况下才规定出租权）；（2）《北京条约》的表演者范围比较宽泛，不但包括表演文学或艺术作品的表演者，还包括表演民间文艺表达的表演者，而中国现行《著作权法》将表演者限于表演文学、艺术作品的人。

中国目前正在进行《著作权法》的第三次修订活动，国家版权局 2012 年 7 月 6 日公布《著作权法》修改草案第二稿。根据该草案的相关规定，表演者对其表演享有下列权利：（1）表明表演者身份；（2）保护表演形象不受歪曲；（3）许可他人以无线或者有线方式公开播放其现场表演；（4）许可他人录制其表演；（5）许可他人复制、发行、出租其表演的录制品或者该录制品的复制件；（6）许可他人以无线或者有线方式向公众提供其表演，使公众可以在其个人选定的时间和地点获得该表演，以及通过技术设备向公众传播以前述方式提供的表演。同时规定，如果制片者聘用表演者摄制视听作品，应当签订书面合同并支付报酬，视听作品中的表演者所享有的复制、发行、出租和信息网络传播方面的权利由制片者享有，但主要表演者享有署名权，并有权就他人使用该视听作品获得合理报酬。由上可见，《著作权法》修改草案第二稿所规定的表演者权基本符合 WPPT 和《北京条约》对表演者权的保护要求，但仍有两项内容存在差距：（1）《著作权法》修改草案第二稿没有规定表演者所享有的就视听录制品录制的表演授权广播和向公众传播的权利；（2）《著作权法》修改草案第二稿没有给予民间文艺表达的表演者以文学艺术作品表演者所享有的表演者权。这两项差距仍然需要在此次《著作权法》修订中予以关注。①

另外，我国之前加入的保护表演者的国际公约，均不规范以视频形式录制表演的行为，也不保护录制在"视听录制品"中的表演。中国表演者在国外演出时，如果他人未经许可在现场对表演进行录像，该国无制止的义务；同样，当载有中国表演者表演的数字激光视盘等"视听录制品"在国外未经许可被复制和发行时，中国表演者也无法在该国获得法律救济。《北京条约》生效后，已批准该条约的国家，就有义务向中国表演者提供相应的法律救济。

《北京条约》在北京完成签署，让北京成为保护著作权国际公约的重镇，具有重大意义，它象征世界知识产权组织对中国大陆致力保护知识产权的期待，也显示中国大陆愿意迈入知识产权保护行列的愿望，也展现中国大陆在知识产权世界论坛的影响力。台湾（地区）著作权专责机关"经济部智慧财产局"近来也在草拟著作权条例修正草案，虽然台湾因为政治因素无法加入联合国所属的世界知识产权组织，但向来对于国际著作权公约的发展都极具关切。现行著作权条例都已符合国际著作权公约的保护标准，未来也必然将《北京条约》相关规定纳入著作权条例修正草案，表演者与相关产业都应积极参与这项关系文化创意产业至深的修法工作。②

根据《澳门特别行政区基本法》的有关规定，《北京条约》适用于澳门特别行政区，并同时声明：不受条约第 11 条第 1 款和第 2 款规定的约束。香港特别行政区暂不适用，待其修改相关法律，符合适用条件后再行适用《北京条约》。

---

① 参见李菊丹：《论表演者权的保护及最新进展》，见《知识产权实施相关问题研究》，北京，知识产权出版社，2013。

② 参见章忠信：《表演人的著作权保护再向前一大步》，见著作权笔记网，http://www.copyrightnote.org。

世界奢侈品协会诉《南方周末》《新京报》名誉侵权案分析

——以匿名消息来源保护制度为视角

一、案件基本情况

2012年6月，新京报社因发表《"世奢会"被指皮包公司》，南方报业传媒集团因在《南方周末》发表《廉价世奢会》和《他原来是一个演员：世奢会中国代表处首席执行官欧阳坤前传》，被世界奢侈品协会（北京）国际商业管理有限公司（原告自称"世奢会"）及其主要负责人欧阳坤个人状告侵害其名誉权案的系列诉讼受到业界关注。2013年3月央视《经济半小时》节目中《哪来的世界奢侈品协会》曝光世奢会招摇撞骗，揭露了其伪造奢侈品、雇人演戏等造假现象。不过，央视并未成为世奢会的起诉对象，世奢会只是向其发出了一些文件。2014年2月26日，北京市朝阳区人民法院对该案做出一审判决，认为南方报业传媒集团、新京报社作为传统媒体单位，对媒体从业人员撰写、发表报道或文章，负有较高的真实性审核义务，而被告南方报业传媒集团《南方周末》刊登的《廉价世奢会》和《新京报》刊登的《"世奢会"被指皮包公司》文章中，存在多处不实言论，违背了其作为媒体的审核义务，继而导致大量其他媒体转载，其行为已经构成对原告世奢会名誉权的侵害，故判令两被告刊登致歉声明，向世奢会赔礼道歉、消除影响、恢复名誉。一审期间，《新京报》及《南方周末》均以媒体有义务保护采访对象为由，没有提供采访录音或公开该匿名采访对象的身份。对于一审判决两家媒体均表示不服，提出上诉。2014年8月14日，北京市第三人民中级法院开庭审理此案。该案中化名"唐路"的关键证人身份的真实性成为二审中当事人双方辩论的焦点。不过，二审时，《新京报》没有坚持继续保护匿名信源，而是向法庭提交并当庭播放了采访录音；前《新京报》记者刘刚也出庭作证，并称"唐路"的真实身份为前世奢会员工田丹丹。但该案目前尚未做出判决。

二、个案正义与制度正义：案件的问题分析

该案中，作为被告方，《新京报》及《南方周末》在一审中均以媒体有义务保护采访对象为由，没有提供采访录音或公开该匿名采访对象的身份。由于涉及新闻媒体的"匿名信息源保护"或者"记者拒证权"的问题，故引发新闻界的关注。而由于记者拒绝提供匿名信源，一审法院判决媒体败诉。对于该案件，从实现个案公平正义的角度，一些学者主张应从积极提供证据、寻求相关法律支持、法官自由心证等途径争取案件二审的胜诉。显然，从案件后来的发展情况来看，涉事媒体也是放弃了之前坚持的对匿名证人的保护，向法庭提交了匿名证人相关的证据材料。但从制度正义的角度，即便是个案中实现了公平正义，也还只是起点，最终还需要推动建立"匿名消息来源"保护的制度。对此，有专家指出，"这是我国第一起真正涉及到秘密消息源作证问题的媒体侵权案件。案件影响并不大，但我相信它将载入史册。如何通过新闻法立法保护消息源看来很有必要"[①]。下面就从个案正义与制度正义两个方面，分别对该案展开分析：

1. 从个案正义角度的分析

在对世奢会的报道中，匿名信息源提供了大量关于世奢会内部情况的重要信息。从 2012 年 5 月起，多家媒体开始质疑该协会的权威性。《新京报》及《南方周末》的报道曾用一名该组织匿名的离职员工的消息源称，世奢会发布的数据是连夜从网上扒下来的，没有任何权威性。在《新京报》的报道中，该匿名员工披露，世奢会在举办展会时，曾用低档红酒冒充高级红酒，展品也不是厂商自己提供。而匿名信源提供的证据在法庭上被要求证明其真实性时就遇到了问题，对于上述的报道，除了"唐路"，基本上没有其他人能够加以佐证。对此涉案媒体并不否认。刘刚、陈中小路及其他采访"世奢会"选题的记者都曾告诉《中国青年报》记者，除去田丹丹，他们还曾联系了另外一名与"世奢会"关系密切的爆料人，此人提供的信息也可以佐证田丹丹的身份。但由于这名爆料人不愿意再参与此事，采访的媒体都未在文章中提及此人。[②] 显然，记者对该事件的批评性报道，在证据的保存方面

---

① 《2014 年度中国十大传媒法事例专家点评意见》，见中国社会科学网，http://www.cssn.cn/xwcbx/xwcbx_xsqy/201501/t20150111_1474017.shtml。

② 参见刘星：《世奢会诉新京报社名誉侵权　新京报公开匿名信源身份》，载《中国青年报》，2014 - 08 - 15。

是有一些瑕疵的。从案件本身入手，可以发现本案一审判决中，之所以判决媒体败诉，是因为媒体所提出的匿名信息源保护的主张，涉及案件中关键的证据。魏永征认为，"媒体没有不提供证据就胜诉"的特权，这里的"证据"一定是关键证据，而且是直接关系案件审判结果的证据，且没有其他证据能够替代的。"判决书分别肯定了'（涉讼）报道内容大部分能够做到有查实有据'、'大部分内容经过撰文记者本人的核实'，可见本案中王自强的证人证言对于媒体一审败诉实在具有关键意义。"① 由此可见，如果仅从案件中双方提交的证据来看，媒体并没有提交证明自己主张的充足证据，所以，才承担了败诉的后果。

　　而对于该案如何实现个案正义，有人认为，应从现有的法律中寻求对于记者权利保护的依据。这也是在当前记者拒证权及匿名信息保护制度缺失情况下的一种权宜之策。有学者提出："全国人大在2005年批准的《联合国反腐败公约》第33条提出了要保护举报人，媒体完全可以引用该公约，依法而不是依职业道德来保护匿名消息来源。"还有人认为："我国《刑事诉讼法》《反洗钱法》《禁毒法》等十几部法律中都有为举报人保密的规定，未经本人的同意不可以公开。一旦面临这样的诉讼，也可以被新闻界引为自我保护的依据。"② 不过，该案从民法的基本精神和法官的自由裁量权出发，也是一种寻求更加合理与实现个案公平正义的途径。显然，现有的判决，从实质正义的角度来看，未能充分地得到实现。判决书透露，"原告主张涉案两篇文章存在21处报道失实的地方，从文章的总体内容来看，虽然大部分内容经过撰文记者本人的核实，但仍有内容被告无法提供详细的消息来源"③。由此可知，报道中"大部分内容是经过记者核实的"，究竟通过这些能够核实的信息能否判断媒体的报道是基本真实的？这是不清楚的。所以，有学者就有这样的感叹："从现有判决书和一些媒体案后报道以及当事记者的记叙看来，本案对于证人其实是有很多问题可以质询的，而在一审庭审中被告却没有作出响应和反驳，在原告推出'采访对象'作证的情况下，采写稿件的记者却没有出庭（记者的身份应是证人），套用判决书的话，对此笔者也有些'实难'理解。"④ 因此，案件的审判结果应该说是让人遗憾的。对此判决一些媒体人也是略有微词："……但法院也认定'从文章的总体内容来看，虽然大部分内容经过撰文记者本人的核实'，法院也没有

---

① 魏永征、周琳：《媒体在名誉权案中的举证问题——从证据视角说"世奢会"案》，载《新闻界》，2014（12）。

② 《2014年度中国十大传媒法事例专家点评意见》，见中国社会科学网，http：//www.cssn.cn/xwcbx/xwcbx_xsqy/201501/t20150111_1474017.shtml。

③ 王安：《媒体真个屌丝的悲哀》，见和讯网，http：//opinion.hexun.com/2014-06-18/16580 1597.html。

④ 魏永征、周琳：《媒体在名誉权案中的举证问题——从证据视角说"世奢会"案》，载《新闻界》，2014（12）。

认定'总体内容'失实，却仍判决媒体败诉，这就源于对媒体的看法了。"① 所以说，如果法庭能够根据整个报道所反映出的全部情况是否属实的角度来分析，坚持诚实信用原则这一民法理论中的"最高准则"，一定程度上也可以实现个案正义的目标。

2. 从制度正义角度的分析

个案正义是着眼于"当下"，而制度正义是从长远考虑如何通过制度建设实现社会的正义。该案对于制度正义的实现有着怎样的意义？有学者认为："本案可能是我国第一起真正涉及秘密消息源作证问题的媒体侵权案件。"② 秘密消息源保护制度以及记者拒证权相关的问题在学术界已经有了不少的讨论，而这种学理上的探讨就很有可能对新闻媒体从业者产生直接的影响。关于记者拒证权，学者们主要是通过对国外该制度的理念、基本原则、具体内容、实现途径等方面的介绍，呼吁推动国内记者拒证权的建设。

一般认为，记者拒证权是记者在司法上的一项特权，它是司法与新闻媒体（记者）关系的重要内容。而媒体与司法的关系所涉及的是司法对待媒体的态度，是现代国家政治制度内的一组重要关系，二者关系的保障制度等都能够反映一个国家媒体的处境或者是整个媒体的生态。世奢会诉媒体侵权的案件，涉及媒体与司法、媒体与匿名信息源之间的关系，拒证权的确立对于这些关系都会产生影响。拒证权最直接地表现为对抗司法活动的权利，使得媒体在与司法关系中享有"特权"的支持，同时，拒证权也是媒体相对于匿名消息源的一种义务。而在一般情况下，人们讨论的主要是前一种关系。现代社会为何要设计拒证权这一制度或规则？记者拒证权是民主社会所必需的监督力量。美国宪法第一修正案规定："国会不得制定法律规定国教或禁止宗教自由，剥夺言论或出版自由，剥夺人民和平集会和向政府请愿申冤的权利。"而新闻自由是言论自由的重要形式和组成部分。美国联邦最高法院在审理"布莱兹伯格案"（1972）时，斯图尔特大法官就指出，记者为消息来源保密是一种宪法权利，这种宪法权利植根于广泛的社会利益——信息向公众全面地自由地流动；记者与媒体保护消息来源，"不是为了新闻媒体的利益，而是为了我们所有人的利益"③。拒证权与实现宪法所保护的言论自由这一价值相关，与公众对于

① 王安：《媒体真个屌丝的悲哀》，见和讯网，http：//opinion. hexun. com/2014-06-18/16580 1597. html。

② 《2014 年度中国十大传媒法事例专家点评意见》，见中国社会科学网，http：//www. cssn. cn/xwcbx/ xwcbx _xsqy/201501/t20150111 _1474017. shtml。

③ 转引自陈建云：《西方新闻界保护秘密消息来源规则的价值考量》，载《西南民族大学学报》（人文社会科学版），2009（3）。

国家权力的监督联系起来，所以是现代国家一项重要的权利。"特别是那些重大事件的内幕，记者不依靠秘密消息来源便无从得知并揭示于众。半个世纪以来，美国媒体几乎所有的爆发性、划时代新闻报道都来自秘密渠道，如保密的越战经过（五角大楼文件）、水门事件、克林顿-莱温斯基丑闻、烟草和核工业谎言及安然公司真相；对 10 000 个报纸、杂志和电视故事进行调查的'2005 年美国媒体状况'发现，有 13% 来自秘密渠道，《纽约时报》则估计主要报刊有一半头版消息来自秘密渠道。"① 由此可见新闻报道中匿名信源以及匿名信源保护制度的重要性。保护新闻媒体相关权利的价值是为了维护民主政治制度，所以，各国都通过一系列的制度来保障这一价值的实现。葡萄牙 1975 年制定的《新闻法》，首次提出了"新闻权"的概念，该权利包括五类：从官方获取新闻自由，保守职业秘密，出版和传播的自由，经营自由，竞争自由。其中，还特别强调了不得强迫记者透露消息来源。② 尽管新闻媒体特殊权利的内容规定有所不同，但对于新闻媒体在一定条件下给予特殊保护这基本上是现代国家的共识。我们国家司法判决中对于政府、公众人物的媒体侵权中，媒体因"公共利益"而造成侵权后果，在法律上责任是可以减弱的。与此出发点相类似，对于拒证权各国的法律也都有规定。德国《刑事诉讼法》第 53 条规定："以下人员，也有权拒绝作证。因职业原因参与或曾参与定期刊物或无线电广播的准备、制作或发行的人员，对刊物或无线电广播文稿与资料的作者、投稿人或消息提供人的个人情况以及这些人的工作内情，以这些情况涉及编辑部分的文稿、资料和报道为限。"美国很多州都制定了"庇护法"，由此确立了新闻机制保护新闻来源的特权制度。此外，通过 1972 年的"布莱兹伯格案"，记者作证豁免权的普遍规则的基础才建立起来。虽然"布莱兹伯格案"等记者主张拒证权的一组案件在上诉到联邦最高法院后，联邦最高法院仍以 5 比 4 的票数判决否定了记者对职业活动中掌握的犯罪证据享有保密特权，但是，斯图尔特等四位法官的少数反对意见对于后世的影响更大。"许多联邦和州法院在决定是否强迫记者作证时，都适用了他提出的三项检验标准。在'布莱兹伯格案'中，记者作证豁免权的衡量规则被建立起来。因此，该案的判决被认为具有里程碑意义。"③ 该案确立了如下原则，当记者被要求出庭作证时，政府必须：（1）说明存在着可能的理由相信新闻记者掌握着与具体的违法行为有明显关联的信息；（2）证明其所寻求的信息不能通过其他对第一修正案

① 陈建云：《西方新闻界保护秘密消息来源规则的价值考量》，载《西南民族大学学报》（人文社会科学版），2009（3）。

② 参见程宗璋：《论新闻取材来源隐匿的法律问题》，载《新闻与传播研究》，2002（3）。

③ 陈建云：《美国媒体对消息提供者的保护：职业道德与司法公正的冲突》，载《新闻大学》，2005（4）。

损害较小的渠道获得；（3）证明该信息中包含着令人非信不可的和压倒一切的利益。① 该意见为平衡新闻自由与刑事司法审判活动中的作证义务提供了可以检验和辨别的方法。相对于刑事案件，民事司法领域记者拒证权的主张更容易得到支持。由此可见，记者拒证权无论是在海洋法系还是大陆法系国家都是记者履行社会监督职责的重要制度保障。任何权利都是有条件的，拒证权的边界就在对司法公正审判可能造成的影响程度。根据对国外拒证权相关规范的梳理，国内学者认为，在权利限制方面，可以重点借鉴美国的做法，同时采纳德国的有益经验。即确立一个限制新闻记者权利行使的具体标准，该标准可以表述为：（1）信息与案件重要事实密切相关；（2）用尽其他方法仍不能获得该信息；（3）该信息对案件审理极其重要，以至于缺少该信息将会直接导致较新闻自由更大利益的严重损害。② 在记者与司法关系中，提出判定"拒证权"的三项原则非常重要，但同时难度最大的问题是该项权利的落实，即如何客观地把握个案中记者拒证权是否需要保障。亦即如何判断"记者拒证权相较于其他利益具有更重要的价值""与案件重要事实密切相关""已用尽其他方法"等，特别是当这一理念处在司法领域尚未形成的情况下时。有人对此也有这样的担忧，"这种特权的有限性，同时也就意味着它的不确定性。由于它的存废都有待于法官的数学计算和'自由心证'，司法自由裁量权是这种有限特权的不可避免的结果。所以，由于这种有限特权的弹性太大，实际上对于当事人来说它的权利特性已经是微乎其微了。因为，随着法官'言（裁定）出法随'，新闻记者就可能承担作证的义务，而且还可能受到别的指控，如诽谤或违反可履行的合约等等"③。这种担忧不是没有道理的，记者拒证权需要通过法官的自由裁量来落实，这就使得记者拒证权面临很多的"不确定性"。通过对国外拒证权相关规范的研究，学者发现记者拒证权的内容可分为四个方面：（1）拒绝公开信息来源的身份；（2）拒绝开示可能曝光提供者身份的信息内容；（3）拒绝接受询问；（4）拒绝接受搜查、扣押。④ 而今后在研究中，还需要进一步加强对该项权利的研究。本案能否成为推动匿名消息源保护或者记者拒证权建立的契机，新闻自由与记者利益保护中制度正义的实现还存在哪些障碍与困难以及可能的现实出路等问题需要进一步探讨。

---

① 参见陈建云：《美国媒体对消息提供者的保护：职业道德与司法公正的冲突》，载《新闻大学》，2005（4）。
② 参见高一飞、陈小利：《论记者拒证权》，载《证据科学》，2008（5）。
③ 程宗璋：《论新闻取材来源隐匿的法律问题》，载《新闻与传播研究》，2002（3）。
④ 参见高一飞、陈小利：《论记者拒证权》，载《证据科学》，2008（5）。

三、记者拒证权的内涵以及记者拒证权保护的路径分析

无论是新闻（媒体）匿名权还是记者拒证权，其实都是指在一定条件下媒体或记者享有的为消息源保密的权利，即未经消息源同意，不能把消息源透露给第三人的义务。这一概念包含着两方面的内容：一是对于司法而言，记者在法庭上享有拒证的特权；另一方面的内容是，很多国家的法律及新闻职业伦理规范普遍规定了记者的消息来源保密义务。这两个方面，虽有联系，也有区别。区别体现在，它们权利义务关系的主体、内容都有所不同，而这一点是被我们所忽视的。在民主社会中，实现公平正义是社会追求的重要价值。对此，司法机关通过公正的司法判决来实现，而媒体依靠新闻报道推动社会的公平正义。从实现社会公平、正义的总目标出发，司法、媒体履行各自的职责时，都会坚守一定的原则。司法坚持以事实为依据、以法律为准绳，通过审判捍卫公平正义，而媒体坚持对新闻事实的客观报道。这是二者行事的根本原则，也是最高价值标准，在这个根本原则下法庭的证据制度、媒体的拒证权才作为保障制度出现。由此出发，也就排除了记者滥用拒证权的行为，媒体报道本身必须客观、真实，否则匿名权是不会被保护的，因为匿名权存在的基础是为了社会的公共利益，虚假报道不仅无益反而有害于社会。媒体为实现社会公平、正义就需要新闻自由，而为了保障新闻自由就产生了新闻记者为消息来源保密的义务。即便是在刑事司法案件中，记者也会为了遵守承诺而宁愿承担相应的责任。这是媒体为信息源承担的保密义务，是围绕匿名信息的记者与匿名信息提供者之间的权利义务关系，该项义务直接针对的是要求匿名的信息提供者。很多著名的案件中，媒体积极承担"第四权"的社会功能，而匿名信息源向媒体披露重要信息，就类似于向国家权力机关提供信息的举报人，而对于举报人在各国的法律中都设立了相应的保护制度。但是，当匿名信息被公开后引发司法纠纷，此时，对于新闻记者、媒体都是一次考验，因为很有可能媒体要为此承担法律上的后果。这就是一个存在制度悖论或冲突的地方。在国外，法律上大多都给予媒体司法上拒绝作证的特权。国外记者拒证权大多都规定在《刑事诉讼法》中，德国《刑事诉讼法》规定："凡因投稿者或提供情况者涉入诉讼，新闻记者及其发行人得拒绝透露消息来源。"法国《刑事诉讼法》第109条第2款规定："任何记者，就其从事记者活动收集到的信息，作为证人作证时，有不披露消息来源之自由。"从媒体角度看，拒证权是同时指向司法机关、当事人两个不同主体的。不难看出，这两部分所调整的权利义务关系是不同的，故调节方式也是不同的。对于法庭拒绝作证制度的完善，

需要通过媒体之外的力量才能够解决，而媒体对匿名信息源的保护，通过加强自身伦理规范的约束是能够产生效果的。

在系统论的视野中，对于匿名信息源的保护也是一个系统，媒体只是其中的一个部分，而司法机关也能产生重要的影响。因此，这也就需要从实现全社会整体公平、正义的角度来设计对匿名信息源的保护制度，仅仅通过媒体不怕承担拒证的法律后果的职业道德或者职业伦理来降低匿名信息源的使用是不够的。这就是为何国外对于匿名信息源的保护，包括记者拒证特权与消息来源保密义务两方面的制度建设。[①] 尽管一般情况下，我们笼统地将它们一起称为记者拒证权或者新闻匿名权，但是，对消息来源保密权的内涵做这种细分之后，有助于对该制度的分析以及寻找到推动其发展的路径。近年来，网络媒体兴起之后，在舆论监督方面发挥的作用也越来越大，无论是促进新闻事业发展中信息采集的需要，还是更好地发挥社会瞭望者的监督功能，都需要在制度上给新闻媒体的权利提供更多制度性的保障。因此，赋予记者司法上的消息来源拒证特权是十分必要的。此外，从增进社会整体公平正义的角度出发，司法也应当重视媒体在公共利益实现中的价值，通过司法审判尽可能地考虑到这一因素，特别是通过自由心证将社会公共利益因素也体现在司法个案的判决当中。当前，司法对于记者拒证权保护的关注显然不如新闻媒体多。而在司法机关对包括记者拒证权等新闻权保护的必要性认识不足，对待媒体态度未发生根本变化的情况下，由媒体自身承担对于信息源的保密义务，其效果具有很大的局限性，而且有可能使得媒体、记者不堪重负。所以说，记者拒证权离不开媒体、司法机关的认知和实践。这一制度性的缺失，从长远看，也不利于社会整体正义的实现。

记者拒证权的实现路径主要包括理念和制度两个方面的落实。那么，当前阻碍记者拒证权实现的主要障碍有哪些？理念上，新闻记者的权利意识还主要停留在新闻传播自己的领域之中。司法对于新闻权利认知度比较高的是公众人物名誉侵权案中媒体的舆论监督权。如2002年范志毅与文新报业集团名誉权的官司中，静安区法院在判决中指出：“其消息来源并非主观臆造，从文章的结构和内容上看，旨在连续调查赌球传闻的真实性。即使范志毅认为报道指名道姓有损其名誉，但在媒体行使舆论监督的过程中，作为公众人物的范志毅，对于可能的轻微损害应当予以忍受。”有媒体这样评价该案的意义：“这是十多年来因体育新闻引发的官司中媒体少有的胜诉。审判中，法院对新闻规律的尊重和先进的法律理念，在这起官司的胜败

---

① 参见李立景：《论记者拒证特权与消息来源保密义务》，载《行政与法》，2007（7）。

之间起到了重要作用。"① 可以看出，该案的判决是从媒体为公共利益履行舆论监督职责的角度肯定了媒体批评性报道中的"特权"。但是，相对而言，对记者的拒证权还无法达到这样的认知程度，在缺乏理念支撑的情况下，期盼司法机关主动适用法律来保护记者的拒证权实际上面临不少的困难。中国法律体系更接近于大陆法系，在成文法国家里，法官更类似于"自动售货机"，较少主动地寻找法律或者从案例相关的立法精神出发进行裁判。而新的理念扎根社会也需要一个过程，法治中的无罪推定、疑罪从无等观念的社会接受过程无一不是如此。从由于公众人物舆论监督引发的侵权案件中记者新闻权利保护理念被司法认可的经验来看，通过个案引入记者拒证权的相关制度也不是没有可能，但这需要这一理念逐渐被社会所接受。

从制度上看，建立起推动记者拒证权实现的路径是最大的难题。一些国家的法律中明确规定新闻工作者享有拒证权。如澳门地区《刑事诉讼法典》第一百二十二条规定："律师、医生、新闻工作者、信用机构之成员、宗教司祭或各教派司祭及法律容许或规定须保守职业秘密之其他人，得推辞就属职业秘密之事实作证言。"但是，国内拒证权制度并未在法律上确定下来，国内律师拒证权、亲属拒证权等其他特殊情形下的拒证权尚未落实。因此，对建立记者拒证权，有人提出了以下建议："首先，确立其他形式的拒证权（如律师拒证权），以达到阐释并传播拒证权理论的目的。其次，通过司法解释扩大拒证权的适用范围，将新闻记者拒绝公开信息来源身份秘密的内容包含其中。再次，通过人大立法正式确认新闻记者有权拒绝公开信息来源的身份秘密，并扩大到新闻记者有权拒绝开示未发表信息；同时规定新闻记者不得行使拒证权的内容，即对信息来源的利益不构成生成性损害的信息，新闻记者无权拒绝开示；通过司法解释延伸到新闻记者拒绝接受搜查、扣押相关信息。最后，人大立法确认新闻记者拒绝接受搜查扣押因职务原因获取的信息的权利，同时规定新闻记者不得拒绝接受的情形。"② 而记者拒证权的落实依赖于拒证权制度被社会和法律所接受，因此，从公众关注到进入立法者的视野，再到最终以法律文件的形式确定下来，中间还有漫长的路要走。

四、我国记者权利保护的现实出路

从前面的分析可以看出，记者拒证权的全面建立还面临许多的障碍。但这不是

---

① 曹越：《从范志毅败诉看舆论监督中"公众人物"的名誉权问题》，载《新闻战线》，2003 (6)。
② 高一飞、陈小利：《论记者拒证权》，载《证据科学》，2008 (5)。

说这一权利的推动就无所作为。从长远来看，落实司法上的记者拒证权应是最终目标。这就涉及除了一些特定的理由，记者的拒证权一般应当得到保护，判断规则可以参考国外的相关经验。不过，世奢会诉几家媒体名誉侵权案件发生后，有人提到应加强新闻伦理规范中对于记者保守信息源秘密规范的建设，这也是新闻匿名信息源保护制度的一个重要方面。在新闻伦理规范的制定中，有专家建议，可设立"匿名消息来源"专条，其内容包括以下三方面。（1）尽量不使用匿名的消息来源。（2）对消息源要求匿名的确切原因，应当做合理的评估与判断。（3）必须使用匿名消息来源时应做到：1）至少有一名编审人员知道匿名消息源的真实身份；2）在报道中解释匿名消息源的背景；3）信守承诺，不暴露匿名消息源的真实身份，并准备承担履行这一承诺带来的不利自己的法律后果。目前来看，新闻伦理中新闻源保护相关规定的完善并不是要用它来对抗司法上对于记者的追诉，这方面的作用是很小的，它的目标主要是在于尽可能减少新闻纠纷的同时保障匿名信息源的利益，由此才能推动整个新闻业健康持续地发展。而完善新闻业保护信息源的自律规范是新闻业在推动社会整体公平、正义中的积极作为。在新闻匿名权或者记者拒证权的两部分内容中，由于与新闻媒体责任相关的部分通过媒体自身的努力，能够在一定程度上保障信息源的利益，因此，应当作为最终建立记者拒证权制度的第一步。这就需要在新闻伦理规范层面先建立并完善相应的制度。比如，可以借鉴举报人制度，在规范的制定中，明确匿名信息源的权利、保密的风险评估机制、对违反诚信记者的处理措施等。而等到新闻媒体领域这一制度的理念与实践积累了一定的基础之后，再从立法层面推动记者拒证权从职业道德规范上升为国家的法律规范，这就是拒证权建构的"两步走"的策略，由此最终建立起对于匿名信息源的双重保障制度。

琼瑶诉于正等侵犯著作权案

一、案件起诉、受理、判决

2014 年 5 月 28 日，北京三中院受理了原告陈喆（笔名：琼瑶）诉被告余征（笔名：于正）、湖南经视文化传播有限公司、东阳欢娱影视文化有限公司、万达影视传媒有限公司、东阳星瑞影视文化传媒有限公司侵害著作权纠纷一案。

原告陈喆在起诉书中称，其在 1992 年至 1993 年间创作完成了文学作品《梅花烙》，并独立享有该作品的著作权。2012 年至 2013 年间，被告余征未经原告许可，擅自采用《梅花烙》的核心独创情节，改编创作电视剧本，且联合其他被告共同摄制了电视连续剧《宫锁连城》并播出。原告认为《宫锁连城》的电视剧和剧本几乎完整套用了《梅花烙》小说和剧本的全部核心情节与故事脉络，严重侵犯了原告的改编权、摄制权，给原告造成了极大的精神伤害。故诉至三中院，请求判令被告立即停止侵权、消除影响、向原告赔礼道歉并赔偿原告全部经济损失 2 000 万元。

本案审理的焦点主要有以下几方面：

（一）剧本《梅花烙》著作权的归属

1. 原告提交的剧本《梅花烙》文本是否确系电视剧《梅花烙》的拍摄剧本

剧本是电视剧拍摄的依据，以文字形式呈现电视剧的拍摄内容。打印装订成册的剧本实物是剧本内容的物理载体，剧本物理载体这一实体形式的变化并不意味着剧本内容的变化。在本案中，原告陈喆提交的剧本《梅花烙》内容并未超出电视剧《梅花烙》的剧情表达，且与电视剧《梅花烙》的影像视听内容形成基本一致的对应关系，结合原告小说《梅花烙》"创作后记"中关于剧本创作完成在先的原始记载，原告提交剧本《梅花烙》内容的真实性，法院予以认可。

2. 剧本《梅花烙》的著作权归属

在本案中，电视剧《梅花烙》字幕虽有"编剧林久愉"的署名安排，但林久愉本人出具的《声明书》已明确表示其并不享有剧本《梅花烙》著作权的事实；电视剧《梅花烙》制片者怡人传播有限公司出具的《电视剧〈梅花烙〉制播情况及电视文学剧本著作权确认书》也已明确表述剧本《梅花烙》的作者及著作权人均为本案原告。法院对此予以确认。

林久愉根据原告口述整理剧本《梅花烙》，是一种记录性质的执笔操作，并非著作权法意义上的整理行为或融入独创智慧的合作创作活动，故林久愉并不是剧本《梅花烙》的作者。因此，法院认定剧本《梅花烙》的作者及著作权人均为本案原告陈喆。

(二) 小说《梅花烙》与剧本《梅花烙》的关系

根据法院查明的事实，小说《梅花烙》虽然在故事内容上与剧本《梅花烙》存在高度关联性、相似性，但却具有不同于剧本《梅花烙》而存在的独创性，故小说《梅花烙》应为剧本《梅花烙》的改编作品，依法享有著作权。鉴于小说《梅花烙》的署名为原告陈喆，故法院认定小说《梅花烙》的作者及著作权人均为原告陈喆。

(三) 原告主张被改编和摄制的内容能否受著作权法保护

1. 著作权的客体

小说、剧本等文字作品作为著作权法意义上的作品，受著作权保护，而作品的表达元素，包括足够具体的人物设置、人物关系、情节事件、情节发展串联、人物与情节的交互关系、矛盾冲突等，通常会融入作者的独创性智慧创作，凝结着整部作品最为闪光的独创表达，应当受著作权法保护。

就文学作品而言，对于一些不是明显相似或者可归于众所周知的情节及素材，如果仅仅就单一情节及素材进行独立比对，很难直接得出准确结论，但将这些情节及素材的创编做整体对比，则更有利于发现两部作品在创作结构上的相似性。对于文字作品而言，即使单一情节本身不具有足够的独创性，但情节之间的前后衔接、逻辑顺序等也可以将全部情节紧密贯穿为完整的个性化创作表达，并赋予作品整体的独创性。作品情节选择及结构上的巧妙安排和情节展开的推演设计，反映着作者的个性化的判断和取舍，体现出作者的独创性思维成果。基于相同的情节设计，配合不同的故事结构、情节排布、逻辑推演，则可能形成不同的作品。特定的故事结构、情节排布、逻辑推演可以赋予特定作品整体上的独创意义。如果用来比较的先后作品基于相同的内部结构、情节配搭等，形成相似的整体外观，虽然在作品局部情节安排上存在部分差异，但从整体效果看，则可以构成对在先作品的再现或改编。因此，足够具体的人物设计、情节结构、内在逻辑串联无疑是应受著作权法保护的重要元素。

2. 思想与表达及其区分

著作权法保护表达而不延及思想。文学作品中的情节，既可以被总结为相对抽象的情节概括，也可以从中梳理出相对具体的情节展现，因此，就情节本身而言仍然存在思想与表达的分界。区分思想与表达要看这些情节和情节整体仅属于概括的、一般性的叙事模式，还是具体到了一定程度足以产生感知特定作品来源的特有赏体验。如果具体到了这一程度，足以到达思想与表达的临界点之下，则可以作为表达。在本案中，原告就小说《梅花烙》及剧本《梅花烙》分别列举的多个桥段基本构成了有因果联系的连续性事件，因此，上述桥段应归类为具体的情节。

3. 特定情境、有限表达及公知素材的关系

特定情境、有限表达、公知素材的使用虽不受著作权法限制，但并不意味着以其为基础，经作者独立创编形成的作品内容也会自动归入特定情境、有限表达或公知素材。利用这些素材创作出一个完整的剧情，其中包含人物设置、人物之间的关系、场景、情节、基于故事发展逻辑及排布形成的情节整体等许多要素，当然可以受著作权法的保护。创作者不能阻止他人使用特定情境、有限表达或公知素材，但当然可以阻止他人使用基于其独创成果产生的作品。因此，在考虑使用特定情境、有限表达及公知素材为基础形成的作品及内容是否属于著作权法保护时，应重点判断作者在使用相关素材时，是否加入了具有独创智慧的表达而赋予了相关成果特定的独创意义。

(四)《宫锁连城》剧本是否侵害了《梅花烙》剧本及小说的改编权

1. 被告是否接触了原告作品

侵害著作权的构成要件为接触加实质相似。接触可以分为两种情况，一是作品未发表但有证据证明被告实际接触了该作品，二是作品已发表，处于公之于众的状态。所谓公之于众即作品处于为不特定的人能够通过正常途径接触并可以知悉的状

态，而并不要求必须存在有人已经实际知晓、接触的事实发生。电视剧的公开播出即可推定为相应剧本的公开发表。在本案中，电视剧《梅花烙》的公开播出即可达到剧本《梅花烙》内容公之于众的效果，受众可以通过观看电视剧的方式获知剧本《梅花烙》的全部内容。因此，电视剧《梅花烙》的公开播出可以推定为剧本《梅花烙》的公开发表，故可以推定各被告具有接触剧本《梅花烙》的机会和可能，从而满足了侵害著作权中的接触要件。

2. 改编与合理借鉴的关系

在侵害改编权的案件中，认定是否侵权的基础前提是判断改编行为、改编来源关系是否存在。为查证这一基础事实，可以选用的方法通常是以前后两作品进行内容比对，基于相似的表达性元素来判断两部作品是否存在著作权法意义上的关联性，这一关联性是指，在作品表达层面，在先作品与在后作品之间是否存在着创作来源与再创作的关系。同时，就受众的欣赏体验而言，如果构成改编，则往往能够产生"两部作品近似或在后作品来源于在先作品"的感知。

而借鉴既可能是指单纯利用思想而非表达的行为，也可能是指合理使用。至于何种行为是侵权，何种行为是合理借鉴，实际上首先涉及的还是思想与表达的界限。思想上的借鉴并未涉及侵害原创作者的独创成果，通常不涉及侵害著作权的情形；而具体表达上的借鉴，则需考量借鉴内容所占的比例，这包括借鉴内容在原创作者作品中的所占比例，及借鉴部分内容在新作品中的所占比例。而这个比例的衡量，不仅要进行量化考虑，也要从借鉴内容的重要性、表达独创性角度，即质的维度上考量。评判标准也需结合具体案件情况进行个案分析判断。

3. 侵害改编权的相似性判断标准

改编并不否认改编作品融入了改编者的独创性智慧成果而形成新的独创特征并成为著作权法意义上的新作品。在台词不同而情节却存在显著相似性、关联性的情况下，仅根据台词表达来否定作品之间的相似性，从而得出否定侵权的结论，对原作者而言是不公平的。

从作品类型的角度看，虚构作品不同于真实历史题材作品，作者的创作空间相对比较大，可以对时间、地点、人物、事件等要素自由地创设，对公知素材进行个性化选择、编排，并按照作者的想法自由创作，因此，即便针对同类情节，不同作者创作的差异也通常较大，不同作者创作的作品内容相同或高度近似的可能性较小。

4. 本案中的具体情况

（1）人物设置与人物关系的比对。

在本案中，原、被告作品的人物对应不仅体现为人物身份设置的对应以及人物之间交互关系的对应，更与作品的特定情节、故事发展存在不可分割的联系，而这种内在联系在被告提供的证据中是不存在的，可以认定为原告独创，并认定剧本《宫锁连城》在人物设置与人物关系设置上是以原告作品小说《梅花烙》、剧本《梅花烙》为基础进行的改编及再创作。

(2) 原告主张的作品情节比对。

原告就剧本《梅花烙》提出了 21 个情节，就小说《梅花烙》提出了 17 个情节，法院认为上述情节在剧本及电视剧《宫锁连城》中可分为三种情况：1) 原告主张剧本《宫锁连城》改编自原告剧本《梅花烙》、小说《梅花烙》的相关情节属于公知素材，剧本《梅花烙》、小说《梅花烙》的相关情节安排不具有显著独创性，因而不受著作权法保护的内容；2) 原告主张剧本《宫锁连城》改编自原告剧本《梅花烙》、小说《梅花烙》的相关情节基础素材属于公知素材，原告就相关素材进行了独创性的艺术加工，以使情节本身具有独创性，但剧本《宫锁连城》与原告就相关情节的独创设置不构成实质相似的内容；3) 原告主张剧本《宫锁连城》改编自原告小说《梅花烙》、剧本《梅花烙》的相关情节为原告作品中的独创情节，且剧本《宫锁连城》中的对应情节安排与原告作品构成实质性相似关联的内容。

(五)《宫锁连城》电视剧是否侵害了《梅花烙》剧本及小说的摄制权

就此问题，法院认为，改编者对于改编作品仅享有消极意义上的著作权，即制止他人未经许可使用其改编作品的权利，而不享有积极意义上的著作权，即不得自行或许可他人使用其改编作品。根据在先作品创作的演绎作品同时包含原作作者和演绎作者的智力成果，任何对改编作品的使用，也必然同时构成对原作品的使用。因此，对改编作品著作权的行使或任何对改编作品的使用行为，除法律有特别规定外，均应征得改编者和原作品著作权人的同意，否则不仅侵害改编作品的著作权，还将侵害原作品的著作权。

在本案中，鉴于电视剧《宫锁连城》就是依据剧本《宫锁连城》摄制而成的，二者在内容上基本一致，故该摄制行为依然属于原告陈喆享有的摄制权的控制范围内，未经许可摄制电视剧《宫锁连城》侵害了原告陈喆享有的摄制权。

(六) 侵害改编权和摄制权主体及民事责任的认定

1. 侵害改编权行为主体及责任认定

不可否认，文学作品创作中难免出现创意借鉴的情形，但借鉴应当限制在合理的范围之内。如果特定作品流传广泛、深入人心，甚至可能使其在其他作者心中留下深刻印象，在日后的创作中将他人的在先独创内容不自觉地加以使用，在此情况下作者依然要对其过失承担责任。

在本案中，原告陈喆作为剧本及小说《梅花烙》的作者、著作权人，依法享有上述作品的改编权，受法律保护。被告余征接触了原告剧本及小说《梅花烙》的内容，并实质性使用了原告剧本及小说《梅花烙》的人物设置、人物关系、具有较强独创性的情节以及故事情节的串联整体进行改编，形成新作品《宫锁连城》剧本，上述行为超越了合理借鉴的边界，构成对原告作品的改编，侵害了原告基于剧本《梅花烙》及小说《梅花烙》享有的改编权，依法应当承担相应的侵权责任。

基于小说《梅花烙》的广泛发行及市场影响力、知名度，以及根据剧本《梅花烙》所拍摄电视剧《梅花烙》的广泛发行传播及较大的公众认知度的事实背景，根据被告湖南经视公司、东阳欢娱公司、万达公司及东阳星瑞公司的职业经验和应达到的注意程度，作为剧本的拍摄单位，在不排除知晓原告剧本及小说《梅花烙》内容的情况下，未尽到注意义务。因此，五被告在剧本《宫锁连城》的创作过程中，存在着明知或应知剧本《宫锁连城》侵害他人著作权的共同过错。因此，法院认定五被告共同侵害了原告剧本及小说《梅花烙》的改编权，依法应当承担连带责任。

2. 侵害摄制权行为主体及责任认定

电视剧《宫锁连城》的出品单位为本案被告湖南经视公司、东阳欢娱公司、万达公司、东阳星瑞公司。被告万达公司虽在诉讼中提交了《联合投资摄制电视剧协议书》，以证明其仅就该剧进行投资并享有投资收益而并未参与电视剧《宫锁连城》的相关制作工作，但该合同系相关方内部约定，不具有对抗善意第三人的效力。故法院认定被告万达公司与被告湖南经视公司、东阳欢娱公司、东阳星瑞公司同为电视剧《宫锁连城》的制片者，共同实施了摄制电视剧《宫锁连城》的行为，应就电视剧《宫锁连城》侵害原告作品《梅花烙》摄制权的行为承担连带责任。

被告余征除作为电视剧《宫锁连城》的编剧外，同时担任该剧制作人、出品人、艺术总监，尽管余征并不属于著作权法意义上的制片者，但在其明知或应知《宫锁连城》剧本侵害原告作品著作权的情形下，仍向其他被告提供剧本《宫锁连城》的电视剧摄制权授权，并作为核心主创人员参与了该剧的摄制工作，为该剧的摄制活动提供了重要帮助，系共同侵权人，应就侵害原告摄制权的行为承担法律责任。

3. 五被告是否应当停止发行、传播电视剧《宫锁连城》

原告陈喆作为在先作品的著作权人，对其作品的控制力及于其作品的演绎作品，包括对演绎作品的改编、复制、摄制、发行等行为。

在本案中，各被告未经原告陈喆许可，擅自改编剧本及小说《梅花烙》创作剧本《宫锁连城》及对上述行为提供帮助，并以该剧本为基础拍摄电视剧《宫锁连城》，侵害了原告陈喆依法就剧本《梅花烙》及小说《梅花烙》享有的改编权及摄制权。

著作权作为权利人所享有的一项独占排他性支配其作品的权利，是一种类似于物权的专有权利，当著作权遭受侵害时，即使行为人的过错较轻，权利人亦有权提出停止侵害的诉讼主张。停止侵害这一民事责任形式能迅速阻却即发的侵权行为，防止侵权损害的扩大，有效维护权利人著作权权益。损害著作权权益的行为，本质上将损害作品创新的原动力；强化对著作权的保护，不仅仅可以有效维护著作权人的私人利益，更重要的是符合社会公众的普遍公共利益。

在本案中，被告的《宫锁连城》剧本及电视剧实质性整体改编了原告的小说及剧本《梅花烙》，《宫锁连城》现有的人物设置、人物关系、重要情节及情节串联整体的创作表达很大程度上来源于原告作品，是原告作品的主要创作表达，据此可以认定原告作品在被告作品中被使用的程度较高。在此情况下，如果被告未经许可所实施的侵权发行行为得以继续，将实际上剥夺原告对于其作品权利的独占享有，并实质阻碍或减少原告作品再行改编或进入市场的机会，有违公平原则。

法院认为，权利人合法有据的处分原则应当得到尊重，只有当权利人行使处分权将过度损害社会公共利益和关联方合法权益时，才能加以适度限制，以保障法律适用稳定性与裁判结果妥当性的平衡。而基于本案中被告的过错及侵权程度、损害后果、社会影响，应判令停止电视剧《宫锁连城》的发行与播出为宜。

4. 被告余征是否应当承担消除影响、赔礼道歉的责任

本案中五被告应就其侵害原告改编权、摄制权的行为承担停止侵害、消除影响、赔礼道歉、赔偿损失的民事责任。鉴于原告就赔礼道歉的诉讼请求仅针对被告余征提出，法院视为原告自愿放弃对其余四被告的该项民事权利主张。

5. 五被告是否应当承担损害赔偿责任

本案中，原告陈喆主张以被告违法所得作为损害赔偿的计算依据。诉讼中，原告陈喆要求各被告提交电视剧《宫锁连城》编剧合同，以确定其编剧酬金；原告陈喆要求各被告提交电视剧《宫锁连城》发行合同，以确定各被告发行《宫锁连城》剧的获利情况。各被告在明显持有编剧合同及发行合同的情形下，以上述合同涉及商业秘密为由未提供，且并未就原告陈喆的上述主张提出其他抗辩证据或充分、合

理的反驳理由。因此，法院推定原告陈喆在庭审中主张的被告余征编剧酬金标准及《宫锁连城》剧的发行价格具有可参考性。

原告关于赔偿经济损失及诉讼合理支出的诉讼请求，缺乏充分的依据，法院将根据涉案作品的性质、类型、影响力、被告侵权使用情况、侵权作品的传播时间与传播范围、被告各方应有的获利情况以及原告为本案支出的律师费、公证费等因素综合考虑，酌情确定各被告赔偿原告经济损失及诉讼合理支出的数额。

鉴于本案纠纷为侵权诉讼，属于给付之诉，而诉讼请求应当指向被告是否应当承担民事责任以及承担何种具体内容的民事责任，对于侵权行为性质的认定则属于此类案件审理中应当查明和认定的内容，因此，关于原告要求认定五被告侵害其改编权和摄制权的诉讼请求，法院在本判决中予以明确但不作为判决主文的内容。[①]

2014年12月25日，北京三中院对该案进行宣判：四家公司立即停止《宫锁连城》的发行和传播，余征公开赔礼道歉消除影响，五被告共计赔偿500万元。

二、本案作为民事诉讼，借助了专家辅助人参加开庭

本案审理过程中，汪海林（中国电影文学学会副会长、中国电视剧编剧工作委员会常务理事）作为原告方的专家辅助人出庭作证。被告方没有专家辅助人。

在民事诉讼中借助专家辅助人，是一大进步。庭审过程中，汪海林被置于原告一边，坐在原告委托代理人席。

我国最高人民法院于2001年12月6日颁布的《最高人民法院关于民事诉讼证据的若干规定》（以下简称《证据规定》）第六十一条规定："当事人可以向法院申请由一至二名具有专门知识的人员出庭就案件的专门性问题进行说明。人民法院准许其申请的，有关费用由提出申请的当事人负担。审判人员和当事人可以对出庭的具有专门知识的人员进行询问。经人民法院准许，可以由当事人各自申请的具有专门知识的人员就有关案件中的问题进行对质。具有专门知识的人员可以对鉴定人进行询问。"理论界将这类专门人员普遍称为专家辅助人。

专家辅助人是指受当事人或者其法定代理人的聘请，在诉讼过程中帮助其审查判断案件事实中所涉及的专门性问题或者参与鉴定结论质证的在科学、技术以及其他方面具有专门知识或者经验的专门人员。设置专家辅助人是为了帮助当事人对专门性问题进行说明，提高当事人的质证能力，辅助法官审理案件、判断证据、查清事实。

---

① 北京市第三中级人民法院判决书关于琼瑶维权案判决说理部分摘要，2014年12月25日。

(一) 西方国家的专家证人制度

西方国家的专家证人制度起源于罗马法时代，当时的法官在审理案件时如果遇到科技或者规律方面的问题，都会请教那些博学者。在英国，专家证人制度的萌芽可以追溯到陪审团产生的初期。到了 19 世纪，专家证人制度正式形成。1851 年美国联邦最高法院在一个案件的审理中首次使用了"expert witness"这一说法，标志着专家证人制度在立法层面上正式确立下来。

海洋法系中的专家辅助人可直译为专家证人。专家证人的选任分为当事人聘请和法庭指定两种。他们一般具有特定实践经验或者专门知识，既可以是那些受过系统的、正规的教育的，在某一领域具有权威地位的人，也可以是有多年工作经验的技工、木匠等，即行业的专家。

海洋法系的对抗性诉讼模式，需要诉讼双方在交换专家证据之后进行质证，通过质证控辩双方向法庭展示己方专家证言的可信性，最终做出裁判。因此，对专家证人的质证是通过法庭询问的方式进行的。

在英美法系国家运用专家证人参与诉讼是解决专门性问题的普遍做法，具有积极的意义。但是随着时间的积累，这一制度也存在一些问题：第一，高额报酬催生了职业专家证人利益团体。这样容易导致具有较多财力的一方当事人可以聘请具有较高水平的专家证人赢得诉讼，违背了均衡性与公正性的原则。第二，诉讼迟延，庭审效率低下。专家证人在接受邀请后，可能耗费很长时间准备专家报告，并且接受全面、冗长的证据开示程序，这些都会大大增长诉讼周期，造成诉讼迟延，降低庭审的效率。第三，专家证言的依附性。专家的利益来源导致其与己方当事人的立场保持一致，在选取有关鉴定材料和给出专家意见的时候，难免会表现出一些倾向性。澳大利亚法管理委员会（Australian Institute of Judicial Administration）曾经做过一个调查，澳大利亚 27％的法官认为专家证人在作证时经常带有偏向性，67％的法官认为专家证人在作证时偶尔带有倾向性。第四，对抗过度，阻碍事实的发现。

根据上述分析，我国在完善专家辅助人制度的过程中，应该全面审视专家证人制度的利弊，吸收专家证人制度中的有益因素，尤其是在我国从职权主义向当事人主义的过渡阶段，应该强调当事人的权利，借鉴专家证人制度中的对抗性，强化专家的出庭作证义务。

(二) 我国专家辅助人制度的完善

我国的专家辅助人制度是在借鉴了两大法系相关制度的优点基础上建立起来

的，但我国现行的民事诉讼专家辅助人制度存在着以下问题：

1. 专家辅助人的地位还有待明确

专家辅助人在诉讼中的地位，是完善专家辅助人制度的基础，只有明确专家辅助人在诉讼中的地位，才能解决专家辅助人的权利、义务、职责等其他问题。

首先，专家辅助人在诉讼中具有中立性。虽然专家辅助人是由当事人申请而参与到诉讼中，但是其参与诉讼的基础是在科学合理的原则下，运用自身特殊的知识、经验或技能对案件中涉及的专门性问题进行解释、说明以及对鉴定结论进行质证，在诉讼过程中，不受任何机关、团体、企事业单位或者个人的干扰。其次，从诉讼功能上看，专家意见具有辅助性。其任务是接受当事人的委托参与诉讼活动，坚持以科学为依据，就案件中的专门性问题进行解释、说明以及对鉴定结论进行质证，并最终得出个人的意见，专家辅助人意见具有客观性。

可以从以下两个方面的内容来把握专家辅助人的诉讼地位：

第一，专家辅助人与当事人之间的关系。专家辅助人是根据当事人的聘请参与到诉讼中，因此其在诉讼中活动的原则就是为当事人利益服务。但是同时也要注意专家辅助人的中立性，其作为专业人士在其领域内对案件中所涉及的专门性问题的解释、说明必须在科学合理的前提下，不得为了当事人的利益而违背科学原则。专家意见必须要结合两方面的内容得出：一是维护当事人的合法权益；二是在法律允许的框架内，以科学为依据。唯有如此，才能准确把握专家辅助人在诉讼中的地位，充分有效地发挥其在诉讼中的作用。

第二，专家辅助人与法官的关系。专家辅助人虽然是由当事人聘请，为当事人利益服务的，但是其最终的目的仍然是为了使法官倾听不同的意见，提供"兼听则明"的途径。专家辅助人与法官的关系有以下两方面：一是专家对法官的制约作用。专家辅助人参与到诉讼中后，可以从自身专业出发对鉴定结论提出自己的看法，进行实质性的质证，而法官必须考量和分析专家辅助人的意见，因此专家辅助人制约了法官对鉴定结论的认证，提高了法官对鉴定结论的鉴别能力，有利于保障裁判的公正性。二是专家对法官的协助作用。专家在诉讼中对专门性问题的解释和说明，弥补了法官该方面知识的欠缺，为法官做出正确的审查判断提供了专业性的参考，有利于法官全面、透彻地分析案情，从而做出公正的裁判。

2. 对专家辅助人意见的效力需要法官综合考察

《证据规定》第六十一条没有明确规定专家辅助人意见的法律效力。与此同时，它也不是七种法定证据之一，不具有证明力。实际上，专家辅助人只是协助一方当事人对案件中所涉的专门性问题进行解释、说明，弥补当事人和法官专业知识方面的欠缺，所以对于缺乏相关专业知识的法官而言，专家辅助人意见在法官形成内心确信的过程中起着非常重要的作用。在民事诉讼中，法官对于案件事实的认定以及对证据的审查判断受到其自身主观因素的影响，而专家辅助人在诉讼中对案件中专门性问题的解释、说明则毫无疑问地会影响法官对案件的主观认识，对于法官最终的内心确信具有重要意义。

专家意见是专家辅助人从专业和科学的角度对案件中涉及的某一领域内的问题所发表的评价、看法，这些专家辅助人意见通过法庭的对质和辩论，对技术证据的认定具有证明作用，能够成为认定案件事实的依据。这是因为法官对案件中证据的审查判断是一个主观对客观的认识过程，所以法官的主观认识因素对证据的审查判断以及案件事实的认定有重大意义。而身为具有专门知识的专家辅助人对于专门性问题的解释、说明必将会使法官对事实的认定受到影响。

对于专家辅助人意见的是否采信，并不是看该专家在相关领域的知名度或者是研究成果，而是要遵循"综合采信原则"，综合考虑是否采纳或者是采纳多少。综合采信原则的具体标准包括：一是专家辅助人意见所依据的基础材料是不是真实可靠的；二是得出专家辅助人意见所依据的技术标准或规则是不是该领域内普遍认可的；三是说明在得出专家辅助人意见时使用的技术或者对基础事实的加工的方法的合理性。

在双方都聘请了专家辅助人或者是专家辅助人与鉴定人并存的情况下，很容易出现专家意见之间或者是专家意见与鉴定结论之间的不一致，此时就需要利用"综合采信原则"对两者进行审查，通过法庭质证的程序，发现专家意见或鉴定结论所依据的数据、事实是否准确，使用的方法是否被普遍接受，最关键的是找出造成二者分歧的焦点所在，从而围绕这一焦点展开调查，最终确定二者证明力的孰轻孰重。

3. 专家辅助人参与诉讼的程序问题

根据《证据规定》第六十一条的规定，专家辅助参与诉讼需当事人的聘请，但是否准许由法官决定，因此专家辅助人的启动权实际上掌握在法官手里，若法院不批准当事人的申请，则该方当事人就丧失了对于案件中专门性问题的认知及鉴定结论进行有效质证的权利，当事人承担由此造成的不利后果。在以下几种情况中专家辅助人是应被准许起用的：

（1）当民事诉讼案件中的专门性问题需要鉴定的情况下，鉴定结论可能直接影响对案件事实的认定，甚至影响法官的最后裁决。所以当事人向人民法院提出聘请专家辅助人的申请时，法院在一般情况下应该准许。

（2）在庭审中需要对"专门性问题"进行阐释和说明，而此时这一专门性问题已经超出法官的认知水平和理解能力。在这种情况下当事人向法院申请聘请专家辅助人，法院首先要审查聘请专家辅助人是否有必要，若无必要，法院应当驳回当事人的申请；如果确有必要聘请，法院应当接下来审查当事人提出的专家辅助人的资质。此外，在诉讼中的这一类案件没有当事人向法院申请聘请专家辅助人，而法院认为确实需要专家辅助人介入诉讼对专门性问题进行解释、说明的时候，法院可以依职权聘请专家辅助人，以确保科学、合理地理解案件中所涉及的专门性问题，做出公正的裁决。

当然，法院在同意一方当事人的申请时，应当将这一消息以通知的形式告知对方当事人，并且提示其在指定的期间可以向法院提出聘请专家辅助人的申请，如果对方在指定时间内没有提出申请，则视为放弃，并且不能以此为理由单独上诉。

另外，根据《证据规定》的规定，专家辅助人享有对鉴定人进行询问的权利，《关于司法鉴定管理问题的决定》第十一条规定："在诉讼中，当事人对鉴定意见有异议的，经人民法院依法通知，鉴定人应当出庭作证。"但是在实践中，大多数情况下都是当事人把鉴定结论交给法院，由法院在庭审中宣读，只要当事人不能提出有效的反驳证据，这个鉴定结论一般会被法官所采信，因此实践中鉴定人出庭作证的情况少之甚少。这种情况导致当事人对鉴定结论的质证流于形式，不利于全面、透彻地认清案件事实。专家辅助人出庭就鉴定结论中存在的问题进行质疑、询问，对查明案件事实具有重大意义。只有保证鉴定人出庭作证，才可以使专家辅助人对鉴定结论提出意见、质疑，在双方专家辅助人与鉴定人的相互论证的基础上发现案件的事实真相。[①]

三、著作权法只保护表达，不保护思想？

琼瑶曾写了一封举报信，举报于正编剧、湖南卫视播出的《宫锁连城》侵犯了自己《梅花烙》的著作权，要求广电总局查处，并提供了部分证据。对此，于正否认抄袭，而是认为纯属巧合。有律师就这个事件进行了评论，认为于正不构成侵权，理由是：根据思想、表达二分法，著作权法只保护表达，不保护思想。即如果琼瑶写了"太阳冉冉升起"，于正照抄了这句话，就属于抄袭；但如果于正写了

---

① 参见谢芊：《论民事诉讼中的专家辅助人制度》，见中国法院网。

"太阳从天边慢慢升起来了"，这就不算抄袭。

但从本案目前的审理和判决看，琼瑶取得了阶段性的胜利，并得到了许多法律专业人士和编剧的支持。

根据我国的法学理论和法律实践，著作权法只保护表达，不保护思想，即思想、表达二分法是已经被许多国家所接受的判断著作权法保护范围的理论。根据TRIPS协议第9条第2款的规定：版权保护应延及表达，而不延及思想、工艺、操作方法或数学概念之类。根据该理论，前人写了谍战剧，不能阻止后人接着写谍战剧；前人写了罗密欧与朱丽叶式的爱情故事，不能阻止后人写类似的爱情故事。任何人不能垄断思想，否则将阻止人类进步。在我国法律实践中，法院已经多次运用该理论对作品的保护范围进行了判断。

适用这个理论的关键点在于确认思想与表达的分界点在哪里，哪些属于思想，哪些属于表达。本案中，琼瑶曾经指出了一些案件事实：（1）故事主线发展情节、主人公之间的背景和人物发展的主从关系相同；（2）支线中的人物关系相同；（3）有关人物的情感线相同；（4）某些细处情节完全相同；（5）许多网友都认为《宫锁连城》抄自《梅花烙》。假如这些案件事实有证据的支持，那么这些案件事实是属于思想，还是属于表达呢？

如前所述，有律师指出这些属于思想，不属于表达，甚至举出了"太阳冉冉升起"和"太阳从天边慢慢升起来了"的例子。首先就这个例子而言，如果就是这么简单两句话，自然不会构成侵权。因为一般单句话构不成作品，没有著作权。但是，如果琼瑶有一本书，别人用这种同义词替换的方式又写了一本书，还不构成侵权吗？这个问题其实已经不用争论了，无论是理论上还是实践中已经认定：赤裸裸的同义词替换肯定是侵权的。别说同义词替换了，不同表达形式的替换也会构成侵权。一个人写了一本书，另一个人未经著作权人同意把这本书拍成了电影，具体的文字和电影画面肯定无法一一对应，但是也构成侵权，至少侵犯了作品著作权中的演绎权，因为所讲的故事是相同的。将表达仅仅局限于文字的具体表达，属于对思想、表达二分法的理解过于机械。

应该说思想和表达一般情况下是非常清晰的，但是要截然将这两者划分开却很难。一个作品的主题肯定属于思想的范围，具体的语言表达肯定属于表达的范围。但是表达的范围并不止于具体语言的表达，情节设计、人物关系也往往属于表达的范围，故事的梗概有可能要进入思想的范围了。要把思想和表达完全区分开，需要根据具体案件情况具体分析。就琼瑶与于正之间的著作权纠纷而言，本文认为，其中琼瑶指出的人物关系、背景、发展趋势和细处描写应该有一部分属于表达，而非思想，应该受到著作权法的保护。

当时，琼瑶举报信有一部分是有关网友的评论。本文认为，如果看过这两部作品的网友对这两部作品进行了对比，认为这两部作品在某种程度上或者某部分具有替代关系，属于从另外一个侧面证明了存在侵犯著作权的问题。

当然，侵犯著作权也有程度之分，有的抄袭多，有的抄袭少。抄别人多的，侵权则严重，抄别人少的，侵权则轻微。抄多抄少是定量的问题，并非定性的问题。法院主要在判决赔偿数额的时候考虑抄袭多少的问题。本案中，一审法院判决被告赔偿500万元，说明法院认为侵权严重。这起事件中，也有人提出抄20%以下不构成抄袭，不侵犯著作权。这是一个非常无知的观点。如果抄的是《白鹿原》的话，20%可能已经有上百页了，怎么能说不属于抄袭，不构成侵权呢？这个观点没有任何法律依据。

关于巧合的问题。于正认为纯属巧合和误伤。从理论上来讲，巧合是有可能发生的，比如有可能两个人想法相同，都独立创作出了相同的作品。但是这个比例非常之低。在法律实践中，判断是否构成侵权的时候主要使用"实质相同＋接触"的原则。如果经过判断，两个作品存在实质相同之处，那么就要考虑后一作品的作者是否存在接触前一作品的可能性。如果前一作者的作品从来没有出版过，自然没有接触的可能性。但是像琼瑶的《梅花烙》已经快人尽皆知了，存在实质相同的时候，推说是"巧合"，不存在"接触"，那是无论如何也不可能被采纳的观点。

四、结论

琼瑶、于正案件有利于保护原创，有利于保护作家和编剧的合法权益。另外，本案一审法院判决500万元的赔偿金额，这是一个好的信号。因为长期以来，法院判决赔偿金额过低，甚至不能弥补权利人的维权成本，非常不利于权利人维权，反而有鼓励侵权人侵权的嫌疑。

此案之前，"抄袭"在编剧圈是个复杂的问题，如果没有受害人出来诉讼，很多事就不了了之了。琼瑶女士公开表达对于正的不满，于正如果及时道歉并主动沟通，这件事可能会有另一个走向。但于正的表态让编剧圈很多人愤怒，并一次次激化了这种情绪。只要看看《梅花烙》和《宫锁连城》的内容，包括故事简介和剧集内容，一个职业编剧很容易得出结论，这两部剧高度相似，尤其主角主线部分。很多编剧都表达了对于正行为的不齿，并不时有人建议编剧的行业组织应该对其进行告诫甚至处罚，但于正既不是电影文学学会的会员，也不是电视剧编剧工委会的会员，从行业协会的角度，无法对其进行有效管理。

中国电影文学学会会长王兴东也就此案多次表达保护原创、反对抄袭剽窃的言论。但更多的专业人士和汪海林的看法是一致的："我始终认为，行业要有自己的规范，署名要规范，利益分配要规范，创作中借鉴和抄袭的边界要规范，不要什么事情都推给法律，法律是最后的底线，行业需要自己约束自己，自己管理自己。"①

---

① 汪海林：《琼瑶诉于正案的庭上故事》，见 http：//ent. sina. com. cn。

四、媒介监督与企业责任

大数据广告领域的个人信息保护

——对《中国互联网定向广告用户信息
保护行业框架标准》的分析

  定向广告、展示广告、程序化购买这些专用名词代表了近几年大数据在广告领域运用的一种新趋势，即精准化。定向广告或者程序化购买是大数据技术实践最为重要的战场，一定程度上体现了大数据应用的最新成果。这类广告采用 RTB（real time bidding）技术，RTB 是根据网站提供的"人"的信息数据，经过综合判断以及竞价之后完成广告投放的一种程序化传播模式。当潜在客户浏览某网站页面时，该网站会向广告交易平台请求广告，交易平台向所有需求端平台（DSP）发出公告——"某网有访客，要不要向他发广告"，同时 DSP 请求大数据管理平台（DMP）帮助分析这位访客的情况，并根据结果进行出价决策。这一流程回归到了营销的本源，即从消费者需求出发进而将产品推送到他的面前，而各方围绕这一过程就形成了新的 RTB 广告产业链。显然，这种建立在基于大数据技术对消费者分析基础上的广告投放决策，与过去主要根据媒介的相关数据选择投放的方式相比发生了很大的变化。更具体地说，消费者的信息是通过 Cookies 技术抓取的，Cookies 可以记录用户的浏览历史，包括网站地址、浏览时间、浏览习惯和某些个人信息等。定向广告的核心在于对消费人群的判断，广告相关的大数据公司纷纷将消费者的分析作为主要的业务内容，加强对于消费者的认识。通过数据挖掘技术对于内容接触痕迹、消费行为数据、受众网络关系等数据加以分析，完成对于具备一定共性人群的"聚类"（贴标签），从而实现对目标人群按照一定特征的重新识别与聚合。① 可见，定向广告的发展方向是基于综合指标的人群分类，而非个人身份的甄别。"然而，

---

  ① 品友网络公司人群数据库的人群属性细分标签已多达 3 155 个；传漾公司搜集的网络 Cookies 达 9 亿个，并将其划分为 33 个兴趣大类，168 个兴趣中类，857 个兴趣小类。这相比传统方法对于消费者的聚类分析是一次很大的变化。

Cookies 所带来的最大问题，是在用户完全不知情的状态下（除非预先在浏览器选项中手动将 Cookies 设置为禁用模式），对用户进行跟踪和记录，并可能引发第三方的介入。"① 因此，定向广告中同时存在个人信息被获取并使用的风险，而这就需要通过法律法规的介入确保个人信息在允许的范围中被使用。2014 年 3 月我国发布了第一部规范互联网定向广告用户信息行为的行业标准——《中国互联网定向广告用户信息保护行业框架标准》（以下简称《框架标准》），其适用范围是："《框架标准》适用于所有互联网定向广告的相关行为，即通过收集一段时间内特定计算机或移动设备在互联网上的相关行为信息，例如浏览网页、使用在线服务或应用等，预测用户的偏好或兴趣，再基于此种预测，通过互联网对特定计算机或移动设备投放广告的行为。"而该文件对大数据时代广告领域的个人信息（文件中称作身份关联信息）如何保护的问题做出了详细的规定。

一、个人信息的内涵及其保护的立法趋势

因为定向广告是利用大数据技术对用户信息的收集、使用，这就会涉及个人信息保护的问题。世界上第一部个人信息保护立法颁布于 20 世纪 70 年代，德国黑森州 1970 年颁布了资料保护法，拉开了个人信息立法保护的序幕。具有代表性的个人信息保护的法律法规主要有：欧洲理事会 1980 年颁布的《有关个人数据自动化处理的个人保护协定》，欧盟 1995 年颁布的《个人数据保护指南》，亚太经济合作组织 1980 年颁布的《关于隐私保护和个人数据跨疆界流动的指导原则》，以及在我国，全国人大常委会 2012 年颁布的《关于加强网络信息保护的决定》、工业和信息化部 2013 年颁布的《信息安全技术公共及商用服务信息系统个人信息保护指南》等等。而《框架标准》也正是产生于国家和社会对于个人信息保护逐步产生重视的大背景之下。

个人信息（personal information）是指与特定个人相关联的、反映个体特征的、具有可识别性的符号系统，包括个人身份、工作、家庭、财产、健康等各方面信息。② 具体而言，"个人信息指自然人的姓名、性别、年龄、民族、婚姻、家庭、教育、职业、住址、健康、病历、个人经历、社会活动、个人信用等足以识别该人的信息，个人信息涉及的范围非常广泛，它既包括个人的直接识别和间接识别的任何信息，也包括其家庭的相关信息，如配偶子女的出生年月日、身高、体重、出生

---

① 石佳友：《网络环境下的个人信息保护立法》，载《苏州大学学报》（哲学社会科学版），2012（6）。
② 参见王利明：《论个人信息权在人格权法中的地位》，载《苏州大学学报》（哲学社会科学版），2012（6）。

地、种族等"①。所以说，个人信息是指向个人身份相关的信息，这些信息有些是与个人身份直接对应的，有些是间接性的信息。而在大数据技术条件下，对于数据的挖掘和分析就会涉及各类身份相关信息，而且定向广告涉及的个人信息范围更广，包含个人兴趣爱好、购物记录、媒介使用习惯等信息。个人信息还可以以是否涉及个人隐私为标准，分为敏感个人信息和琐细个人信息（trivial data）。敏感个人信息是指涉及个人隐私的信息。根据英国 1998 年《资料保护条例》的规定，敏感个人信息是"由资料客体的种族或道德起源，政治观点，宗教信仰或与此类似的其他信仰，工会所属关系，生理或心理状况，性生活，代理或宣称的代理关系，或与此有关的诉讼等诸如此类的信息组成的个人资料"。琐细个人信息是指不涉及个人隐私的信息。根据瑞典《资料法》的规定，琐细信息是指很明显的没有导致被记录者的隐私权受到不当侵害的资料。② 由此可见，个人信息的内容是十分复杂的。一种个人信息主要是指与人格尊严密切相关的姓名、肖像、隐私等权利，可以说是狭义的个人信息。另一种个人信息的保护范围从这些直接关系到人格尊严的信息扩大到了一般信息，也就是广义的个人信息。

明确了个人信息的内容之后，接下来的一个问题是个人信息究竟应当如何保护。与上面两类信息相对应，各国设置了不同的立法保护制度。"对于前者，除非获得主体的明确同意或基于法定的情形，否则禁止对其的收集、加工、传播或使用；对于后者的收集、加工、传播、使用等则相对宽松一些。"③ 个人信息的立法保护的范围在不断扩大，个人信息权的保护从注重消极权利逐渐向积极权利保障转变，个人信息立法将从隐私信息或者敏感信息扩大到一般性信息或者是琐细个人信息，甚至是个人信息财产权保护的探讨。在个人信息保护机制方面，美国与欧洲的立法模式有所不同。欧洲更注重政府在个人信息保护中的作用，所以，通过设立单独的全国性的数据保护法和独立的数据保护专员办公室，凸显了对于个人信息保护的力度。而美国更看重技术以及市场本身的作用，通过对隐私保护采取平衡性措施，既保护个人隐私，又不妨害市场创新的发展，而且对于隐私权的保护也不如言论自由的保护那般重要。美国也没有制定一部联邦性法律，保护措施散见于各个单行法令中。所以说，社会的具体情况不同，对于公民、政府、市场（企业）在大数据应用中的利益、权利的重视程度就会有所不同，这就导致了法律制定与监督机制的差异。

---

① 王利明：《论个人信息权在人格权法中的地位》，载《苏州大学学报》（哲学社会科学版），2012（6）。
② 参见齐爱民：《论个人信息的法律保护》，见中国民商法律网。
③ 刘德良：《个人信息的财产权保护》，载《法学研究》，2007（3）。

二、个人信息权保障的基本原则和内容

从个人信息保护的立法趋势来看，各国从立法上对个体信息权的保护都在强化，但同时，在互联网技术日新月异的时代，如何通过法律和制度有效地保护个人信息，各国也都还处在摸索当中。在理论层面对于个人信息权的性质，国内学界众说纷纭，主要有"所有权说""隐私权说""复合权说"和"人格权说"。王利明主张通过完善人格权将个人信息权作为一项具体人格权，与隐私权相并列，而且要通过制定一部统一的个人信息法来实现对个人信息的保护。齐爱民指出了在大数据应用的过程中制定个人信息保护法的重要性，他也赞同通过完善人格权来加强对个人信息的保护。刘德良的观点则更加注重个人信息财产属性，主张个人信息财产权，认为个人信息财产权是主体对其个人信息的商业价值进行支配的一种新型财产权。在信息社会，特别是随着大数据的应用，个人信息的财产化趋势越来越显明，大数据技术推动社会发展的动力之一就来自个人信息的商品化，而这是过去所未曾出现的现象。大数据广告就是典型的个人信息财产化的领域。从品牌主、广告代理、DSP 平台、广告交易平台到媒体都在进行大数据广告的实践，并从各自角度推动网络广告程序化购买的步伐，而这种精准化的沟通实践也能够给消费者带来好处。

对于一般性信息与隐私信息在人格权内如何有针对性地加以保障，王利明进行了详细的阐释。王利明认为个人信息权（为了与隐私权相区分，他将其称作个人信息资料权）具有特定的权利内容：个人有权了解谁在搜集其信息资料，搜集了怎样的信息资料，搜集这些信息资料从事何种用途，所搜集的信息资料是否客观全面，个人对信息资料是否有自我利用或允许他人利用的权利等。由此可见，广义的个人信息权实质上体现的是个人对自己信息的控制权。个人信息权的关键在于对个人信息的控制或者是资讯自决权这种权利的内涵要比隐私权丰富得多。王利明进一步指出，个人信息不仅包括隐私信息，还有很多是需要公开的信息，比如姓名、职业、经历、联系方式这些为了社交等需要公开的信息，但是这些信息要在多大范围内以何种方式公开应在权利人的控制之内，这也就充分反映了广义个人信息保护的特定内涵。此外，"从内容看，隐私是要求他人不作为，消极性的防御权利，而个人信息更多地是要保障权利人生产、运输、储存、加工、删除等信息控制相关的各种权利；权利救济方面，隐私权主要通过精神损害赔偿来救济，而个人信息则可以因他人的收益而向其请求财产损害赔偿"[①]。

---

① 王利明：《"个人信息资料权"是一项独立权利》，载《北京日报》，2012 - 07 - 09。

既然隐私权与个人信息权存在区别，而且作为一种特定的信息对于个人而言意义重大，那么，针对广义的个人信息就有必要设定专门的规范明确个人信息权利保障的原则和具体内容以及制度保障措施，以此满足信息社会发展的需要。1995 年欧盟《个人数据保护指南》规定了八项原则：（1）合法原则。即收集个人数据的目的、手段、存储都必须合法。（2）目的性原则。即个人数据仅得为指定、合法和明示的目的收集，另行处理的，不得与目的相违背。（3）透明原则。即收集个人数据时应当明确告知数据主体有关数据处理的情况。（4）妥当性原则。即收集和处理个人数据时，应当保证个人数据的充分性、相关性和合适性。（5）安全和保密原则。即应当采取必要手段确保数据处理的保密性和安全性。（6）控制原则。即数据保护机构要监控数据的处理。（7）特殊信息豁免原则。即特殊行业和特定的信息，在保护的尺度上可以按照规定放宽。（8）国际数据流通限制原则。即各成员国应该规定，只有当第三国确保能够提供充足的保护时，数据才可以被处理或转让。① 不难看出，国外个人信息立法的发展已经远远超出了隐私权保护的范畴，对于个人信息的主动控制权变得越来越受尊重和重视。国内学者提出的关于个人信息权利保护的基本原则，一是合法性原则，即任何机关和个人在收集他人个人信息时，应当遵循合法性原则，保证收集的主体和手段必须合法。二是合目的性原则，即个人信息收集必须要符合特定目的，且不能够在此目的之外使用相关信息。三是最少使用原则，即在从事某一特定活动可以使用也可以不使用个人信息时，要尽量不使用；在必须使用并征得权利人许可时，要尽量少使用；获取的信息量，以满足使用目的为必要；为达到目的只需要使用权利人的非敏感个人信息，就不应该扩大信息收集和使用的范围。四是知情同意原则，知情同意是个人信息权的核心，是最能够体现个人价值的原则，信息人本人的知情同意是对信息进行收集、处理和使用的基础。没有当事人的知情同意，除法律强制规定的情况以外，其他任何的收集行为都是没有合法性基础的。五是效率原则，即信息的收集要符合效率和比例要求，在收集过程中必须考虑收集的成本。② 由此可见，对于个人一般性信息的保护原则在国内外已基本形成共识。此外，对于权利内容的研究也在逐步地走向深入。从个人信息权的内容角度来看，有学者认为，个人信息权的内容包括了个人对信息如何收集、利用等知情权，如何自己利用或者授权他人利用的决定权，这些都是个人信息权的重要

---

① 参见杨帆：《个人信息保护立法若干问题比较研究》，见中国法学网，http：//www.iolaw.org.cn/show News.asp？id＝15915。

② 参见王利明：《论个人信息权在人格权法中的地位》，载《苏州大学学报》（哲学社会科学版），2012（6）。

内容。① 也有人明确指出个人信息权利的内容具体包括信息决定权、信息保密权、信息查询权、信息更正权、信息封锁权、信息删除权和报酬请求权。② 总而言之，个人信息权的相关研究和实践揭示了信息社会个人权利立法保障的重要性，而且今后针对个人信息权的探讨还会更加深入，各国在个人信息权保护方面的立法也将进一步完善。

三、对《框架标准》的解读

《框架标准》是在中国广告协会网络互动分会的主持下，包括主流互联网企业、广告公司、第三方公司、广告主等在内的多方积极倡导和参与下完成的，是在自律的基础上规范行业内企业自身行为的第一部行业标准。该文件包含适用范围、单位的基本义务、执行与监督三个部分。其中单位的义务是全文的重点。单位义务部分主要涉及最少够用和必要原则、公开披露的内容与形式、实现用户对信息的控制、保障数据的安全、敏感信息、搜索服务以及无线环境下的移动服务等内容。下面就结合《框架标准》具体分析大数据广告领域个人信息权利的保障问题。

1. 《框架标准》明确单位要保护个人身份关联信息

文件开头提出了制定的目的："《框架标准》通过对单位义务的具体规定，致力于在现有法律法规的基础上，建立有效的用户信息③保护的实践机制，一方面推动各单位加强自身合规和商誉建设，另一方面实现互联网用户对自身信息的控制权，为用户提供有效的投诉机制，从而实现以《框架标准》标识和合规审查机制为信任依托，提高行业透明度，推动行业良性发展。"并且明确指出《框架标准》致力于保护用户的身份关联信息。什么是身份关联信息？文件提道："指能够切实可行地单独或通过与其他信息相结合，识别特定用户的个人信息（如用户姓名、出生日期、电话号码、地址等）或此等信息的集合，但不包括任何可合法获得且不存在任何转让和使用限制的信息，例如政府机关公开的信息或可通过其他公开渠道获得的信息或行为样本信息。"身份关联信息都是"能够识别特定用户的个人信息"，包括以下几种情形："能够单独识别的特定用户的信息（即唯一标识符，如身份证号、

---

① 参见王利明：《论个人信息权在人格权法中的地位》，载《苏州大学学报》（哲学社会科学版），2012（6）。
② 参见齐爱民：《论个人信息的法律保护》，见中国民商法律网。
③ 用户信息是所有与用户相关的信息的总和，包括身份关联信息、直接收集和使用的非身份关联信息以及经去身份化处理的行为样本信息。

护照号等），属于《框架标准》下的身份关联信息。对于非唯一标识符信息，如果通过与其他属于非唯一标识符的信息相结合可以用以识别特定用户，则亦为身份关联信息。以 IMEI 号（唯一设备标识符）为例，当 IMEI 号单独存在，无法与其他身份关联信息相联系，则不视为《框架标准》下的身份关联信息。但当 IMEI 号在收集或使用时与其他唯一标识符信息相关联，从而可以指向特定用户，则应视为身份关联信息。"在定向广告实践中个人信息的使用有两个方向，一个方向是用于分析群体属性的个人信息，它对信息的要求是以"群体"（集合）信息的形式存在；而另一个方向是很可能成为"能够识别特定用户的个人信息"。正是由于身份关联信息能够识别特定用户的身份，任何身份关联信息的不当披露可能"识别特定用户"，从而就有可能给用户造成损失，所以说，单位对于定向广告应用中接触到的身份关联信息需承担必要的义务。《框架标准》正是致力于建立起一整套针对身份关联信息收集、保存、使用和转移的保护制度。而对于身份关联信息保护的意义有人表达了自己的看法："因为相对于无差别投放的普通广告，定向广告与用户之间的相关性更紧密，对消费者的信息安全影响也更大。数据应用作为互联网的价值属性之一，定向广告是建立在互联网数据基础上的一种广告投放形式。消费者的浏览习惯进入到商家的大数据库中，哪些该用？哪些不该用？该怎么用？与消费者的切身利益紧密相关，需要有规范进行保障。"[①] 在定向广告领域对个人信息保护的范围就是单位数据库中与消费者切身利益紧密相关的信息，即个人身份关联信息。尽管定向广告的发展主要依靠的就是身份关联信息，但是，其用途却在于针对人群的整体性特征的分析与广告投放，而非针对"可以识别的特定用户"。

《框架标准》还明确了身份关联信息保护的基本原则。比如"实现用户对信息的控制"。"第三方和服务提供方以互联网定向广告为目的进行的用户信息收集和使用、或向非关联方转移信息时，应向用户提供关于：（1）是否同意为互联网广告目的的收集和使用用户信息的选择机制；（2）是否同意与非关联方共享该等信息的选择机制；以及（3）如何改变或撤回用户同意的机制。该等机制应在第二部门第（三）条规定的隐私声明中明确说明。"还有最少够用和必要原则："单位应将收集用户信息的类型、数量控制在能达到收集信息目的的最低程度，收集、保存和使用的用户信息应仅限于单位的合法商业目的和实现单位对用户的服务所必需。单位应定期检查其收集和保存的用户信息，以确定该等信息是否仍为单位的合法商业目的和服务功能所必需，并及时停止对于非必需的用户信息的收集和使用。"

---

① 何可：《定向广告必须去身份化》，载《中国质量报》，2014-03-28。

2. 对于个人信息保护的主要方式和途径

《框架标准》规定通过明确单位的信息义务实现对个人信息的保护，主要有两种途径：一方面，通过公开披露的方式满足公民的知情权，同时，将身份关联信息划分成一般性信息与特定信息（敏感信息、精确位置信息或目录信息），对于后者则设定了更为严格的保护要求。另一方面，还规定所有身份关联信息必须去身份化，即不能用于识别特定的用户。

（1）单位涉及与身份关联信息相关的行为必须公开，获取特定信息必须要获得用户的明示同意。

《框架标准》主要是通过公开披露的方式对身份关联信息使用加以限制，而且设置了保护身份关联信息的具体方法。"单位在收集、使用、转移和分享用户信息时，不得违反法律、法规的规定和双方的约定。单位应通过以下方式向用户公布收集和使用用户信息的规则。"通过隐私声明公示及用户同意的类型。"初始方、第三方和服务提供方都应在其网站、在线服务和/或应用的用户协议中列出一个明显的指向独立隐私声明页面的链接，或将独立隐私声明页面链接设置至网站、在线服务或应用的一级菜单。隐私声明页面应至少包括关于以下事项的清晰、明确的说明：（1）收集的所有用户信息的方式和范围（包括所收集的身份关联信息是否会为互联网定向广告目的转移给非关联方）；（2）向用户提供易于操作的选择机制，说明用户如何以及何时可以行使选择权，并说明行使选择权后如何以及何时可以修改或撤回该选择，使得用户可以选择同意或不同意为互联网定向广告目的而收集和使用其身份关联信息以及向非关联方转移其身份关联信息；（3）保护被收集的用户身份关联信息的安全措施；（4）单位的联系方式，包括单位名称及地址、电子邮件，或指向一个在线表格的链接；（5）单位违反《框架标准》时，用户享有的救济方式，包括但不限于向单位相关部门及执行委员会的投诉机制。"文件明确指出："未经用户同意，单位不得收集、使用和转移用户的身份关联信息。'同意'是指用户在已获得收集和使用其信息的清楚、明确、显著的说明或提醒的前提下，通过在线操作，认可其信息被收集和使用。"由此可见，这里面就明确了知情权、删除权、安全原则等并以此实现用户对身份关联信息的控制。而在获得用户同意方面，对于敏感信息、精确位置信息或目录信息这些特定信息则强调要在收集和使用该等信息时必须获得用户的明示同意。"如果单位为互联网定向广告的目的，需要收集任何用户的敏感信息、精确位置信息或目录信息，单位不仅应遵循上述隐私声明的要求，还应在收集该等敏感信息、精确位置信息或目录信息前，以即时通知的方式，取得用户对于收集和使用该等信息的明示同意。'明示同意'要求用户通过积极的行为做出肯定表示，若用户并未主动做出选择，则视为用户不同意。"

对于公示的形式，文件也有详细的规定："第三方应在收集用户信息处（例如初始方的网站、在线服务和应用上）或广告投放处，通过《框架标准》的统一标识（以下简称'框架标准标识'）链接指向上述隐私声明，提醒用户其信息正在被收集。框架标准标识的使用方式参照另行颁布的《中国互联网定向广告用户信息保护标识使用规范》。"

值得特别注意的是，规范文件中为平衡市场、产业发展需要以及个人信息保护，在双方利益之间做了权衡——区分了身份关联信息中的一般性信息与特定信息，对于敏感信息、精确位置信息或目录信息进行重点保护。这就主要体现在"实质性修改"的相关内容。实质性修改是"指与用户信息的收集和使用有关的、造成用户权利或者单位义务的实质性减少的修改，并该等修改亦影响已收集的用户信息。造成对用户信息收集或使用范围缩小的修改，不视为实质性修改"。而文件对于单位的这一行为也做出了规定："若单位对其以互联网定向广告为目的收集和使用用户信息的政策和实践做出实质性修改，应获得实质性修改影响的用户的同意，该等同意可采用默示方式。若实质性修改涉及敏感信息、精确位置信息或目录信息，应取得用户的明示同意。单位应在其网站、在线服务或应用的首页或一级菜单，提示隐私权政策发生变更，并在隐私声明页面上发布对隐私权政策所做的修改。对于重大变更，单位应采取更为显著的通知，包括但不限于通过电子邮件发送通知，说明隐私权政策的具体变更内容。"由此可见，文件减弱了针对非特定身份关联信息单位实质性修改中的义务，不仅其他身份关联信息收集和使用政策、规则的修改企业拥有自主权，而且该同意只需要用户默示即可，这反映出文件期望既保护个人信息，同时又不致影响产业发展的基本立场。

（2）所有身份关联信息都必须去身份化，即不能指向特定用户。

《框架标准》要求网站所采集的信息必须是经去身份化处理的信息，即不能识别、确认、关联特定用户身份的用户信息或此等信息的集合。"用户的身份关联信息在适当地进行去身份化或匿名化以后，将成为无法与特定用户身份相匹配、也无法指向特定用户的信息，对于这些信息，《框架标准》则主要强调应在技术和法律上保证其不会被逆转换为身份关联信息。"

文件中将身份关联信息分为行为样本信息、精确位置信息、目录信息、敏感信息，它们都属于身份关联信息。定向广告运作中，对于上述信息都提出要进行去身份化的要求。由此做到对个人信息控制权保护的强化。特别要注意的是，这里的行为样本信息并不属于特定信息，收集与使用同其他几类信息相比，要求也有所不同，这种对于信息的细分也是《框架标准》规范的一大特色。

3. 数据的安全问题——单位内部数据保存与处理的原则

保障数据安全是通过加强单位内部管理的方式明确单位对个人信息保护的义务。文件要求，"单位收集、保存、使用或转移用户身份关联信息时，应采取合理步骤，确保用户身份关联信息的准确性、完整性、相关性和时效性，以满足该等信息收集时的目的和用途"。主要包括以下内容："1. 安全保障。单位应维持适当的物理、电子和管理安全保障措施，对以互联网定向广告为目的而收集和使用的用户身份关联信息严格保密，不得泄露、篡改、损毁、出售或非法向他人提供用户身份关联信息，在发生或者可能发生信息泄露、丢失的情况时，应当立即采取补救措施。2. 信息保存。单位仅能以完成合法业务所需，或在法律规定的时限内，保存以互联网定向广告为目的收集和使用的用户身份关联信息。3. 数据处理。（1）单位应采取合理、必要的措施，实现用户身份关联信息的去身份化，即使得该信息无法用于识别、确认或关联至某个特定用户。（2）若未获得用户同意。单位仅能将完成去身份化后的用户信息（以下简称'行为样本信息'）转移给非关联方。单位应采取合理、必要的措施保证行为样本信息的去身份化状态，并获得非关联方的书面承诺，保证其不会、亦不会尝试将行为样本信息恢复为身份关联信息，而只会以互联网定向广告、或向用户说明的其他目的，使用或公开该等行为样本信息。（3）获得行为样本信息的非关联方单位再向其他非关联方转移该等信息时，也应采取合理、必要的措施保证用户信息的去身份化状态，并取得上述第（2）项要求的书面承诺。"

4. 不同类型定向广告应用中的特别要求

文件中还专门就定向广告应用涉及的不同平台上的数据收集、使用行为提出了规范，主要涉及搜索服务与无线环境下的移动服务中身份关联信息的保护问题。针对搜索服务提出："搜索服务提供方可在下述情形下，向用户提供第三方身份关联信息，无须满足第四章第3条有关隐私声明的要求：（1）该搜索结果从互联网中公开来源处获得；（2）该信息并非为创建某个特定个人档案目的而在互联网上发布。但是，搜索服务提供方应建立搜索结果移除机制，在以下情形中，用户有权要求搜索服务方从搜索结果中移除显示：（1）显示对该个人人身权利造成损害；（2）显示与重大公共利益相抵触，包括国家安全、国防或公众安全；（3）显示违反相关法律法规。搜索服务提供商应在其隐私声明中说明用户要求移除身份关联显示的具体方式和渠道。"

针对无线环境下的移动服务中身份关联信息的保护，文件要求："单位在无线环境下的移动服务中，对精确位置信息和目录信息的收集和使用，除符合《框架标准》中所有其他关于用户信息收集、使用、保存和转移的要求外，还应符合以下要求：1. 精确位置信息。提供服务的单位在第一次收集用户的精确位置信息前，除隐私声明外，应向用户明示从用户的移动设备收集精确位置信息的方式、目的、保留时间等，并应在收集该等信息的页面，通过即时通知，取得用户的明示同意。在收集精确位置信息的过程中，单位应持续性地展示'框架标准标识'，提醒用户其精确位置信息正在为提供服务的单位所收集和使用。单位在与服务提供商以外的第三方共享精确位置信息、或将精确位置信息用于任何其他未获用户明示同意的目的之前，应获得用户明示同意。2. 目录信息①。单位收集任何目录信息之前，应向用户明示其从用户的移动设备收集目录信息的类型、范围以及使用该等信息的方式。单位仅能在通过即时通知获得用户的明示同意的前提下，才能收集和使用用户的目录信息。第三方、服务提供方不得超越用户明示同意的目的，故意未获授权从移动设备获取和利用目录信息。初始方不得授权任何第三方、服务提供方超越限定目的故意未获授权从移动设备获取和利用目录信息。"不难看出，这两方面的规定既是对于《框架标准》针对身份关联信息保护要求的应用与落实，同时由于这两部分在《框架标准》的适用中具有特殊性，而且还是定向广告服务中十分重要的组成部分，所以，单独规定会使得整个结构显得更加清晰、明确，而且还能够增强《框架标准》的实效性。

四、结语

在信息化社会国内外对于个人信息权利保护日益重视的时代背景下，《框架标准》既是对个人权利保护精神的一次体现和贯彻，也是对于大数据个人信息保护形势趋于严峻下的一种积极探索。《框架标准》通过规定单位的相关义务，体现了个人信息保护过程中应当坚守的收集限制原则、透明原则、安全保护原则、使用限制原则、公开原则、个人参与原则、责任原则等基本原则。特别是对于公开披露的相关规定，体现了对信息收集自主性和自愿性原则的重视，是实现用户控制信息的有效途径。另外，文件中对于身份关联信息的保护提出具体的措施：通过知情权的保

---

① 目录信息指用户建立的、存储在移动设备上，或通过移动设备访问的日历、地址簿、电话短信记录、相册、视频等信息。

障以及单位的公开披露义务来实现对身份关联信息的保护，还将身份关联信息分成一般性信息与特定信息（敏感信息、精确位置信息或目录信息）分别加以保障（对于后者则设定了更为严格的保护要求）。此外，还规定所有身份关联信息都必须去身份化。不过，从该文件的制定主体来看，主要还是企业相关方的参与，文件也属于市场的自我管理范畴，因此，今后还应进一步推进大数据广告应用中的法制建设。定向广告立法还应包括政府、社会（公众）主体的参与，这样将更能体现多元的利益诉求，从而推动该领域个人信息保护立法更加完善。此外，在学理上，如何从财产权角度探索定向广告中报酬请求权等个人信息财产权，如何进一步丰富个人信息权的内涵从而有利于其发挥更大的社会价值，这些都是值得进一步思考的问题。

腾讯诉奇虎不正当竞争案关联诉讼

腾讯和奇虎是国内 IT 界的巨擘，核心软件分别是 QQ 和 360，在相关领域均具有很高的市场占有率，且在桌面客户端软件领域分居第一位和第二位，在中国拥有数亿用户。在相应细分市场，则各居第一位。

根据我国《反垄断法》第十七条规定，法律所称市场支配地位，是指经营者在相关市场内具有能够控制商品价格、数量或者其他交易条件，或者能够阻碍、影响其他经营者进入相关市场能力的市场地位。上述两公司可以说在市场上占支配地位。

但就是这两个大 IT 公司，近年来却有着一系列纷争。

我国的《反垄断法》自 2008 年 8 月 1 日开始施行，国内类似司法判例并不多见，而涉及互联网尤其是即时通信软件领域的垄断侵权案件更是罕见。

一、以"致歉信"为开端的纷争

2010 年 5 月，腾讯将 QQ 医生悄然升级至 4.0 版并更名为"QQ 电脑管家"。腾讯官方资料显示，QQ 电脑管家主要包含的功能有：

云查杀木马：查杀能力全面升级，云查杀和可疑智能检测技术二合一。

修复漏洞：强大智能的漏洞修复工具，全面修复微软系统漏洞和第三方软件漏洞；强力查杀各类流行木马。

实时防护：系统、网页、U 盘、漏洞四大防护体系，构建牢固的电脑安全防线。

清理插件：系统插件一键快速扫描，强力清除恶评插件。

此外，QQ 电脑管家还推出软件搬家特色功能，可以轻松解决 C 盘空间不足的问题。总的来看，QQ 电脑管家涵盖了 360 安全卫士所有主流功能，和 360 已经非常相似。[①]

2010 年 9 月，360 发布提示式信息，直接针对 QQ 的"隐私保护器"工具，宣称其能实时监测曝光 QQ 的行为，并提示用户"某聊天软件"在未经用户许可的情况下偷窥用户个人隐私文件和数据。引起了网民对于 QQ 客户端的担忧和恐慌。

2010 年 11 月 3 日晚 6 点，QQ 发布《致广大 QQ 用户的一封信》，宣布在装有 360 软件的电脑上停止运行 QQ 软件，用户必须卸载 360 软件才可登录 QQ，强迫用户"二选一"。此举引发了业界震动，网友愤怒。据奇虎 360 CEO 周鸿祎称，被迫卸载 360 软件的用户达到 6 000 万。事件同时牵涉到其他奇虎软件与同类软件的纷争，如 360 安全浏览器与傲游浏览器和搜狗浏览器之间、360 安全卫士和 360 杀毒与多家杀毒软件之间的纷争。为此，金山、傲游、可牛、百度等软件公司 11 月 5 日联合召开发布会，抵制奇虎 360 并宣布将不兼容 360 系列软件。

之后政府管理部门介入此次争斗事件，责令腾讯停止不兼容行为、奇虎召回 360 扣扣保镖。在工信部的调停下，奇虎 360 于 2010 年 11 月 10 日宣布 QQ 和 360 已经恢复兼容，并在官方网站发布名为《QQ 和 360 已经恢复兼容感谢有您！》的公告，感谢广大用户对 360 软件的支持，公布了有关部门的联系方式，提醒用户若发现二者软件出现冲突可向相关部门举报。腾讯公司于 2010 年 11 月 21 日发布名为《和你在一起》的致歉信。双方冲突在工信部的介入下正式化解。

二、三起关联的"不正当竞争"讼案

1. 腾讯诉 360 隐私保护器不正当竞争

2010 年 11 月，腾讯在北京市朝阳区法院起诉奇虎 360，告"360 隐私保护器"不正当竞争。腾讯认为 360 向用户提供"隐私保护器"非法监测腾讯即时通信软件 QQ 的运行，并利用虚假宣传手段误导和欺骗用户，对腾讯声誉和用户利益造成极大损害。2011 年 4 月，北京市朝阳区法院曾对此案做出一审判决，认为 360 捏造事实的行为损害了腾讯的竞争优势，构成不正当竞争。法院在一审判决书中指出，360 在大量针对 QQ 的宣传中使用了"窥视""为谋取利益窥视""窥视你的私人文件""如芒在背的恶意""流氓行为""逆天行道""投诉最多""QQ 窥视用户由来

---

① 参见《腾讯发布 QQ 电脑管家　在背后捅了 360 一刀》，见中国经营网。

已久""请谨慎使用 QQ"等词语和表述。法院认为，上述评价的词语和表述，带有强烈的感情色彩并具有负面评价效果和误导性后果。尤其是，这些表述没有任何事实基础，不符合诚实信用的商业准则，不符合维护市场正当合理竞争秩序的要求。上述行为的目的，在于损害原告的竞争优势。判决书指出，360 隐私保护器对 QQ 2010 软件监测提示的可能涉及隐私的文件，与客观事实不符，与奇虎科技有限公司、奇智软件科技有限公司自行界定的隐私认定标准不符。在这里尽管使用了"可能"的表述，但会使用户产生一种不安全感，导致用户放弃使用或者避免使用 QQ 2010 软件的结果，从而使"可能"变成一种确定的结论，也必然造成用户在使用 360 隐私保护器后会对 QQ 2010 软件产生负面的认识和评价。法院当庭宣判，北京奇虎必须停止发行使用涉案 360 隐私保护器 V1.0beta 版。法院认为，360 隐私保护器监测提示用语和界面用语及 360 网站上存在的评价和表述，采取不属实的表述事实、捏造事实的方式，具有明显的不正当竞争的意图，损害了原告的商业信誉和商品声誉，构成了商业诋毁。与此同时，法院要求北京奇虎等三个被告连续 30 日向腾讯公开消除影响并赔偿 40 万元。

中国人民大学法学院杨立新教授对此案件进行点评。他指出，法院认定 360 侵权的主要根据有两点：第一，360 隐私保护器对 QQ 2010 软件监测提示的可能涉及隐私的文件，与客观事实不符。第二，在 360 隐私保护器界面用语和 360 网站的 360 安全中心等网页中对 QQ 软件进行的评价和表述，使用了"窥视""为谋取利益窥视""窥视你的私人文件"等词语，属于采取不属实的表述事实、捏造事实的方式，具有明显的不正当竞争的意图，损害了原告的商业信誉和商品声誉，构成商业诋毁。据此法院判令北京奇虎科技有限公司、奇智软件科技有限公司以及三际无限科技有限公司承担侵权责任，是完全正确的。①

一审判决后，奇虎公司上诉。此案 2011 年 9 月已在北京二中院终审判决，360 败诉。

终审判决依然认定，360 诋毁腾讯产品的行为构成不正当竞争，向腾讯赔偿经济损失 40 万元，并在 360 网站首页及《法制日报》上公开道歉以消除影响。

2. 腾讯诉 360 扣扣保镖不正当竞争

2011 年 8 月 19 日，腾讯公司在广东提起诉讼，状告奇虎公司，经过一番周折才正式立案。2012 年 4 月，腾讯诉"360 扣扣保镖"不正当竞争，称 360 扣扣保镖

---

① 参见彭大成：《腾讯诉奇虎不正当竞争案入选人民法院十大典型案件》，见华律网，http://www.66law.cn。

不仅破坏了腾讯合法的经营模式，导致自己产品和服务的完整性、安全性遭到严重破坏，自己的商业信誉和商品声誉也遭到严重损害。认定 360 违反了公认的商业道德，构成不正当竞争。

2013 年 4 月 25 日，广东省高级人民法院对腾讯起诉奇虎公司不正当竞争一案做出一审判决，称奇虎公司构成不正当竞争，判令其赔偿腾讯公司经济损失等费用 500 万元。宣判结束后，奇虎向最高人民法院提起上诉。

该案有四个争议焦点：

（1）360 扣扣保镖是否破坏 QQ 软件的安全性、完整性，使腾讯丧失交易机会和广告收入。

（2）360 扣扣保镖给 QQ 体检时，提示"体检得分为 4 分，QQ 存在严重的健康问题"，并提示用户使用"一键修复"功能，其中是否构成商业诋毁。

（3）360 扣扣保镖对 QQ 软件一键修复后，点击 QQ 面板的安全中心，进入的是 360 安全卫士的页面，这是不是一种"搭便车"行为。

（4）2013 年 4 月广东高院判决奇虎 360 向腾讯赔偿 500 万元，这个金额是过高还是过低。

2013 年 12 月 4 日，最高人民法院第一法庭公开开庭审理了腾讯起诉奇虎一案。此案由 5 位法官组成合议庭，奚晓明大法官担任审判长。

2014 年 2 月 24 日，最高法对此案做出终审判决，驳回奇虎 360 上诉，维持一审原判。

在终审判决中，最高人民法院做出如下认定：

（1）根据《反不正当竞争法》等相关规定，腾讯开发 QQ 取得相关收入，这种免费平台和广告相结合的模式是互联网惯常的经营方式。360 也采取这一模式。这种模式不违反规定，360 干扰了腾讯的正常经营。一审法院认定并无不当。

（2）360 声称扣扣保镖阻止 QQ 软件查看隐私，没有证据证明这一点。在没有相关证据的支持下，360 的这种说法不符合客观事实。360 扣扣保镖对 QQ 的评价，难以认定为客观结果。这种评论已经超过正常的评论范畴，认定为构成商业诋毁并无不当。

（3）360 的行为是一个有计划有步骤的方案，首先贬损 QQ 引导用户安装扣扣保镖，然后引导用户安装安全卫士，然后替换相关服务。360 将自己的产品和服务嵌入 QQ，根本目的是依附 QQ 的用户群，推销推广 360 安全卫士，此行为本质上属于不正当竞争。

（4）360 自认为行为是创新和竞争的体现。互联网鼓励自由竞争和创新，但不等于是可以为所欲为的法外空间。互联网的健康发展，需要有序的市场环境和规则保障。360以技术创新为名，对QQ软件进行深度干预，难以认定这种行为符合创新精神。

（5）关于一审赔偿是否合理。360对腾讯造成的事实清楚，应该在法定赔偿额之上确定赔偿数额。360给腾讯造成的收入影响，具有明显的主观意图，本院认为一审法院将本案赔偿数额定为500万元，没有不当。

最后终审法院宣布：驳回奇虎360上诉，维持一审原判。

3. 奇虎360诉腾讯滥用市场支配地位

2012年4月14日，360公司在广东对腾讯滥用市场支配地位行为提起反垄断诉讼。360公司认为，腾讯长期以来滥用其市场支配地位，使用模仿、捆绑、交叉补贴等方式强行推广自己的产品，尤其是在2010年11月3日，腾讯为打压360安全产品，强迫用户"二选一"的行为，是垄断法中典型的限制交易行为，应依法承担停止侵权并赔偿损失的民事责任。

2012年8月17日，广东省高级人民法院组织双方当事人进行质证，并于2012年9月18日进行了公开开庭审理。

2013年3月28日，奇虎360起诉腾讯滥用市场支配地位一案在广东省高级人民法院一审宣判，奇虎360败诉，并被判承担79.6万元全部诉讼费用。

在诉讼中，360主张腾讯在中国的即时通信市场有支配地位，但广东省高级人民法院认为，即便在这一市场，虽然腾讯的市场份额超过50%，但也不能认定其在这个市场有支配地位。

业内专家认为："滥用市场支配地位是垄断的一种，此案堪称互联网反垄断第一案，其判决是一个重要里程碑，从司法角度划清了正当竞争与垄断之间的界限，有利于互联网的良性竞争。"滥用市场支配地位是垄断的一种，前提是既有市场支配地位，又加以滥用，罪名要成，二者缺一不可。①

360诉称，腾讯的QQ活跃账户数达到7.982亿，在即时通信市场中具有支配地位。但法院判定，微博、SNS社区、电子邮箱等对即时通信有很强的替代性，应作为统一市场来看，而且这是一个全球性竞争市场，QQ在市场中并无支配地位，构筑不起任何市场壁垒。

法院判定，腾讯不具备控制商品价格、数量或其他交易条件的能力，因为几乎所有的即时通信都是免费的。腾讯也不具备阻碍及影响其他经营者进入这个市场的

---

① 参见韩杨：《"3Q大战"引发三场诉讼：360败两场　尚有一场未宣判》，见凤凰科技。

能力，因为该市场进入门槛低，市场阻碍小。

广东省高院判定，即时通信与微博、社交网络等构成强竞争和替代关系，而且是全球性市场、充分竞争，360对市场的定义过于狭窄。腾讯并未处于绝对主导地位，而且也未加以滥用，因而不存在滥用市场支配地位的情况。不支持原告360的全部诉讼请求。

三、腾讯诉360不正当竞争案判决的反思

法院判令360赔偿腾讯损失500万元，并公开赔礼道歉。单就赔偿数额而言，腾讯诉360扣扣保镖不正当竞争案是迄今为止类似案件中判赔数额最高的一个。该案判决经由广东高院审判委员会讨论决定，从中不难看出司法机关对互联网企业蓄意捏造事实、肆意诋毁对手产品声誉与商业信誉等违背公认商业道德的竞争手段所持的彻底否定立场，也反映出司法机关坚决制止恶性竞争，净化互联网产业发展秩序的明确态度。从该案来看也就有以下值得反思之处：

首先，该案所涉竞争方式均是近年来互联网企业竞争中常见的竞争手段。这些手段带有一定的模糊性与欺骗性，竞争者往往借助保护用户利益之名，打着合法幌子，恐吓引诱用户，并借用户之手攻击竞争对手。但新型市场竞争还是应该遵循诚实信用与公认商业道德等传统基本原则。

奇虎360的主要产品包括360安全卫士等，安全软件属于电脑操作系统的底层软件，使用不当有较大的破坏性。但目前，这个行业没有太好的规范。

从某种意义上说，底层的互联网技术就像是核物质，用得好，用得规范，就可以用核能发电，造福人类，还可以保护世界的安全；如果落到不负责任的公司，甚至恐怖分子手里，就会后患无穷。

从奇虎360公司的情况看，掌握底层安全技术成为其打击竞争对手的重要工具，破坏了互联网的竞争秩序，损害了用户的利益。业内专家表示，最高院对扣扣保镖一案做出判决后，可为业内提供指引。

也就是说，相对于其他服务商而言，互联网安全企业在网络系统中具备先天的优势，其更应当恪守职责，而不应滥用权力，恶意利用用户与网络社会寄予的信任，谋取不正当利益。正如法院判决所言："安全软件……在经营中具有其他应用软件所不具备的权力。根据权力、利益与责任相符合的基本法律原则，安全软件的经营者必须具有与其权力和技术能力相匹配的谨慎责任。更为特殊的是，兼备裁判者和经营者双重角色的企业，更加应该谨慎、理性行事，依照《规范互联网信息服

务市场秩序若干规定》的相关规定和《互联网终端软件服务行业自律公约》的相关行为规范，以公开、透明的方式公平、公正的判断其他软件的性质。"互联网安全企业的职责是保护网络与用户的系统安全，应时刻注意自身的定位、角色，特别是权力边界，不得自定标准，恶意评价或定性竞争对手的产品或服务。

相对于传统不正当竞争而言，该案争议的竞争手段带有诸多"新"的特色，如互联网、借助"中间工具"，甚至假以合法借口等等，但判断涉案竞争行为的规则依然如一，即诚实信用原则与公认的商业道德，这也是广东高院认定360涉案行为的核心所在。从本质上看，广东高院只是围绕新型不正当竞争行为重申了市场主体应当遵循的竞争法基本原则。如："被告一方面在自己的平台上开展综合性服务，投放广告、提供新闻弹窗服务及设置其他产品和应用的入口、开展增值服务；一方面又以保护QQ用户安全为名，提供工具鼓励和诱导用户过滤原告的广告和资讯服务、删除和破坏原告的增值服务和QQ的其他功能和服务，违背了诚实信用和平等竞争原则，具有明显的不正当竞争的恶意。软件开发商在给原告造成了严重经济损失的同时推销自己的产品，增加自己的交易机会，违反了诚实信用和公平竞争原则，构成不正当竞争。"[①]

法院还就新型商业诋毁行为做出了认定，明确了竞争者不得故意破坏竞争对手产品或服务的安全性与完整性。比如，该案中在判断扣扣保镖打分是否构成商业诋毁时，法院认为应该综合考虑所谓"打分"和经营者在"打分"过程中所发布的一系列明示或者暗示言论将会给用户造成的影响和效果，而非孤立地、割裂地看待某个"打分"行为自身是否构成商业诋毁。扣扣保镖破坏QQ软件及其服务的安全性、完整性，后果将使原告损失广告收入、游戏收入和增值服务交易机会，给原告造成严重的经济损失；同时还将使原告的软件运行产生障碍，用户体验产生改变，给原告的企业和品牌声誉造成损害，构成不正当竞争。

互联网行业的不正当竞争与传统行业相比，具有不同的特点，比如低成本、大规模、实时性。传统行业也有很多不正当竞争行为。比如两家饮料厂商相互竞争，一家派人去超市把另一家在货架上陈列的易拉罐捏扁。两家牛奶厂商竞争，一家派人去超市在另一家的产品里注射毒液。这些都是非常恶劣的不正当竞争行为，但实施这些行为都需要一段时间，成本很高。但互联网实施不正当竞争行为，却可以是远程、实时且几乎没有成本的。[②]

---

① 毛一竹、付航：《"3Q"大战360第三次败诉　创中国互联网史上最大赔偿额》，载《广州时报》，2013 - 04 - 26。

② 参见李文：《腾讯诉360不正当竞争案终审胜诉》，见计世网。

其次，在我国的不正当竞争制度中，确有必要引入知识产权制度中比较成熟的诉前禁令制度，以便于受害企业能通过司法途径及时制止竞争对手的恶性竞争行为。同时，在损害赔偿制度中，应该考虑增加惩罚性赔偿，对恶性竞争者施以高额的赔偿责任，从制度层面大幅提高恶性竞争者的违法成本。

有研究者认为，一个客观的现实是一些企业通过恶性竞争摧毁对手，抢占市场份额，在违法收益与违法成本极端悬殊的情况下，也就不难理解为什么恶意竞争已经成为个别企业生存和发展的常规手段。

我国规范市场竞争秩序的核心法律制度仅有《反不正当竞争法》，这部制定于20世纪90年代初的法律已完全不能满足规范和引导互联网企业有序竞争的需要。一方面，该法缺乏对恶性竞争行为的诉前约束机制；另一方面，该法对恶性竞争者的民事法律责任规定过轻，缺乏惩罚性赔偿规则。此外，该法对恶性竞争行为的行政处罚和刑事制裁机制基本上形同虚设。正是这些制度缺陷使得一些企业敢于屡屡挑战法律、蔑视法院判决。所以，对屡屡实施恶性竞争行为的经营者的法定代表人和实际负责人，有必要增设相关刑事责任条款予以制裁。[①]

目前，互联网行业的特点是：不正当竞争实施成本低、打官司成本高且旷日持久。专家认为，要对不正当竞争做出限制，需要提高不正当竞争的成本。特别是推出惩罚性赔偿，企业实施不正当竞争，就得对它重罚，这将有助于公平竞争。[②]

再次，行业恶性竞争行为理应成为法律严厉打击的对象。以保护用户之名，行打击竞争对手之实，同属恶性竞争。假借用户之名、借用户之手实施隐性不正当竞争，当属法律禁止的对象。

该案中，广东高院认为，扣扣保镖是在进行"有计划、有步骤"的不正当竞争。

2010年，QQ推出电脑管家，与360安全卫士构成竞争。竞争本是市场的常态，对用户有利，但是，2010年10月29日，360推出了一款不合规的毁灭性武器——扣扣保镖，专门打击腾讯QQ软件。

扣扣保镖起初说是可以保护QQ用户的安全与隐私，包括阻止QQ查看用户隐私文件、防止木马盗取QQ、给QQ加速、过滤广告等功能，但实际上却欺瞒了用户，并损害用户的利益。360故意把QQ的分值打得很低，引诱用户点击扣扣保镖的"一键修复"，但在所谓的升级了软件后，QQ的很多功能都被禁用，QQ主面板

---

① 参见汪涌、史学清：《腾讯诉360不正当竞争案判决的悲哀与反思》，见财新网。

② 参见李文：《腾讯诉360不正当竞争案终审胜诉》，见计世网。

上的业务图标如迷你首页、手机生活、QQ 宠物不能点击。更有甚者，用户点击 QQ 安全中心的按钮，进入的却是扣扣保镖的页面。

扣扣保镖推出 72 小时内下载量突破 2 000 万，并且不断迅速增加。QQ 到了生死时刻。

腾讯认识到扣扣保镖是外挂和木马行为。11 月 3 日，腾讯采取了强硬的反制措施，挽救了 QQ。

一审中，广东省高级人民法院认定奇虎 360 在给 QQ 软件造成经济损失的同时，推销自己的产品，增加自己的交易机会，违反了诚实信用原则和公平竞争原则，构成不正当竞争，并无不当。

判决中，法院明确指出，那种不愿意通过交费来使用无广告、无插件的互联网服务，而通过使用破坏网络服务提供者合法商业模式、损害网络服务提供者合法权益的软件来实现既不浏览广告和相关插件，又可以免费享受即时通信服务的行为，已超出了合法用户利益的范畴。软件开发商无权假借查杀病毒或者保护用户利益之名，侵入其他网络服务提供者合法软件的运行进程，通过擅自修改他人软件的手段达到破坏他人合法经营的目的。软件开发商一方面在自己的平台上开展综合性服务，投放广告、提供新闻弹窗服务及设置其他产品和应用的入口、开展增值服务；一方面又以保护 QQ 用户安全为名，提供工具鼓励和诱导用户过滤原告的广告和资讯服务、删除和破坏原告的增值服务及 QQ 的其他功能和服务，违背了诚实信用和平等竞争原则，具有明显的不正当竞争的恶意，也严重损害了互联网经营秩序。

假借用户之名、借用户之手实施隐性不正当竞争，当属法律禁止的对象。该案中，被告主张并非其修改原告的 QQ 软件，而是原告 QQ 软件的用户利用被告开发的技术中立的扣扣保镖软件来修改原告的 QQ 软件。对此，法院认为，扣扣保镖确实需要由用户下载安装到用户的服务器终端并由用户自行运行，才能实施一系列损害原告利益的行为，但是从被告开发该软件的主观意图来看，该软件专门针对原告 QQ 软件开发，目的之一是降低原告的市场交易机会。从扣扣保镖的实际运行情况来看，被告预先在软件内部嵌入"一键清理""升级安全模块"等操作提示按键，用户在被告的恐吓和诱导性语句的指引下，按照被告预先设置的逻辑针对 QQ 软件进行修改。同时，扣扣保镖中还预埋了尚未开启的阻止 QQ 进行正常升级和更新、劫持 QQ 浏览器等功能。这种"针对性开发"＋"诱导性提示"＋"预制功能逻辑"组合，证明被告不仅实施了恐吓、诱导用户修改 QQ 软件的行为，而且为这种修改提供了实质性帮助，同时被告违反商业道德和诚实信用的主观过错明显，构成帮助用户实施侵权。被告一方面通过安全恐吓和"一键修复""隐私保护"功能阻止 QQ 用于查杀木马的安全扫描功能，另一方面又在"给 QQ 体检""隐私保护"中强烈推荐用户安装使用 360 安全卫士的木马查杀功能。由此可见，被告以保护用户利益为名，推出扣扣保镖软件，诋毁原告 QQ 软件的性能，鼓励和诱导用户删除 QQ 软件中的增值业务插件、屏蔽原告的客户广告，其主要目的是将自己的产品和服务嵌入原告的 QQ 软件界面，依附 QQ 庞大的用户资源推销自己的产品，拓展 360 软件及服务的用户。

另外，也有网友评论，这些新型的互联网公司是在借助官司进行自我炒作。是否属实我们不得而知，但网络公司确实大动作不断。如涉案的奇虎此后仍不断有新闻传来。2015 年 2 月 4 日，奇虎 360 公司向澎湃新闻（www. thepaper. cn）记者透露，公司以 1 700 万美元收购了国际域名 360. com，约合人民币 1.1 亿元。此次域名交易价格刷新了中国域名交易的纪录，同时替代 Sex. com，位列全球域名价格排行榜第四位。

此前，360. com 一直由美国电信运营商沃达丰（Vodafone）持有。360 曾多次与沃达丰洽谈，但因对方报价而退却。360 的竞争对手也曾想买下这个域名，但被沃达丰拒绝。

360 方面表示，此次他们是直接从沃达丰手中买下这个域名的。[①] 中国互联网公司花大价钱收购域名也不是新鲜事了。2013 年 3 月，京东花 3 000 万元买回 jd. com；2014 年 4 月，小米花 370 万美元买下域名 mi. com，替换 xiaomi. com；2014 年 7 月，搜房网 6 位数拿下新域名 fang. com；2014 年 8 月，凡客花大价钱启用全新域名 fanke. com，换下 vancl. com。

最后，我们想说的是，经营者在市场交易中，应当遵循自愿、平等、公平、诚实信用的原则，遵守公认的商业道德。违反《反不正当竞争法》的规定，损害其他经营者的合法权益，扰乱社会经济秩序的行为属于不正当竞争。

互联网技术让不正当竞争有了新特点，实施成本低，隐蔽性强，而现行的法律救济手段不但耗时长，而且赔偿数额小，反向鼓励了互联网企业搞不正当竞争。这一系列案件的终审判决，不仅是结束，更是开始，表明互联网行业的公平竞争有了新起点。

---

① 《比 Sex 还贵，奇虎花 1.1 亿元终于买到 360. com 域名》，见网易新闻，http：//news. 163. com。

五、传播规范与内容管理

广电部门的网络视听内容监管政策考察
——对于网上境外影视剧、
微视频（微电影）等监管问题的思考

广电部门互联网内容监管主要就是指对于网上视频服务的监管。尽管对于网上视频服务监管现在已经涉及工信部、国家网信办等多个机构，但是，广电部门在网上视频的监管中的角色非常惹人关注。广电部门这些年对于网络视听内容监管的举措体现在：一方面是通过推动各类规范性文件，明确了广电部门与相关参与主体之间的权利义务关系。这些法律文件主要包括三类：互联网视听监管类，主要有《互联网等信息网络传播视听节目管理办法》《互联网视听节目服务管理规定》及《广电总局关于加强互联网视听节目内容管理的通知》；网络视频、网络剧监管类，主要有《关于进一步加强网络剧、微电影等网络视听节目管理的通知》《国家新闻出版广电总局关于进一步完善网络剧、微电影等网络视听节目管理的补充通知》；网络境外剧监管类，主要有《广电总局关于进一步加强和改进境外影视剧引进和播出管理的通知》《关于加强互联网传播影视剧管理的通知》《国家新闻出版广播电视总局办公厅关于加强有关广播电视节目、影视剧和网络视听节目制作传播管理的通知》等。另一方面，进入 2014 年，广电部门开展了一系列网络视频内容的监管行动，产生了很大的社会影响。这些举措主要包括对于网上境外剧监管加强，严格执行"先审后播"，致使观众无法同步收看美剧，以及单独出台针对涉毒艺人网络传播内容的监管文件等。下面就从网上视频服务监管规范性文件的角度，通过对这些法律文件的梳理，管窥广电部门监管政策演化的脉络，揭示广电部门在媒介融合背景下对于网络空间监管的基本逻辑。再通过对其所暴露出的相关问题的分析，进一步探讨如何从法律层面完善广电部门对于互联网发展的监管。

一、广电部门互联网监管法规的发展历史

从上世纪末到本世纪初，随着互联网的发展，这十几年以来广电部门对于互联

网及其内容的监管已经走出了一条相对清晰的路径。下面就从法律发展的角度对广电部门的互联网监管历程进行简单的回顾。

1. 网上视听服务监管的相关规范

早在1999年，国家广电总局《关于加强通过信息网络向公众传播广播电影电视类节目管理的通告》发布，这是广电总局首次就互联网信息平台传播广播电影电视作品的行为出台行政规范，而且这是广电部门监管互联网电视节目的"大框架"。2003年1月7日，国家广播电影电视总局令第15号公布《互联网等信息网络传播视听节目管理办法》，其中第二条界定了广电部门互联网视听监管的适应范围，"适用于在互联网等信息网络中开办各种视听节目栏目，播放（含点播）影视作品和视音频新闻，转播、直播广播电视节目及以视听节目形式转播、直播体育比赛、文艺演出等各类活动"。而且，还特别提出，"广播电视播出机构在广播电视传输覆盖网中开办广播电视频道播放广播电视节目的，由《广播电视管理条例》规范，不适用本办法"。这一表述说明广电部门开始将网上视频与电视频道中的节目区分开来，单独进行管理。这份文件不仅对信息网络、视听节目、信息网络传播视听节目、视听节目的网络传播者、信息网络经营者等概念都进行了逐一界定，而且指出"国家广播电影电视总局对通过信息网络传播的视听节目按以下四个类别实行分类管理：1. 新闻类；2. 影视剧类；3. 娱乐类，包括音乐、戏曲、体育、综艺等；4. 专业类，包括科技、教育、医疗、财经、气象、军事、法制等"（第六条）。并明确规定，"国家广播电影电视总局对视听节目的网络传播业务实行许可管理。通过信息网络向公众传播视听节目必须持有《网上传播视听节目许可证》"（第五条）。从中可以看出广电部门对于视频监管内容持一种广义的理解，影视剧就是视频内容中非常重要的一种类型。特别是其中对于新闻视频内容的规定体现了广电部门对于新闻视频仍拥有监管权力，要求开办新闻类视听节目的网络传播业务除了要有国新办审批的网上发布新闻的资格，同时还需要持有《网上传播视听节目许可证》。[①] 只过了一年多15号令就被废除，2004年7月6日国家广播电影电视总局公布第39号令，不过，39号令的名称依然是《互联网等信息网络传播视听节目管理办法》。其中，对于视听节目的概念也做出了界定，并且重复了15号令中关于监管主体以及监管制度的规定。监管主体方面，第三条规定："国家广播电影电视总局（以下简称广电总局）负责全国互联网等信息网络传播视听节目（以下简称信息网络传播视听节

---

① 该文件第八条规定："开办新闻类视听节目的网络传播业务，除具备本办法第七条规定的基本条件外，还应当同时具备以下条件：（一）经国务院新闻办公室批准，具有网上发布新闻的资格；（二）已取得从事娱乐类或专业类节目网络传播业务《网上传播视听节目许可证》3年以上的机构，或依法设立3年以上的新闻机构。"

目）的管理工作。"同时，也明确了网络视听服务许可证制度。但是，2007 年 12 月颁布的《互联网视听节目服务管理规定》中对于监管主体的规定范围有所扩大，增加了"国务院信息产业主管部门作为互联网行业主管部门，依据电信行业管理职责对互联网视听节目服务实施相应的监督管理"。而这也随之引发了信息产业主管部门与广电部门在视频监管权力上的纷争。39 号令中提出了系统的监管思路，即根据业务类别、接收终端、传输网络等项目分类核发许可证，这是看到了媒介融合背景下视频服务的复杂形态，同时也为广电部门权力扩张打下了基础。[①] 此外，该文件还特别对新闻视频业务与互联网电视视频节目两类网络视频类型做了具体规定，新闻视频业务方面指出"依法享有互联网新闻发布资格的网站可以申请开办信息网络传播新闻类视听节目业务"。这依然是巩固了广电部门对于新闻视频业务的监管权力。2007 年底，《互联网视听节目服务管理规定》由广电总局联合信息产业部共同发布，其中对于新闻类的视听节目做出了更加详细的规定。要求从事广播电台、电视台形态服务和时政类视听新闻服务的，还应当持有广播电视播出机构许可证或互联网新闻信息服务许可证；对于从事主持、访谈、报道类视听服务的，还需要同时持有广播电视节目制作经营许可证和互联网新闻信息服务许可证；对于从事自办网络剧（片）类服务的，规定还应当持有广播电视节目制作经营许可证。同时，严禁个人上载时政类新闻，未持有《许可证》的单位不得为个人提供上载传播视听节目服务。2009 年 4 月广电总局发布的《关于加强互联网视听节目内容管理的通知》中细化了监管内容的具体形式，要求服务单位完善节目内容管理制度和应急处理机制，承担起审核把关的责任（第三条），并且强调网络视听业务的审批制度，从事相关业务需依法取得广播影视行政部门颁发的各类许可证（第四条）。

2. 微视频、网络剧相关监管规范

广电部门对于互联网内容监管逐步走向细化与深入，体现在对于不同类型的内容发布专门的规范性文件进行监管。同时，也反映出微视频、网络剧、境外剧成为近些年广电部门网络内容监管的重点。2012 年国家广播电影电视总局与国家互联网信息办公室联合发布《关于进一步加强网络剧、微电影等网络视听节目管理的通知》，《通知》主要涉及六方面的内容：第一，鼓励生产制作健康向上的网络剧、微

---

① 该文件第六条规定："从事信息网络传播视听节目业务，应取得《信息网络传播视听节目许可证》。《信息网络传播视听节目许可证》由广电总局按照信息网络传播视听节目的业务类别、接收终端、传输网络等项目分类核发。业务类别分为播放自办节目、转播节目和提供节目集成运营服务等。接收终端分为计算机、电视机、手机及其它各类电子设备。传输网络分为移动通信网、固定通信网、微波通信网、有线电视网、卫星或其他城域网、广域网、局域网等。"

电影等网络视听节目。第二，强化网络剧、微电影等网络视听节目播出机构准入管理。从事生产制作并在本网站播出网络剧、微电影等网络视听节目的互联网视听节目服务单位，应同时依法取得广播影视行政部门颁发的《广播电视节目制作经营许可证》和相应许可的《信息网络传播视听节目许可证》；如果仅是从事网络剧、微电影等网络视听节目播出的互联网视听节目服务单位，应依法取得广播影视行政部门颁发的《信息网络传播视听节目许可证》。第三，强化网络剧、微电影等网络视听节目内容审核。第四，强化网络剧、微电影等网络视听节目审核队伍建设。第五，强化网络剧、微电影等网络视听节目监管。[1] 第六，强化退出机制。该《通知》的重点是明确了如何对服务企业进行监管，服务商的责任以及服务商的工作内容。"建立和完善本单位网络剧、微电影等网络视听节目内容审核流程，严把网络剧、微电影等网络视听节目播出关，所有网络剧、微电影等网络视听节目一律先审后播"，明确主体要承担大众传媒的责任。[2] 2014年1月，《国家新闻出版广电总局关于进一步完善网络剧、微电影等网络视听节目管理的补充通知》发布。《补充通知》要求加强对网络剧、微电影的监管，个人上传视听内容，服务单位要核实其身份信息（第三条）。而且，对于服务商的监管也进一步明确，指出内容存在问题的可完善后播出。其中就提道："有些节目虽然存在问题，但重新编辑后可以播出的，要立即联系节目制作机构重新编辑，重编节目经相应行政部门审核通过并形成统一版本后，方可重新上线。"（第六条）同时，加强网络服务商的监管，重申要求生产制作网络剧、微电影应取得《广播电视节目制作经营许可证》，而且内容出现问题要按照《广播电视管理条例》《广播电视节目制作经营管理规定》（广电总局令第34号）予以处罚（第七条）。而且，对于互联网视听节目服务单位自审自播的网络剧、微电影等网络视听节目，应在上网播出前完成节目信息备案和备案号标注工作。未按要求备案或未标注备案号的节目不得上网播出（第五条）。可以看出，广电部门对于网络内容监管更严，对于网络剧市场而言更是一记"重拳"。

3. 网络境外剧相关的规范性文件

电影领域的监管是在三网融合的背景下，广电部门监管权力向互联网的延伸、过渡。2007年底广电总局发布的《关于加强互联网传播影视剧管理的通知》主要内容是明确了广电部门对于互联网上影视剧管理的主体身份和责任，做出对监管主

---

[1] 包括备案制度："互联网视听节目服务单位开设和自审的专业类视听节目栏目，应将审核通过的节目栏目名称、栏目内容概要等信息报本单位所在地省级广播影视行政部门备案。"

[2] 《通知》要求互联网视听节目服务单位，切实履行开办主体职责，承担大众传媒的社会责任，对播出的网络剧、微电影等网络视听节目负责。在节目播出前，应组织审核人员进行内容审核，审核通过后方可上网播出。"《广电总局新闻发言人就〈关于进一步加强网络剧、微电影等网络视听节目管理的通知〉答记者问》，见新华网，http://news.xinhuanet.com/local/2012-07/09/c_112394211.htm。

体权限的规定："加强互联网站管理，依法开展视听服务。各地广电局要加强领导、明确职责、落实任务，通过多种方式向本辖区内网站传达总局管理要求，要努力做到让网站法人代表和本地电信企业各级分公司负责人熟知、掌握相关管理规定和管理要求。"对影视剧播出的要求是："用于互联网传播的影视剧，必须符合广播电影电视管理的有关规定，依法取得国家广电总局颁发的《电影片公映许可证》、《电视剧发行许可证》或《电视动画片发行许可证》，同时获得著作权人的网络播映授权。"而2012年广电总局出台的《关于进一步加强和改进境外影视剧引进和播出管理的通知》主要从加强对境外影视剧引进立项和审批管理、加强引进剧播出管理等方面对境外剧的监管提出要求。虽然这一规定并非专门针对互联网上的影视剧，但其依然会对广电部门对于网上影视剧的监管思路产生重要影响。此后，《国家新闻出版广电总局关于进一步落实网上境外影视剧管理有关规定的通知》（新广电发〔2014〕204号文）的出台充分体现了广电部门对于网络影视剧监管的思路和方法。主要是提出了"30%引入比例"（单个网站年度引进播出境外影视剧的总量，不得超过该网站上一年度购买播出国产影视剧总量的30%）和"先审后播"两大规定，一经推出就引起了不小的争论。①"先审后播"制度最直接地体现了广电部门在三网融合中对于内容的监管延续原有监管模式的逻辑。"五、……专门用于信息网络传播的境外影视剧的网站，应当将本网站年度引进计划与上一年度年底前经省级新闻出版广电局初核后，向国家新闻出版广电总局申报（中央直属单位所属网站直接向总局申报），包括拟引进影视剧的名称、集数、产地、著作权人、内容概要等信息，以及该网站上一年度购买国产影视剧的相关证明。国家新闻出版广电总局于每年2月20日前，将各网站申报的符合总体规划要求的拟引进境外影视剧相关信息，在'网上境外影视剧引进信息统一登记平台'上发布。"这一"先审后播"的规定就使得境外剧几乎不可能同步网络直播。网上境外剧播放实行引进的许可制度，"网上播出的境外电影、电视剧，应依法取得新闻出版广电部门颁发的《电影片公映许可证》或《电视剧发行许可证》等批准文件，并取得著作权人授予的信息网络传播权……"不过，并没有直接照搬原有监管规定的一点是对于境外剧的审批。以前电视剧、电影的审核需要到国家广电总局，而该文件中对此降低了门槛。②此外，扩

---

① 参见《广电总局要求引进剧先审后播 同步看美剧成泡影》，见浙江在线。
② 国务院1997年颁布的《广播电视管理条例》中规定："用于广播电台、电视台播放的境外电影、电视剧，必须经国务院广播电视行政部门审查批准。"广电总局2004年出台的《境外电视节目引进、播出管理规定》再次明确要求，由省级广播电视行政部门负责本辖区内境外影视剧引进的初审，总局负责境外影视剧的审批。而新规第六条中，依照"网上境外影视剧引进信息统一登记平台"发布的相关信息，各网站按年度引进计划与著作权人签订引进协议，签约后，将引进专门用于信息网络传播的境外影视剧的样片、合同、版权证明、剧情概要等材料，报所在地省级新闻出版广电部门进行内容审核，审核通过的发给《电视剧发行许可证》（注明专用于信息网络传播）。

大了可以引进影视剧的主体范围。"依法取得国家新闻出版广电总局颁发的《信息网络传播视听节目许可证》,且许可项目含有'第二类互联网视听节目服务第五项:电影、电视剧、动画片类视听节目的汇集、播出业务'的网站,可以引进专门用于信息网络传播的境外影视剧。"

相较于 2007 年的《关于加强互联网传播影视剧管理的通知》,2014 年发布的《国家新闻出版广电总局关于进一步落实网上境外影视剧管理有关规定的通知》内容大幅度增加,表现出对于网络境外剧监管的重视,主要延续了 2012 年加强境外剧管理的思路。不过,直接嫁接原有制度,使得网络境外剧传播更严格了,导致部分境外剧无法同步的问题。但同时,其在一些方面也有所突破,从而使得规范能够适应技术及传播环境的变化。

二、广电部门网络监管的基本逻辑及问题

通过对广电部门网络规制规范性文件的研究,下面就可以对广电部门网络监管背后的逻辑做一点总结:

1. 从全面监管到突出重点,广电部门网络监管的问题更聚焦、更深入

此次对于境外剧监管中出现的"美剧下架",一些媒体就指出这是广电部门对于 2012 年《关于进一步加强网络剧、微电影等网络视听节目管理的通知》中网络微视频、网络剧监管政策的落实,该文件第三条提到,凡在广播影视行政部门备案公示,但未取得《电影片公映许可证》《电视剧发行许可证》的电影和电视剧等,不得在网上播出。对于微电影、境外剧的监管之前都是包含在广电网络视听内容监管的一系列文件之中。事实上,从广电部门互联网监管规范的发展中,不难看出其的确遵循着从"总"到"分"的脉络。针对视听节目的监管类似于"总论",该阶段主要是在 2012 年之前。如《互联网等信息网络传播视听节目管理办法》(第 15 号)、《互联网等信息网络传播视听节目管理办法》(第 39 号)、《互联网视听节目服务管理规定》及《广电总局关于加强互联网视听节目内容管理的通知》,这些文件将不同类型的视听节目服务都纳入一个文件中,根据网络视听监管内容分成四大类:新闻类;影视剧类;娱乐类,包括音乐、戏曲、体育、综艺等;专业类,包括科技、教育、医疗、财经、气象、军事、法制等。也有文件从网络服务组成部分的角度界定广电部门网络监管的范围,如广电总局按照信息网络传播视听节目的业务类别、接收终端、传输网络等项目进行管理,分类核发《信息网络传播视听节目许可证》。但是,2012 年之后监管的趋势是不断强化对微电影、境外剧的监管。广电

部门针对互联网的监管范围更聚焦、重点更加突出。微电影、网络剧的监管方面，是《关于进一步加强网络剧、微电影等网络视听节目管理的通知》《国家新闻出版广电总局关于进一步完善网络剧、微电影等网络视听节目管理的补充通知》的出台；影视剧监管方面则是《国家新闻出版广电总局关于进一步落实网上境外影视剧管理有关规定的通知》。其中，比较特殊的是《关于加强互联网传播影视剧管理的通知》，该文件于 2007 年就已经颁布。广电部门这一监管政策发展背后的主要动因是 2010 年以后国家三网融合对于媒介统一监管制度的要求。随着不同主体的加入，广电部门的网络监管需要进一步突出自身的特点与价值。直至今日，虽然在形式上网络内容是由不同部门共同管理，分工更加细化，但是，不同部门各自的权限范围还需要进一步加以明确。2007 年底的《互联网视听节目服务管理规定》是由广电总局联合信息产业部共同发布的。2012 年国家广播电影电视总局与国家互联网信息办公室（简称国家网信办、国信办）联合发布《关于进一步加强网络剧、微电影等网络视听节目管理的通知》。特别是 2011 年 5 月，国家网信办成立，其职能包括落实互联网信息传播方针政策和推动互联网信息传播法制建设，指导、协调、督促有关部门加强互联网信息内容管理等。2014 年 8 月又传来国家网信办重组扩权的消息，国务院 8 月 26 日发布国发〔2014〕33 号通知，称为促进互联网信息服务健康有序发展，保护公民、法人和其他组织的合法权益，维护国家安全和公共利益，国务院授权重新组建的国家互联网信息办公室负责全国互联网信息内容管理工作，并负责监督管理执法。国家网信办还同时加挂中央网络安全和信息化领导小组办公室的牌子，这就使其在网络信息内容的监管方面实质上是处在优势地位。在此背景下，广电部门的互联网监管既需要证明其存在的必要性，又要进一步将权力"聚焦"到自身的"长处"上。对此，就有媒体称，对于境外剧的监管仅是在证明其存在感，背后实质上是媒介融合背景下广电部门对于权力流失危机的忧虑。

2. 从权力监管的"松紧"趋势来看，以趋"紧"为主

近年来广电部门对网络视听内容的监管以及 2014 年广电部门的"限外令"引发了媒体上激烈的争论，有人认为这只是之前监管政策的落实，只具有象征意义，监管并未强化，不过，更多的观点却认为这是广电监管更加严厉的表现。[1] 媒介环境的变化导致原有的社会关系发生了变化，社会公众从过去对于电视媒体的收视进入了三网融合背景下媒体使用的多屏时代，而这也是生产力发展的结果。技术的变

---

① 体现监管宽松观点的，如《广电总局解释视频新规：网播剧审查比较宽松》；表达相反观点的，如《"限外令"细化两规定　部分美剧再难同步播出》《网络境外剧新通知，或将改变世界影视圈？》《总局颁"限外令"先审后播　四大规定影响剧迷（媒体解读境外影视剧）》。

革使人们对公众媒介的使用也在发生变化，他们对于媒体内容的选择也愈发多样化，新媒介提供了多种选择，满足了更多的需求。面对新"事物"，有人批评广电部门的"限外令"是一种"懒政"。境外剧由于多是季播，其生产机制是为了适应公众在媒介发达时代对于影视更高的需求，此时，监管政策如果一味地为了"审查"而对其发展加以限制，这就是以牺牲公民的文化传播权换取秩序的稳定，这本身就是值得探讨的。事实上，法律制度在生产关系变化时需要及时调整才能不被淘汰，而要解决这一问题需要在两种利益之间进行平衡，而不能按照权力思维随意地对社会权利进行限制。

3. 管理模式体现传承与创新结合特点

媒介融合这一新形势给媒介的监管也带来新的挑战。对于这一挑战，广电部门将原有的视听内容监管模式和经验"嫁接"到互联网空间中，这是监管法规中的一大"共性"，很多广电部门的法规直接适用于互联网空间的监管。《关于进一步加强网络剧、微电影等网络视听节目管理的通知》中提到，在网络从事生产制作并在本网站播出网络剧、微电影等网络视听节目的互联网视听节目服务单位，应同时依法取得广播影视行政部门颁发的《广播电视节目制作经营许可证》和相应许可的《信息网络传播视听节目许可证》，而且，在处罚时也要依照《广播电视管理条例》等过去电视节目的规范，因此对于网络视听内容，遵循的是互联网与电视规范的双重约束。《国家新闻出版广电总局关于进一步完善网络剧、微电影等网络视听节目管理的补充通知》指出，广播电视节目制作经营机构生产制作网络剧、微电影等网络视听节目，节目内容违反广播影视有关管理规定的，主管部门要按照《广播电视管理条例》《广播电视节目制作经营管理规定》予以处罚。对于影视剧、电视剧，原来是按照审批制，比如对于境外剧的引进数量等都有诸多限制，这些要求在广电部门对于互联网影视剧的监管中也逐步地体现出来。但是，监管规范也会根据形势变化进行一些调整，这一特点也非常鲜明。比如 2003 年 1 月 7 日国家广播电影电视总局令第 15 号《互联网等信息网络传播视听节目管理办法》第二条指出这一文件的适应范围："适用于在互联网等信息网络中开办各种视听节目栏目，播放（含点播）影视作品和视音频新闻，转播、直播广播电视节目及以视听节目形式转播、直播体育比赛、文艺演出等各类活动。"而且，还特别提道："广播电视播出机构在广播电视传输覆盖网中开办广播电视频道播放广播电视节目的，由《广播电视管理条例》规范，不适用本办法。"又如《国家新闻出版广电总局关于进一步落实网上境外影视剧管理有关规定的通知》（新广电发〔2014〕204 号文）扩大了引进影视剧的主体范围："依法取得国家新闻出版广电总局颁发的《信息网络传播视听节目许可证》，且许可项目含有'第二类互联网视听节目服务第五项：电影、电视剧、动画片类视听节目的汇集、播出业务'的网站，可以引进专门用于信息网络传播的境外影视剧。"再比如，对于网络视听内容监管的最新趋势是，与其他网络信息内容的监管相类似，采取利用社会力量监管视听内容的传播，主要是发挥网络服务商"审查"功能，再由广电部门备案。

三、广电部门网络内容监管的出路初探
——对于视听监管法律完善的思考

广电部门互联网视听监管涉及机构、保障制度、法律等诸多方面的问题。通过上面对监管从法律角度的探讨和分析，接下来试着就如何通过法律的完善来实现媒介融合对于制度要求的目标谈一些看法。

一方面，应当重视权力的合法性问题。媒介融合时代出现的新问题迫切需要法律来规范发展中的问题，但是，也不能够忽视"权力"合法性不足，甚至是权力的滥用问题。对于境外影视剧的监管导致影迷的权益受到损害，无法跟以前一样同步收看境外剧，对此就有人批评是管理部门"懒政"思维的表现。《互联网视听节目服务管理规定》中曾将民营企业排除在网络视听节目服务的资格范围之外，有人就指出这是逃避责任的做法。[①] 事实上，在媒体的监管领域长期存在着对于"被监管者"权利忽视的现象，而相关主体的缺席就很容易造成规范正当性不足的问题。"在现行法规范秩序的框架内，卫星电视事业的此种发展所本应保障的公民依据宪法而享有之'知情权'、广播电视播出机构之媒体自由以及在其他国家颇受重视的广播电视领域中意见的多元化等等价值却受到有意无意的轻视。"[②] 从国外网络内容监管立法倾向来看，一般来说，对于网络内容的监管要轻于对媒体内容的监管。虽然我国在网络内容监管中对一些方面有所放松，但整体趋势还是监管力度在不断加强。比如，《国家新闻出版广电总局关于进一步落实网上境外影视剧管理有关规定的通知》提到，引进的境外影视剧报所在地省级新闻出版广电部门进行内容审核，审核通过的发给《电视剧发行许可证》（注明专用于信息网络传播），这就是专门针对网络传播的规定。但在整体上，互联网视听内容的监管并不比媒体内容"宽松"。而在我们对于网络视听内容的监管呈现出权力不断强化的状况下，对于权力更需要

[①] 参见王斌：《广电出台视频新规是为了逃避监管责任？》，载《IT时代周刊》，2008（Z1）。
[②] 乔宇娟：《论电视娱乐节目内容的行政规制》，北京，中央民族大学硕士论文，2013。

从合法性、正当性、必要性等几个方面做好论证，满足设立权力的法定要件。因此，在新媒体环境中对于监管权力的延伸要充分说明权力的合法性，要特别注意保障公民的言论自由和传播权（比如设置权利的救济途径），这就要求广电部门在制定法规时将公众的利益纳入法规的制定过程中。

另一方面，规范的体系性、科学性、实效性问题。首先，要健全监管的基本原则。一是从三网融合宏观政策的高度对于监管机构之间的权限做出协调，由国务院统一协调规范的制定，做到既有统筹又有明确的分工。按照国务院《推进三网融合总体方案》要求，2012—2015年三网融合将在全国全面推广，"适应三网融合的体制机制基本建立，相关法律法规基本健全，职责清晰、协调顺畅、决策科学、管理高效的新型监管体系基本形成"。中宣部、信产部、国新办、文化部、广电总局、新闻出版总署等16个部委联合出台的《互联网站管理协调工作方案》详细规定了专项内容监管部门的分工。"按照16部委协调方案相关规定，广电部门对互联网的监管职能定位于专项内容主管部门和前置审批部门。其中，专项内容主管对应内容监管，前置审批强调安全监管。因此，广电部门在互联网监管模式中处于内容监管的重要地位，以安全监管为根本要求。这是广电部门对互联网视听节目实施监管时要坚持的指导原则。"[1] 因此，广电部门在三网融合的监管法律制度当中应当结合互联网视听节目的特征找准自身的定位，在"顶层设计"中就突出监管的重点。二是对于网络视听应当建立与媒体视听不同的监管规则。"在美国，融合监管机构为联邦通信委员会（FCC）。FCC内部设置了不同部门分别对广播电视和电信实行监管，制定不同的规则。例如，在内容监管方面，对广播电视业监管严格，但对电信业则没有如此苛刻的要求。新加坡通过《广播法》对监管机构的权限划分做出了清晰的界定，广电、电信分业管理，权限划分泾渭分明，避免了多重管理给产业发展带来的束缚。同时，广电、互联网分别对待，对传媒和信息传播实行严格的管理，但对互联网产业的基本原则轻手管制，在内容管理上强调行业自律。"[2] 三是在规范设置上，倡导性内容与约束性规范应当并重。虽然对于互联网视听内容的监管需要权力的介入，也有其必要，但是，目前的监管从总体来看，忽视了对于公民传播权利的保障和传播行为的鼓励。《广播电视管理条例》第三十四条"广播电视新闻应当真实、公正"就具有引导电视新闻发展的作用，而在网络视听监管的规范中，对于网络上的新闻、电视剧、电影视听应当如何发展，以及对这方面如何加以支持的具体

---

① 任军庆：《互联网视听节目监管模式研究》，载《声屏世界》，2007（8）。

② 张伟等：《三网融合下的视听新媒体监管体系研究》，载《现代电视技术》，2011（10）。

内容涉及得较少。

其次，法律规范中一些具体监管内容的缺失是网络视听监管的最大问题，要逐步细化和完善网络视听内容监管的标准。国家网络监管的基本原则是发展与治理并重，然而，实践中"一刀切"禁止的做法更容易管住问题，却不能促进产业的发展。比如，对于网络剧的制作监管政策设置了严格的准入门槛，需要经过政府许可，但规范的不完善却可能损害一部分人的利益，甚至阻碍整个产业的健康发展。《关于进一步加强网络剧、微电影等网络视听节目管理的通知》发布后，有人就指出："一大批活跃在网络自制剧和微电影平台上的草根创作者对新政的反应要远比视频商业机构激烈。尽管他们面前仍有两条出路：一是自行办理许可证照；二是挂靠在有资质的机构名下进行创作。但不管走哪条路，都将面临制作成本加大、人员短缺、周期拉长等困境。业务准入门槛的抬高的确令之忧心。"① 而且，对于"草根创作者"这样苛刻的限制就可能在执行中遇到困难。新媒体平台上的视听内容的特征是形式更多样，多终端传播、多主体参与以及产品的社会化传播，特别是在移动终端上的视听内容的制作与传播情况更是十分复杂，这都会给法律的执行增加难度。而要应对这一问题，就需要在规范制定中进一步地明确网络自制剧、微电影的判断标准，针对不同的主体推出相应的监管制度。还有，对于网络视听中的低俗内容也应当明确标准，以及提出未成年网络视听内容分级的法律规范，行业、网络媒体、公民自律的规范等网络内容监管相关规范都需要逐步加以完善。网络视听内容作为一种新的社会现象和社会关系，需要逐步探索适合视听节目等网络内容自身特点的监管规范。

再次还应当健全网络空间治理整体的法律体系。网络空间在整个社会中的地位与作用越来越突出，所以，在很多的法律制定中都将涉及网络内容的监管，而各类法律法规中网络监管相关的内容对于减少网络上的不良行为、净化网络空间都有着非常重要的作用，是整个网络治理规范中不可或缺的部分。另外，要注意通过传媒法律之外的规范体系的建设来推动网络监管规范的发展。

最后，还需要加强网络视听内容的影响以及相关监管法律实施效果的实证研究，为法律制定和完善提供更多经验资料的支撑。法律不只是逻辑的推理，它需要经验的数据提供参考，而实证的数据能够帮助减少"失效"规范的出台，同时，也可以增强法律的"合理性"。

---

① 常昕：《互联网影视产品的自制与"自治"》，载《声屏世界》，2012（9）。

案件舆论中的律师微博言论管理问题探析

——以网络热点案件为中心

2014年1月，李天一案中被告人王某的律师周翠丽在新浪微博上自曝受到公开谴责处分并贴出公开申辩书，同时将印有大红色的"北京市律师协会"抬头的"京律纪处（2014）第2号"处分决定书全部拍照贴在微博上。媒体称，北京律协已就该案中周翠丽等六名律师涉嫌违反律师执业规范的行为进行了调查处理。4月份，北京市律协复查后认定周律师"将庭审情况以微博、博客向媒体披露的方式公之于众，无异于向所有不能旁听的人员公布庭审情况，违反了不公开审理案件的诉讼制度。律师对在执业活动中知悉的委托人和其他人不愿泄露的情况和信息，应该予以保密。复查委员会认为妇科检查记录、病历等均属于当事人个人隐私，在没有征得同意的情况下，任何人不应对外披露"①。这就使得律师微博言论的边界及其管理问题又一次进入了人们的视野。随着互联网的快速发展，党和政府对于加强和完善网络信息管理，提高应对虚拟社会的管理水平，健全网上舆论引导机制也更加重视。本文将主要围绕网络舆论中的一类特殊主体——律师的微博言论如何管理这一中心问题探寻网络舆论的管理之道，从案件传播中律师微博的内容、影响、几个存有争议的问题及律师微博的意义等几个方面进行分析，在此基础上提出从主体角度管理网络舆论的对策。

一、律师微博的内容特征及影响

微博是律师进行案件信息传播的重要平台，那么，律师是如何利用微博进行案

---

① 参见《李某某一案部分律师被处分 一律师微博称"没做错"》，见人民网。

件传播的？即案件中律师微博都有哪些内容？为了回答此问题，笔者选择了国内律师微博受众数量较大的新浪微博平台，通过对几个典型个案中的微博内容进行分析以揭示律师微博中的一些特征。本文选取了药家鑫案、吴英宗案、北海案中几位律师的微博①，在这三个案例中，律师微博对于案件的传播都扮演了重要的角色，从而使得案件通过律师微博都产生了一定的社会影响：药家鑫案中受害方代理人张显的微博引起社会上的各种争议；吴英案中律师杨照东的微博以及大量公众人物的讨论推动案件的发展；北海案中的律师微博让案件走向前台进入公众视野，成为公众了解案情的窗口，而且，通过对司法机关的监督，微博推动了对于律师权益及被告人权利的维护。笔者在上述律师的微博搜索栏中各自输入相对应的代理案件的关键词之后，对搜索结果进行了文本分析。② 分析后发现，其主要涉及以下内容：

1. 提出有关事实（证据）或表达案件中的法律观点，从而对司法审判过程进行监督

律师的职责是为其当事人进行辩护，保障其合法权益。办案是律师工作的中心，而对于办案过程中涉及的事实、法律问题发表自己的意见也就成了其微博中最为重要的内容，案件过程中接触到的各类信息成为其微博内容的主要来源。张显在药家鑫案中的表现受到了很多媒体和公众的批评，不过，从其微博来看，其中大部分内容还是对于药案发生后对于司法机关侦查行为等程序问题（是否调查了重要的证人，药家鑫是不是自首）以及司法中事实、法律认定方面的监督。张显微博中关于案件事实方面的言论，如：

> 药家鑫案元芳体：判决书 http：//t. cn/hdC4xq 药家鑫说：23 日早上，他给父母说撞人后用刀捅人的事；其父母说：23 日上午，药家鑫给他们说在撞一男一女之前还撞了别人。专案组称 22 日将其抓获 http：//t. cn/zOHvSW1 药家鑫对犯罪事实供认不讳。判决书上其 23 日到公安机关自首。一些说法不一致，元芳，你怎么看？

对于该案法律问题的讨论，如：

---

① 这几个个案中律师微博的特征十分鲜明。药家鑫案中受害人一方的代理人张显的微博受到了广泛的批评，舆论讨论较多；吴英案曾被很多名人微博所评论，甚至其被改判也被人称作微博的胜利，故其律师杨照东的微博在其中起到了什么作用也值得关注；北海案开了中国律师集体维权的先河，其中不可小觑的是案件审理全部过程由数位律师进行全方位的完整、全面的直播，这在过去是十分罕见的。

② 张显微博中药家鑫案相关微博 465 条；杨照东微博中吴英案相关微博 65 条，另有其发表的有关吴英案的博客；北海律师团成员微博中以被害人黄焕海为关键词搜索的微博分别为：陈光武 28 条，王兴 7 条，伍雷 16 条，杨金柱 55 条。

理由如下四点：一、"犯罪手段特别残忍，情节特别恶劣，罪行极其严重"认为定性不当。原因是案发在车辆少和行人少的郊区路上；路灯暗，光线不如白天的好，药家鑫高度近视眼神不好；杀张妙身上的部位比较乱，药本人也不知道杀了多少刀，致命仅有一刀，是激情和瞬间作案；是由平时的抑郁和压力所致。……四、根据国家目前针对死刑的慎重态度，认为中院量刑过重。以上就是药家鑫上诉的主要理由，我们现在就好好地来驳斥他以上几点吧。欢迎大家热烈讨论。

从这个意义上说，张显的微博言论不应一概地加以指责，正如张显在微博当中对自己的一句评价，"事实上，张显反击的，远远不止于药家鑫的家庭背景，他的批判矛头，几乎对准了和药家鑫案相关的每个方面"，这一句话还是符合实际情况的。[①] 而且，药庆卫起诉张显侵权案的判决也能够说明其中仅有一些言论侵犯了药庆卫的名誉权。[②]

北海案被辩护律师称作"假案"，辩护的重点在于揭示公诉方证据中存在的问题，而律师发表的微博、博客紧密围绕庭审过程展开，如杨金柱对公安部的法医鉴定结论等证据进行质疑。微博的重点是表达对于法律的不同认识，指出司法机关在执行法律中存在的问题。此外，还有律师对于辩护权的伸张，对法庭进展的发布、程序介绍等。北海案中律师微博的内容类似于工作日志或办案过程的纪实，主要是是对案卷中事实问题的披露和对司法机关事实认定的意见。如王兴律师对证人、证言及案件相关证据的质疑：

重大疑点六：被害人黄焕海吃宵夜至凌晨2点钟左右离开，遇裴金德后要打裴金德，德逃跑。控方指控随后在3点10分左右黄焕海被殴打致死后抛尸入海，相隔1个小时左右。但补充尸检却显示胃及十二指肠内容物排空（表明距死前最后一餐4～6小时），控方称其可能呕吐，北海法医称腐败气体作用，均站不住脚。

律师微博对于重要事实的揭露与法院平铺直叙式的庭审直播是不同的，律师将

---

① 因此，也有人发表了支持张显的文章。全章律师：《互联网的声音再怎么强大也很微弱——支持张显教授的网络言论兼论互联网自由》，见 http：//blog. sina. com. cn/beyondlawyer。药庆卫与张显的侵权纠纷中法院的判决就很好地体现了这个观点。

② 法院最后认定了药家鑫案中张显的侵权行为成立，其中涉及侵权的内容为微博1条、博文2篇，判决其删除以上内容并在其微博、博客上连续30日分别刊登致歉声明向原告药庆卫赔礼道歉，消除影响，支付原告药庆卫精神损害抚慰金人民币1元、公证费5 960元。正因为这部分观点或者事实都是不真实的、缺乏事实基础，因此也受到了对方当事人的起诉并且得到了法律的惩罚。参见嘶哑老汉新浪博客：《药庆卫诉张显名誉权二审判决书》，见 http：//blog. sina. com. cn/s/blog_5eb878d401018ajl. html，访问时间 2013 - 06 - 02。

关键性问题展示出来以供世人讨论。以下是杨金柱微博：

> 杨金柱隔空喊话：北海公安如果让杀害黄焕海的真凶潜逃将难辞其咎！杨金柱和各位律师们最痛恨的是：案卷材料显示，北海公安和检察在 2011 年 6 月至 8 月补充侦查期间，已经接触到或者已经发现了另有真凶杀死黄焕海，但为了掩盖以前北海公安检察联手制造假案的错误，竟然没有深入追查！

通过对司法机关执法中存在的违法程序问题的揭露来争取被告人的合法权益：

> 我反对他，不是因为他坚持认为裴金德去年的翻供不影响自首的认定，不是因为他维护自己当事人的利益，而是他说去年的庭审不算数了，检察院变更起诉补充证据后把原来的推倒重来了。这就把该案的程序问题和原庭审揭露的刑讯逼供给遮过去了，势必损害我的当事人的利益，必须反对之。

不难看出，律师通过微博直播自己的所见所闻，很多是检、警方所不愿意说的，特别是对司法机关的程序问题进行监督，包括揭示出了警方刑讯逼供的事实、证据，这些在一般情况下是很难被公布出来的。

吴英案中律师杨照东的微博、博客中体现的内容主要是发布自己的辩护意见，还有对吴英情况的介绍。在微博、博客中他通过发布自己的辩护意见，对法院所认定的法律、事实的质疑、反驳等来展示自己所持主张的理由，其中最为典型的博文如《如此裁判，焉能服众？》。[1]

总之，此类律师微博大多数从现有的司法机关认定的事实、证据、法律出发，对其在证据收集、认定过程中存在的问题表达自己的意见，以此实现自己的辩护权，从而维护当事人的合法权益。

2. 对当事人的同情及情感支持，由此动员舆论关注案件

作为案件当事人利益的代言人，律师也会从情感上表达出对于自己当事人的理解和同情，这一点在药家鑫案中不应受到质疑，而且在吴英案等其他案例中也都是存在的。在《我说吴英》一文中，杨律师提到了自己对吴英的感受，"我的印象——诚信、单纯、豪爽、勤奋"，也写到"父母眼中——她还是个孩子"等对吴英的正面评价。[2] 另外，很多律师微博中都会提到其他媒体是如何关注此案的，而且律师一般也会主动接受媒体采访或者支持自己的被代理人通过媒体的报道来引发

---

① 参见杨照东新浪博客：《如此裁判，焉能服众？》，见 http://blog.sina.com.cn/s/blog_605472240100xlqx.html，访问时间 2013 - 06 - 02。

② 参见杨照东新浪博客：《我说吴英》，见 http://blog.sina.com.cn/s/blog_605472240100pyqf.html，访问时间 2013 - 06 - 02。

舆论对于案件的关注，借助舆论的力量推动司法重视民意。对于舆论、公众的引导，杨照东在微博中写道：

> 浙江卫视、凤凰卫视等各路媒体近期将陆续报道吴英案，人们在关注吴英案件的同时，更多关注的是中国民间融资的未来，关注的是中国司法的公正。

> 吴英的父亲吴永正明天到京，受邀参加周四的凤凰卫视"一虎一席谈"关于吴英案的节目录制，这个苦命的人在为他的女儿奔走呼号！

> "论吴英是非生死，谈民间金融环境"研讨会现场，与会者对吴英罪与非罪、彼罪此罪各持己见，但一致的认识是：吴英不该死。

由此可见，通过微博表达对于当事人的同情和支持，由微博发动舆论对于案件的关注从而期望影响公正的审判，是律师微博中的一项重要内容。律师通过微博影响舆论是其维护被代理人利益的需要，也是其职业精神的体现。律师微博引发社会舆论对案件本身的关注，可以监督司法机关依法行使权力，提升审判的透明度，从而可以推动审判程序和结果的公正化。

3. 对司法机关以外对方当事人、媒体及其他不同言论的反驳与指责

律师微博中的第三类内容虽然在所研究的案例中不占主流，但是，由于被告方与受害方之间存在着激烈的利益冲突，这种对立很有可能演变成微博上的隔空"对骂"，因此，这也成为律师微博中的一部分内容。张显微博中除了对于司法的质疑，对于其他各方发表的与自己不同的言论也都是处处反击，这也再一次说明了网络言论空间的复杂性与不完善。从他的微博来看，内容上并无太大问题，但是由于他的说话风格和情绪化的言论，容易造成对其他人的伤害，因此，也就会遭受他人的反抗。除了法院认定侵权的微博内容外，他微博中还有很多语言不够克制、对其他当事人可能会造成伤害的言论。

> 回复@兔宝宝T2012：8月14日《南方都市报》对药庆卫的采访 //@兔宝宝T2012：姜英爽：在世人眼前，你现在是以药家鑫的爸爸这个称呼而存在，你恨这个称呼吗？药庆卫：我很想写一本书，叫《杀人犯父亲的维权路》。

虽然这些话并未构成侵权，但是，对当事人感情上的刺激是不言而喻的。应当说，法律是不允许株连的，对于儿子的罪过其父亲不应当一同受到谴责，更不应当受到伤害，张显即便对于受害方持强烈的同情也不能牵连无辜。当然，语言的暴力往往是双向的，张显也收到了各种邮寄到他工作单位的信件，这给他也造成了很大

的压力。所以，对于语言所酿成的精神后果所有人都应当谨慎。此外，这些情绪的表达还激起了双方更多的仇恨，从而影响到当事人之间理性的判断和选择，这可能是更大的问题。这种言论冲突导致的仇恨升级使得原本让受害方达成某种谅解的希望付之东流。而且，对其他当事人的攻击引起的诉讼还会使发言者为此承担侵权的责任。张显名誉权纠纷的二审判决中提到了不少关于此案中侮辱、降低对方当事人社会评价的言语，这些教训都是应当认真反思的。

至此可以从主体关系的角度对律师微博的影响做几点总结：（1）当事人之间（针对另一方）如果以自己的调查取代司法机关的司法调查，或者从对司法机关的监督转向对于当事人的直接监督，而且，一旦观点是建立在不可靠或者毫无根据的事实之上，那么，就较易引发侵权的后果，张显关于药家鑫案的部分微博内容即为明证。（2）律师对司法机关进行监督，督促司法机关公正司法，如北海案，其意义是积极、正面的。微博的作用机理是网状的关系传播，由此可能引发社会公众的参与，吴英案中大量社会精英对案件发表了看法，律师以外的社会精英（公众）对于案件的关注给司法机关带来压力，从而可以促使法官遵从法律、良知谨慎裁判，减少枉法裁判。此外，还需要注意的是，一些律师通过微博来吸引公众眼球，披露一些与案件关联不大却能博得点击率的信息，而这类信息的发布极有可能对司法公正造成不利的影响。总之，律师通过微博传播案件信息已成为一种相当普遍的现象，律师微博中表达各种言论构成了网络舆论的一部分。

二、律师微博管理规范中的争议性问题

随着微博与司法审判过程的关系愈发紧密，在如何实现律师微博健康、有序发展的问题上还是存有一些争议的。律师微博的言论应当遵循何种限度？庭审中禁止律师发微博的道理何在？这些问题随着律师微博发展得越来越快，值得深入讨论。

1. 关于律师言论内容限制的分歧

网络技术日新月异，随着大数据、社会化媒体、无线化潮流的接踵而至，网络爆发出前所未有的优势，也使得媒体对于社会的影响发生了很大的变化。网络时代，社会化媒体将传播的权利重新交回到每个个体手中，人际传播这种最为原始、理想的传播形式逐步回归。技术进步推动个体权利的解放，当每一个个体重新获得对于信息的传播权利之后，原先围绕司法活动固有的权利关系就有可能发生改变。但是，司法机关对于媒体监督一直也没有找到很好的应对办法，而在社会化媒体环

境中，如何规范二者关系就显得愈发紧迫。① 而且，随着律师的传播行为对司法的影响越来越突出，很多人对应当如何界定律师言论范围的问题进行了思考。高一飞等认为律师媒体宣传的不利影响体现在：不利于维护当事人权益以及影响司法的公正和权威。② 而且，各地律协对于律师宣传的要求也各不相同。因此，高一飞等提出，设定律师言论的界限时应当遵循以下原则：（1）安全港原则，即规定了律师可以申明的三类内容——当事人身份信息和处境情况的信息；已经发生和将要发生的程序的信息；包含在已经公开的公共记录里的信息。（2）回应权规则，对于媒体已经出现的对其代理或者辩护的人存在明显片面或者不利的宣传，律师有权通过媒体进行回应或者解释。（3）真实性规则，律师不得对包括媒体在内的第三者提供伪造的事实和法律的声明。③ 还有律师提到，律师在媒体上发布信息时需要注意：（1）不能泄露秘密，包括国家秘密、司法机关的秘密、商业秘密、当事人的隐私等。（2）正面、准确、专业地向媒体介绍情况，比如案件进展的阶段，对当事人采取的刑事措施，指控的罪名，等等。（3）不能向媒体提供案卷材料。（4）不能对案件、司法机关、当事人等向媒体发表推测性的、没有事实和法律依据的意见。（5）不能利用媒体办案。④ 结合前面案例中律师微博内容的现实情况来看，在律师微博应当遵循的原则中安全港原则是值得商榷的。从当前中国司法的实际状况出发，如果直接借鉴美国的做法会有一定的超前，有可能无法很好地保护律师的媒体言论。律师微博中很多的内容是事实（证据）、法律认定方面的内容或者是对司法机关意见的反驳或辩论，这部分内容占据了相当的数量，显然其对于司法权威会有一定的影响，这类的很多内容不能够被安全港原则中提到的三类应当允许的内容所涵盖。但是，这些对司法机关工作漏洞进行监督的信息在当下从实现司法公正的意义上看又是十分重要的。缺乏了司法公正，司法权威就是毫无意义的，所以说，第二种方案中提到的对于律师言论的限制更妥当，更具操作性。其中第 5 条的"不能利用媒体办案"，如果将其限定在《律师法》第四十条第（七）款规定的律师不得"煽动、教唆当事人采取扰乱公共秩序、危害公共安全等非法手段解决争议"的范围之内也是有其合理性的，这一点应当成为限制律师言论的基本要求，这与对新闻记者的新闻报道要求也是一致的。当前很多的律师在微博中都会试图通过舆论来追求司法公正的实现，显然这不能算是"扰乱公共秩序、危害公共安全等非法手段"，与此标准也相

---

① 参见曾令健：《法院如何面对传媒：一个文本的分析》，载《前沿》，2010（15）。

②③ 参见高一飞、潘基俊：《论律师媒体宣传的规则》，载《政法学刊》，2010（4）。

④ 参见李贵方：《律师与媒体》，见中国新闻监督网，http://www.chinaxwjd.cn/html/xsyd/2013-02/825.html，访问时间 2013 - 06 - 05。

距甚远，所以，这样的规定对于律师微博言论能给予更好的保护。最后，对是否可以向公众提供案卷材料的问题，我们认为，一般情况下应当公开，以不公开为例外（包括涉及国家秘密、商业秘密、个人隐私的以及一些敏感性案件）。非涉及秘密的案件，起诉书、判决书、辩护意见等属于公开性文件，开庭后律师都可以通过微博发布出来。

2. 围绕律师庭审发微博现象的争论

除了案件微博内容方面的争议外，对微博发布时机是否应当限制，即对于庭审中律师是否可以现场发微博也产生了各种不同的意见。最突出地表现在围绕最高法院关于刑事诉讼法的司法解释中关于禁止律师庭上发微博的相关规定的争论。自2013 年 1 月 1 日起施行的《最高人民法院关于适用〈中华人民共和国刑事诉讼法〉的解释》第二百四十九条中提道："不得对庭审活动进行录音、录像、摄影，或者通过发送邮件、博客、微博客等方式传播庭审情况，但经人民法院许可的新闻记者除外"。显然，司法机关此次通过司法解释的形式禁止律师庭审时发微博表现出其对于社会化媒体这一新生事物的谨慎态度。

尽管现在已经在司法解释中做出了规定，但是，其合理性并未得到充分的说明。最高法研究室的相关人士在对为何要禁止律师使用微博等方式在庭审中传播案件信息进行解释时，这样认为："主要是考虑到，在实践中，如果是利用电脑、手机等'直播'庭审情况，往往试图引发舆论关注、炒作，制造'舆论压力'，这是不利于人民法院依法独立、公正审判；此外我们也认为你诉讼参与人到法庭来，应该专注庭审，如果你不专注庭审，发博客发邮件，有违职业道德，有损当事人的合法权益。"① 下面针对上述言论展开一些分析。其一，是否引发舆论压力，影响公正审判。律师发微博报道案件的目的的确是想引起更广泛的关注，这也是其试图改变与法庭中其他各方相比弱势地位的一种途径，但据此就是否能得出影响法院独立审判、司法公正的结论来呢？这可以说是在微博出现之前，媒体与司法关系中法院拒绝媒体监督常常依凭的尚方宝剑。在对媒体究竟是否存在"媒介审判"而影响了司法公正尚未做出具有说服力的认定结论之前，就借此假设来阻止媒体对于案件的报道与评论，引发了媒体与司法之间持久的争论。此外，热点案件中律师通过庭外发微博大量报道该案，同样达到了引发舆论关注的目的，但如果庭外允许，仅仅庭内禁止就一定能够减少媒体、社会对于案件的舆论压力吗？其二，律师发微博是否就

---

① 《新刑诉法司法解释出台　禁止通过微博直播庭审情况》，见 http://china.cnr.cn/ygxw/201212/t2012
1225_511638344.shtml。

造成一家之言从而误导公众。这一结论也难以成立。霍姆斯提出了"思想与观点的自由市场"的理论,"霍姆斯的潜台词是,所谓思想也是一种商品。任何一种商品的品质是否优良,是否适合大众需要,必须投诸市场,在一场优胜劣汰的自由竞争之后,才能辨其良莠。市场提供了一个检测各种商品生存能力的机制、程序和标准。思想的市场也是如此,各种观点自由进入市场,进行自由交流和自由竞争,一段时间之后会有高下优劣之分,具有内在说服力的观点赢得了较多的受众,反之则应者寥寥"①。在言论的市场中要担心的不是个别言论会出现偏颇,而是要让不同的声音有机会出现,因为并不存在先天代表真理的一方,真理是在各种观点的碰撞过程中逐步形成的。律师的声音即使是从自身利益出发的,只要法院也能够更加主动、积极地发布自身的观点,那么,即便律师的观点是偏颇的,也并无大碍。而且,法院如果能够积极应对舆论,反倒会得到社会公众的认可和理解。② 其实,无论是法官、律师还是记者,谁发布的案件信息更具有可信度,这个决定权并不掌握在他们手中,最终的裁判权在广大的社会公众手里。③ 最后,律师发微博是否就会降低法庭辩论的效果,甚至说是一种有违职业道德或者是降低其职业形象的行为呢?律师作为当事人利益的代表,应当积极保障当事人的权益,但积极与否关键不在于形式而在于实质,具体来说,就是要在心理上、态度上主动维护当事人的利益。再说,是否不利于维护当事人的权利,该判断权理应归于当事人自己,他可以选择是否需要更换律师。因此,在新的形势下依然遵循将庭审信息的传播权利仅仅授权给媒体的"老办法",就会出现新的问题。如果从主体的角度出发,在法官、检察官、律师、当事人、旁听人员、新闻媒体中间选择性地将发布庭审信息的权利给予某个特定主体,以此来应对微博对司法公正可能的不利影响,这种做法的效果难以预料。④

三、案件传播中律师发微博及其言论的意义

案件传播过程中越来越多的法院利用微博对部分案件进行直播,增加审判的透

---

① 侯健:《言论自由及其限度》,见共识网,http://www.21ccom.net/articles/sxwh/shsc/article_2012103170036.html,访问时间 2013 - 06 - 02。

② 参见伊莉:《"微力量"下的司法与公众关系》,载《人民法院报》,2012 - 02 - 10。

③ 参见沈念祖:《法院副院长们的压力》,载《经济观察报》,2012 - 05 - 19。

④ 有人认为微博直播庭审由新闻媒体进行具有法律上的正当性,其他主体都不合适。理由是,一方面,新闻媒体是专门从事宣传的主体,无论是在措辞还是在内容报道的全面性方面均具有较高水平,能够保障微博直播的正当性;另一方面,《法庭规则》明确规定录音、录像由新闻媒体进行。参见王永杰:《论微博直播庭审的利弊权衡》,载《南都学坛》,2013(4)。

明度；传统媒体为了不失去公众的信任也加强了与网络舆论场的互动。可以说，微博、博客对司法传播格局的改变具有很大的作为空间。在今天的这个时代，律师群体对于微博、媒体的看法还是相当自觉、积极的。有人认为，虽然律师不负有向公众发布信息的义务，但是，"也要从当事人及社会利益出发考虑问题，做一些对当事人无害对社会有益或者对当事人和社会均有益的事情，比如，澄清一些事实，反驳一些谣言，让公众知道正确的事实真相及程序进展、措施等"①。律师微博的价值在于其不同于司法机关的微博，弥补了前者在信息上的不足或者信息不对称。如对于刑讯逼供得到的证据，司法机关是不会自揭其短的；同样，对于司法机关调查所得的事实、证据，律师微博可以发现其中存在的问题，而且律师对于舆论、媒体的态度更宽容，更偏向于与媒体合作促进对司法的监督，并且动员各种资源以展现案件更多层面的丰富信息。而当前律师微博所起到的重要作用就是通过对于司法机关执行法律过程中出现的违法程序、滥用权力的监督，实现法律正义和司法公正的落实。由于微博等社会化媒体加大了对于案件的舆论压力，就有可能督促法官尽可能地追求正义，减少司法的不公。"大量的事实证明，转型时期，律师与媒体实现良性互动，在媒体搭建的舆论监督平台上发出专业的声音，是维护当事人合法权益的有效方式，同时，对促进司法公正也有所裨益。"② 总之，律师微博的意义是多方面的：不仅促使个案公正的实现，而且引发相应的体制或制度的改革，如孙志刚案中收容遣送制度的废除、躲猫猫案对监狱管理制度的完善等；当媒体中出现"有罪推定"，发表了对当事人的不利言论时，律师微博可以纠偏，使得言论更均衡；司法机关对于事实、程序公布不及时，信息出现缺失时，律师可以满足公众的知情权。在传统媒体时代，公众、媒体对于司法监督最大的问题是司法拒绝媒体监督，司法不公开导致监督缺乏必要的条件和基础。作为公众代表的媒体是发布信息，沟通司法场域内外信息不对称的唯一主体，但是，由于传统媒体数量有限，而且这些媒体对于司法本身的态度相对谨慎，或者政治上存在顾虑，所以，对于司法活动的监督或者形同虚设，或者也就是偶尔为之。而当理论上庭审参与中的每个人都有发布信息的权利时，特别是律师群体，他们与司法机关的利益并无太多的牵连，在信息发布中可以顾虑更少，此时，通过媒介形成的拟态空间，公众就能够在掌握信息的基础上真正实现对司法的监督。因此，可以说，社会化媒体时代的到来使得媒体的司

---

① 李贵方：《律师与媒体》，见中国新闻监督网，http：//www.chinaxwjd.cn/html/xsyd/2013-02/825.html，访问时间 2013－06－05；另可参见王思鲁：《以个案实现公正：律师与媒体良性互动》，见中国法律信息搜索网，http：//www.fsou.com/html/text/art/3356015/335601581_1.html，访问时间：2013－06－05。

② 王思鲁：《以个案实现公正：律师与媒体良性互动》，见中国法律信息搜索网，http：//www.fsou.com/html/text/art/3356015/335601581_1.html，访问时间：2013－06－05。

法监督进入了"深水区",对司法的监督将更加常态化,也会更加有效。社会化媒体时代对于司法的深远影响还表现在它会加速司法的公开、透明。在技术的"外压"之下,之前半遮半掩的司法活动现在就很可能走向透明(少数特殊案件除外)。如何适应在阳光下运送司法的正义,这是司法自身所必须思考的课题。媒介化社会中每一次案件走向前台之后,在各类媒体的围观当中使得公民的权利意识也逐步觉醒,对于司法机关履行职责、回应质疑的愿望和要求也更加强烈。在此背景之下,司法机关以及其他部门对于包括律师微博在内不同主体的网络内容的管理就需要有新的思路。

四、结论

随着社会化媒体的发展,对于案件舆论的管理,特别是对于律师发微博及其案件言论的管理,应当注意和思考以下三个方面的问题:

1. 对于律师的网络言论要坚持法治化管理的原则

构建良好的司法舆论环境,需要建立起针对律师微博言论的制度化保障机制,在法律上要对律师言论的边界做出明确规定,细化对于律师言论司法处置的详细标准。① 律师微博言论内容的法律监管可以借鉴"明显而即刻的危险"的原则来处理。1919年美国出现了有名的"抵制征兵第一案"之后,霍姆斯法官为最高法院首次确定了"明显和即刻的危险"的司法原则。他在解释判决的理由时指出:"在通常时期的许多场合,被告具有宪法权利去谈论在其传单中所谈论的全部内容。但每一项行为的特征,取决于它在被作出时的情形。……每一个案件中,问题都是,在这类环境中所使用的那些言论和具有这种本性的言论是否造成了一种明显和即刻的危险(clear and present danger),以致这些语言会产生国家立法机关有权禁止的那些实质性罪恶。它是一个准确性和程度的问题。"② 将这一原则运用到司法案件中,即该言论需要对正在审理案件的司法公正构成明显和即刻的危险,此时司法从危害司法公正的角度对于律师微博的言论再做出法律上的限制就是适当的。我国2004年3月30日颁布的《律师执业行为规范(试行)》第一百六十二条规定:"律师不得在公共场合或向传媒散布、提供与司法人员及仲裁人员的任职资格和品行有关的轻率

---

① 目前,我国法律对于律师的言论并没有严格的明文规定。高一飞提到,在下次律师法的修改中要有一条专门调整律师和媒体的关系,在律师职业道德规范中要有专章规定律师与媒体的关系。参见鞠靖、杨宝璐、陈乐意:《舆论战背后的律师言论边界 "你们的岗位在法庭!"》,载《南方周末》,2013-08-29。

② 吴飞:《关于"明显和即刻的危险"规则的评述》,载《新闻大学》,2002(1)。

言论。"第一百六十三条规定:"在诉讼或仲裁案件终审前,承办律师不得通过传媒或在公开场合发布任何可能被合理地认为损害司法公正的言论。"这两条规定从保障司法公正、司法权威的角度对于律师微博言论进行制约是很有必要的。不过,对于什么是损害司法公正的言论,这是需要加以明确的。出于公正审判的考虑,一些人认为在对证人、鉴定人等进行法庭询问之前,如果他们事先就接触到庭审中的信息,包括通过律师微博传播出来的庭审信息,就可能影响其将要提供"证词"的可信度,这就会对司法公正造成威胁。这是有一定道理的。不过,解决这一问题除了禁止律师庭审发微博,是否还可以选择其他方式?比如要求证人等需要单独接受法庭询问的人员可以签订不接触网络及相关设备的承诺书。此外,对于律师发微博可能侵害到的其他主体的权益也要用法律来做出明确的规定。律师微博发布庭审信息存在侵犯诉讼参与人隐私权的可能,他们的个人信息是应当受到保护的,否则会影响到证人等诉讼参与人出庭的积极性。而且,出于对特殊群体利益和信息安全的保护,涉及国家机密、个人隐私、未成年人犯罪的案件审理都不能公开,而这也就是律师微博所应当恪守的言论边界。因此,当前对于网络言论的监管,主张从主体角度将案件言论权仅仅赋予某一个或者几个群体,这违背了宪法的平等原则,并不符合法治化的要求。司法与媒体之间一直在"磨合"的过程中寻找彼此的边界,对律师微博一开始就视其为"洪水猛兽",可能并不一定能够真正实现保障司法公正的目的。这就特别需要强调法治化的原则和精神,即在尚未有法律规定时,网络言论后果再严重,也不能够对其通过司法途径来处理;同时,也要加强法制建设,提前为管理网络言论创造立法条件。

2. 以系统性的思路来看待律师微博言论的管理问题

加强律师行业的自律,从道德规范的角度引导律师微博的健康发展非常重要,因此,需要进一步完善律师执业的规范条例以约束律师微博中的涉案言论。如今律师微博在案件中的角色越来越引起人们的注意,而律师微博健康、持续的发展也需要律师群体自觉约束不当言论,不断提升自己的言论质量。遗憾的是,在药家鑫案中律师微博并未对一些有价值的话题进行讨论或者进行深入的对话,比如免死中的"本土资源"(各项理由如大学生、独生子等)等,而只是将讨论的焦点引导到了药家鑫是否值得同情等表面性的问题之上,这也直接引起了对此问题公众情绪化的对抗。此外,在案件传播中,单纯地通过微博博取眼球,将微博作为律师追名图利的工具等,这些行为都需要在道德上加以引导。而且,对于网络言论的管理需要一种整体性的构思,采取多种途径综合治理,才能提升包括律师微博在内的网络言论的质量。比如可以采取技术的手段,包括施行实名制,提高用户的认证门槛,公布处罚体系（如封账号），还可以对相关言论启动屏蔽措施等来加强管理。总之，要建立多元丰富、梯度化的治理和惩罚措施从而适应网络言论环境的复杂性。

3. 在律师微博言论管理的过程中司法机关要积极主动，做到善用新媒体

新媒体时代，司法机关应当积极、主动，争取在舆论场中表达自己的声音和立场，从惧怕舆论限制媒体转向公开透明、阳光司法。首先，司法机关应加强新闻发言人制度的建设，通过司法信息公开降低干扰司法相关信息出现的概率。其次，特别是要重视舆论的引导，将"善用善管媒体"作为解决律师微博所引发问题的治本之策。"善用善管媒体"是我们党长期以来在媒体执政过程中以及面对媒体发展问题形成的重要认识和经验。① 司法机关在处理案件舆论时，对于网络言论也应当先考虑如何"善用媒体"，以加强自身网络舆论引导力为主，将"善管媒体"仅仅作为补充，由此才能够在管理包括律师微博在内的其他主体的案件言论中真正取得实效。最后，在案件舆论的引导中，要重视发挥意见领袖的作用。网络舆论中，各类意见领袖包括媒体、专家以及网民具有很大的影响力，因此，对律师微博言论的管理应当积极发挥其他主体的作用。而前面的研究也已经表明，律师微博对于司法案件舆论的良性发展能够产生积极的引导效果，司法机关应重视并设法让这一类群体在司法舆论中发挥其应有价值。

---

① 2010 年在全国宣传部长会议上，时任中共中央政治局常委李长春强调，要适应时代发展要求，努力提高与媒体打交道的能力，切实做到善待媒体、善用媒体、善管媒体。参见武少民：《从李长春的"善待、善用、善管媒体"说开去》，见人民网，2010 - 01 - 09。周强在任湖南省委书记期间就曾提出提高各级领导干部同网络媒体打交道、运用和应对网络媒体的能力，推进网络问政，做到善用善管媒体。参见《周强提出"善用善管媒体"有何深意》，见 http://news.cntv.cn/20120226/116420.shtml。

知识产权保护：快播 2.6 亿元天价罚单

深圳市快播科技有限公司成立于 2007 年，其研发的"快播播放器"（又称 QVODPlayer 或 Q 播）以直接搜索视频、点击后快速播放而著称。但是"盗版"与"涉黄"始终是快播难以回避的问题。部分涉及不良信息的网站，甚至要求用户必须下载内含快播播放器的安装包才能浏览。而如此行为，除了内容可能"涉黄"之外，还可能被植入病毒，从而威胁网民的个人信息安全。快播负责人承认："虽然我们曾自认为是技术的创新者和颠覆者，但低俗内容和版权问题一直是我们背负的原罪。"

根据我国《著作权法》第四十八条规定，有下列侵权行为的，应当根据情况，承担停止侵害、消除影响、赔礼道歉、赔偿损失等民事责任；同时损害公共利益的，可以由著作权行政管理部门责令停止侵权行为，没收违法所得，没收、销毁侵权复制品，并可处以罚款；情节严重的，著作权行政管理部门还可以没收主要用于制作侵权复制品的材料、工具、设备等；构成犯罪的，依法追究刑事责任：

（一）未经著作权人许可，复制、发行、表演、放映、广播、汇编、通过信息网络向公众传播其作品的，本法另有规定的除外；

（二）出版他人享有专有出版权的图书的；

（三）未经表演者许可，复制、发行录有其表演的录音录像制品，或者通过信息网络向公众传播其表演的，本法另有规定的除外；

（四）未经录音录像制作者许可，复制、发行、通过信息网络向公众传播其制作的录音录像制品的，本法另有规定的除外；

（五）未经许可，播放或者复制广播、电视的，本法另有规定的除外；

（六）未经著作权人或者与著作权有关的权利人许可，故意避开或者破坏权利人为其作品、录音录像制品等采取的保护著作权或者与著作权有关的权利的技术措施的，法律、行政法规另有规定的除外；

（七）未经著作权人或者与著作权有关的权利人许可，故意删除或者改变作品、录音录像制品等的权利管理电子信息的，法律、行政法规另有规定的除外；

（八）制作、出售假冒他人署名的作品的。

《著作权法》第五十九条规定，计算机软件、信息网络传播权的保护办法由国务院另行规定。

另据《中华人民共和国著作权法实施条例》第三十六条规定，有著作权法第四十八条所列侵权行为，同时损害社会公共利益，非法经营额 5 万元以上的，著作权行政管理部门可处非法经营额 1 倍以上 5 倍以下的罚款；没有非法经营额或者非法经营额 5 万元以下的，著作权行政管理部门根据情节轻重，可处 25 万元以下的罚款。

一、快播侵权案件的来龙去脉

中国知识产权保护环境正在发生改变，视频网站的经营模式也在积极转变。一些网站已经走上购买版权与自制产品的正规化道路。同时，这些视频网站也希望通过彼此间的合作维护自己的合法权益，"中国网络视频反盗版联盟"① 就是在这个背景下成立的。该联盟的第一次行动于 2009 年由搜狐视频联合激动网、优朋普乐发起，打击目标为优酷网与迅雷，称其在 PC 端存在严重盗版行为，同时索赔亿元金额。第二次则是自 2012 年起，腾讯视频、搜狐视频、乐视网、优酷土豆等多家反盗版联盟成员先后举报快播、百度影音与百度视频。

2013 年 12 月 27 日，国家版权局就快播侵犯乐视网信息网络传播权一事做出行政处罚，同时做出责令整改通知，要求快播及时删除涉嫌侵犯乐视、优酷、腾讯等著作权人合法权益的侵权作品和链接，并于 2014 年 2 月 15 日前完成整改。腾讯于 2014 年 1 月 2 日、1 月 26 日、2 月 17 日三次通过公函的形式向快播发出停止侵权的诉求。

尽管如此，快播并未停止侵权。2014 年 3 月 17 日，腾讯又向深圳市市场监督管理局进行投诉，快播公司未经许可，通过快播移动端向公众传播《北京爱情故

---

① 中国网络视频反盗版联盟是一个由视频版权权利人、网络视频企业以及相关利益方组成的，在政府版权部门指导下，实施自我管理和联合维权活动的跨行业社会组织。

事》《辣妈正传》等 24 部视频作品。而腾讯拥有这 24 部作品的独占性信息网络传播权，其采购价格高达 4.3 亿元。此案先后被列为"国家版权局 2013 年度打击侵权盗版十大案件"和"2013 年度广东知识产权审判十大案例"，这意味着行政、司法部门对于快播的侵权行为已经达成共识。

2014 年 3 月 18 日，深圳市市场监督管理局稽查大队正式对快播侵权事件立案调查。

4 月 17 日，快播宣布将关闭 QVOD 服务器，停止基于快播技术的视频点播和下载，清理低俗内容与涉盗版内容；同时进行商业模式的转型。其在官网上发布公告："自 2014 年 3 月以来，快播已启动商业模式全面转型，从技术转型原创正版内容。我们愿意积极配合相关主管单位的行政处罚，主动进行整体业务的整改，最终推动快播业务的成功转型。"但是视频类网站间的竞争相当激烈，对于快播来说压力很大，100 多万元一集的正版影视剧并非普通视频网站所能承受。据称，一季《中国好声音》的版权卖到 2.3 亿元，而《我是歌手》的版权逼近亿元大关。乐视、PPTV、爱奇艺、优酷土豆以及搜狐视频、腾讯视频等多个视频网站已经圈走了大量用户。"洗白"的快播要"抢用户"，并非易事。

4 月 22 日，近 80 名警察进入位于深圳南山区科技园的快播公司，将快播服务器暂时封存，并对员工进行询问和盘查，部分员工被要求录口供。当日深圳公安局称，"根据群众举报，深圳快播科技有限公司涉嫌传播淫秽信息"。

5 月 15 日，快播被吊销增值电信业务经营许可证，其网站被关。全国"扫黄打非"办公室在通报中表示，快播存在传播淫秽色情内容信息行为且情节严重，据相关规定，广东省通信管理局对其处以吊销增值电信业务经营许可证行政处罚。

5 月 20 日，深圳市市场监督管理局来到快播深圳总部，送达对快播的《行政处罚听证告知书》，拟对快播处以 2.6 亿元罚款。由于快播中高层管理人员都不在公司，告知书实施留置送达。[①] 在告知书下发 3 天后，快播方面提出听证要求。

6 月 17 日，关于快播公司的处罚听证会在深圳市市场监督管理局举行，现场除听证组、案件调查人员和快播外，还邀请了被侵权方腾讯、乐视和优酷等。由于该案涉及涉案影视作品权利人腾讯的采购和转售协议，属于商业秘密，因此依《深圳市行政听证办法》不予公开听证。

有关人士在听证会后获悉，与会各方意见并不一致，而且分歧较大。另据一位不愿公开姓名的听证组工作人员透露，听证会现场争辩很激烈。

---

① 参见《快播最终罚单仍为 2.6 亿元》，载《北京青年报》，2014-06-27。

据腾讯的代理律师介绍，腾讯认为快播侵权主要有三点，一是提供大量链接，二是提供深度链接，三是提供内容和编辑。在他看来，被侵权方提供的证据充足、有力、事实清楚，快播公司根本无法反驳。据悉，在腾讯方的听证桌上堆着两摞约20厘米厚的"材料"。

面对被侵权方的证据以及政府方面提出的2.6亿元罚款，快播代理律师坚持认为快播没有侵权，不应被开出巨额罚款。针对腾讯方面提出的证据，他表示，快播不是内容提供者，它只提供链接，这不能说明侵权。

据了解，快播代理律师的这一说法，即网络服务提供商诸如百度等只提供链接的公司最常用的"避风港原则"[①]。但早在2014年4月，深圳南山法院在审理乐视诉快播的侵权案时，就在"红旗原则"[②]下认定"快播所主办的网站虽未直接实施侵权行为，但其针对性跳转至涉案搜索网站的行为，为涉案网站实施侵权行为提供了便利及帮助"，因此判定快播侵权事实成立。

对于快播认为适用的"避风港原则"，深圳市市场监督管理局表示，快播具有侵权的主观故意，并实施了侵犯他人信息网络传播权的行为。快播通过网络从多个明显不可能获得授权的专门提供侵权盗版作品的网站主动采集播放地址并设链，经过归类、排序和推荐等编辑整理，收录进快播移动端内设的云帆搜索网站供用户使用。这些事实表明，快播具有明显的主观故意。[③]另外，腾讯公司曾于2014年1月2日、1月26日、2月17日三次致函快播，申明权利并要求停止侵权，但直到深圳市市场监管局立案查处时，快播仍在继续对侵权作品进行设链、编辑。显然，快播的行为不应适用"避风港原则"。

而对于2.6亿元的处罚金额，快播方面认为，首先之前国家版权局已经罚了25万元，此次再罚则有"一事两罚"的嫌疑，其次在无法确定非法经营额的前提下，不能罚这么多，只能罚几十万元，更何况快播并没有从中获利。

6月26日，深圳市市场监督管理局执法人员向快播公司送达《行政处罚决定书》，正式对快播开出了2.6亿元的"天价罚单"。深圳市市场监督管理局该决定书显示，快播公司未经权利人许可，通过其经营的快播播放器软件向公众传播《北京

---

① 避风港原则是指在发生著作权侵权案件时，当网络服务提供商只提供空间服务，并不制作网页内容，若其被告知侵权，则有删除的义务，否则就被视为侵权。如果既不在其服务器上存储侵权内容，又没有被告知哪些内容应该删除，则网络服务提供商不承担侵权责任。后来避风港原则也被应用在搜索引擎、网络存储、在线图书馆等方面。

② 红旗原则是避风港原则的例外适用，被普遍用于限制避风港原则滥用。其是指如果侵犯信息网络传播权的事实是显而易见的，就像是红旗一样飘扬，网络服务商就不能装作看不见，或以不知道侵权的理由来推脱责任，在这样的情况下，不移除链接的话，就算权利人没有发出过通知，也应该认定这个设链者知道第三方是侵权的。

③ 参见《不服被罚2.6亿！快播把深圳市监局告上了法庭》，见腾讯网。

爱情故事》等 24 部影视剧作品。而根据有关法律规定，快播公司应在 15 日内缴纳罚款，逾期不缴纳的，每日将按罚款数额的 3% 加处罚款，也即 780 万元。签收该行政处罚后，快播曾提起行政复议，但被广东省版权局驳回。① 快播一纸诉状诉至法庭，要求撤销此笔"史上最贵网络版权侵权行政罚款"。

12 月 30 日，该案在深圳中级人民法院开庭审理，庭审持续两天。同样因涉及商业秘密，该案并未公开审理。②

二、2.6 亿天价罚单的法律依据

由于快播同时在"盗版""淫秽信息"两个不同范围涉嫌违法，那么深圳市市场监督管理局对快播罚款的法律依据究竟是什么呢？

传播淫秽信息所进行的行政处罚是由《治安管理处罚法》规定的。《治安管理处罚法》第六十八条规定："制作、运输、复制、出售、出租淫秽的书刊、图片、影片、音像制品等淫秽物品或者利用计算机信息网络、电话以及其他通讯工具传播淫秽信息的，处十日以上十五日以下拘留，可以并处三千元以下罚款；情节较轻的，处五日以下拘留或者五百元以下罚款。"因此，我国针对传播淫秽信息的行为，罚款的上限为三千元，不会产生上亿元的巨额罚单。而且，执行《治安管理处罚法》的一般为公安机关，并非市场监督管理局等其他机关。

而根据我国《著作权行政处罚实施办法》第三十条规定："著作权行政管理部门作出罚款决定时，罚款数额应当依照《中华人民共和国著作权法实施条例》第三十六条、《计算机软件保护条例》第二十四条的规定和《信息网络传播权保护条例》第十八条、第十九条的规定确定。"由于本案并不涉及计算机软件本身的版权问题，则应该根据《中华人民共和国著作权法实施条例》第三十六条和《信息网络传播权保护条例》第十八条、第十九条的规定来计算罚款数额。

《中华人民共和国著作权法实施条例》第三十六条和《信息网络传播权保护条例》第十八条、第十九条在 2013 年进行了修改，修改后的《中华人民共和国著作权法实施条例》第三十六条和《信息网络传播权保护条例》第十八条、第十九条将罚款数额的计算方法统一规定为非法经营额 5 万元以上的，可处非法经营额 1 倍以上 5 倍以下的罚款。因此，快播公司所面临的巨额罚单应该是根据其非法经营额的

---

① 参见《快播涉嫌传播淫秽物品牟利案被移送审查起诉》，见腾讯网。
② 参见《快播：起诉深圳市场监管局　要求撤销 2.6 亿元罚单》，载《羊城晚报》，2014 - 12 - 31。

1～5 倍计算出来的。[①]

既然在法律条文中存在相应条款，那 2.6 亿元的具体数额又是如何计算出来的呢？据了解，快播公司并非上市公司，外界很难得知其经营状况。然而深圳市市场监督管理局却给出了快播非法经营额 8 671.6 万元的数字。对此，该局法务处处长表示，这笔金额是在摸清快播实施侵犯他人信息网络传播权行为的违法事实后，就其所侵犯版权的市场价格，计算平均值而得。在市场监督管理局确认了这笔近 9 000 万元的非法经营额之后，该局依据《著作权法》及其实施条例，拟对快播处以非法经营额 3 倍罚款，即 2.6 亿元。而处 3 倍罚款的原因，据该局介绍，一是考虑快播侵权情况，二是由于其被国家版权局处罚后"拒不改正"，影响恶劣。

值得注意的是，非法经营额 5 万元以上的，可处非法经营额 1 倍以上 5 倍以下的罚款的条款是在 2013 年修订《著作权法实施条例》时新增的，所以这笔罚款所包含的时间跨度很重要，因为"法不溯及既往"。但该局法务处处长并未直接回答上述罚金时间跨度的问题，他表示，这一点将在处罚决定中体现。[②] 而就"一事两罚"这一质疑，他认为，处罚的是同一性质但不同的侵权行为，并不属于"一事两罚"。他同时表示，之所以罚这么多，就是希望能警示潜在或已有侵权行为的侵权者，侵权的成本很高。

另外，《著作权行政处罚实施办法》第三十三条规定："著作权行政管理部门作出较大数额罚款决定或者法律、行政法规规定应当听证的其他行政处罚决定前，应当告知当事人有要求举行听证的权利。前款所称'较大数额罚款'，是指对个人处以两万元以上、对单位处以十万元以上的罚款。地方性法规、规章对听证要求另有规定的，依照地方性法规、规章办理。"由此可见，对单位处以十万元以上的罚款，就应当告知当事人有要求举行听证的权利。

三、快播侵权案相关事件

1. 快播涉嫌传播淫秽物品牟利案在京立案

2014 年 4 月，执法部门接到群众举报及相关部门移交的深圳市快播科技有限公司涉嫌传播淫秽物品牟利犯罪线索后，公安部高度重视，实行挂牌督办。北京市公安机关先后抓获 10 余名涉案人员。案发后，该公司法人代表兼总经理王欣潜逃至

---

① 参见赵虎：《解读快播公司巨额罚款单》，见正义网。
② 参见《快播听证会坚称"无罪" 官方详解 2.6 亿罚单依据》，见《每日经济新闻》，2014 - 06 - 18。

境外，后于 8 月 8 日在韩国被抓获并被押解回国。随后该案由北京市公安局海淀分局依法移送检察机关审查起诉。

2015 年 2 月 6 日，海淀检察院以涉嫌传播淫秽物品牟利罪，对快播公司及王欣、吴铭等人提起公诉。①

2 月 10 日，北京市海淀区人民法院公布，对被告单位深圳市快播科技有限公司及其主管人员被告人王欣、吴铭、张克东、牛文举涉嫌传播淫秽物品牟利一案已立案审查完毕，决定依法受理。

北京市海淀区人民检察院指控，被告单位快播公司自 2007 年 12 月成立以来，基于流媒体播放技术，通过向国际互联网发布免费的 QVOD 媒体服务器安装程序（简称 QSI）和快播播放器软件的方式，为网络用户提供网络视频服务。其间，被告单位快播公司及其直接负责的主管人员，以牟利为目的，在明知上述 QVOD 媒体服务器安装程序及快播播放器被网络用户用于发布、搜索、下载、播放淫秽视频的情况下，仍予以放任，导致大量淫秽视频在国际互联网上传播。

海淀区人民检察院认为，被告单位快播公司及其直接负责的四名主管人员的行为均触犯了《中华人民共和国刑法》第三百六十三条第一款、第三百六十六条、第三十条、第三十一条之规定，应当以传播淫秽物品牟利罪追究上述被告单位及被告人的刑事责任。②

《中华人民共和国刑法》第三十条与第三十一条规定："公司、企业、事业单位、机关、团体实施的危害社会的行为，法律规定为单位犯罪的，应当负刑事责任。""单位犯罪的，对单位判处罚金，并对其直接负责的主管人员和其他直接责任人员判处刑罚。本法分则和其他法律另有规定的，依照规定。"

《中华人民共和国刑法》第三百六十三条第一款与第三百六十六条规定："以牟利为目的，制作、复制、出版、贩卖、传播淫秽物品的，处三年以下有期徒刑、拘役或者管制，并处罚金；情节严重的，处三年以上十年以下有期徒刑，并处罚金；情节特别严重的，处十年以上有期徒刑或者无期徒刑，并处罚金或者没收财产。""单位犯本节第三百六十三条、第三百六十四条、第三百六十五条规定之罪的，对单位判处罚金，并对其直接负责的主管人员和其他直接责任人员，依照各该条的规定处罚。"

2. 快播员工由于案件未定性，长期无法拿到遣散费

2014 年 4 月，执法部门接到快播涉嫌传播淫秽物品牟利线索，实行挂牌督办，

---

① 参见《"快播"涉淫秽　四主管将受审》，载《北京晨报》，2014-02-11。
② 参见《快播科技有限公司涉嫌传播淫秽物品牟利案在京立案》，见人民网。

在公安局海淀分局下成立专案组立案侦查，当即亦冻结快播资金账户。

快播员工于2014年6月完全遣散，根据规定，遣散费按照基本工资N+1进行赔偿，这笔款项虽已经于9月3日通过深圳兰昌法院仲裁强制执行了，却依然被搁置。快播的办公室也因未交房租，被物业方强制收回，但法律意义上的快播依然存在。快播遣散员工代表称，北京市公安局海淀分局告知，快播案件未定性，账户依然由公安局冻结。但是否能为员工解冻部分资金，则需要目前案件受理方检察院的核实讨论，并制定方案再反过来通知公安局。"公安局跟我们一样只能等检察院通知。我们无法了解到具体哪个检察院受理此案，无法得知方案是否制定的事情。"

代理快播劳工遣散费争议的律师介绍，此次涉及员工300多人，涉及金额1 300多万元。而实际上，快播被冻结的账户资金远超这个金额，是有财产可供执行的。但另一方面，深圳市市场监督管理局2014年5月为快播开出的2.6亿元行政罚款还没执行，延期至2014年12月25日。倘若公司破产清算先偿付罚款，员工补偿追讨则更加艰难。

9月25日，快播创始人被抓捕，"快播传播淫秽物品牟利案"宣告侦结，移交检察机关审查起诉。

10月29日，快播银行账户半年冻结期已到期，北京市公安局海淀分局到深圳办理续冻手续，但依然无法先行为员工赔偿解冻部分资金。代理遣散费争议的律师表示，快播遣散费纠纷不同于其他民事仲裁案件，虽然《劳动法》原则上要求半年内对赔偿裁定结果强制执行，但此次主要是涉及刑事案件，涉及部门又多，所以法院也无法保证执行期限。

在这个由快播侵权与传播淫秽信息所引起的民事仲裁案件中，涉及了我国对于涉案金额先刑后民原则是否合理的思考。

相关业内人士表示，先刑后民没有具体的法律依据，但实际上是法律工作人员的默认原则。并且从公安局、检察院的做法来看，原则是没错的。但刑事案件审理周期长于民事诉讼。一个案件从嫌疑人刑拘到审判需要半年时间。具体到快播的案件，案件定性最晚到2015年3月。而这次劳动者经济补偿并不依附于刑事案件结果，法院应该保证对劳动者优先受偿原则。①

与此同时，网络上对于企业进行非法经营的快播员工是否有权讨薪提出了质疑："快播员工当初不知自己的公司是做黄色视频网站的吗？若是一家提供色情服务的洗浴中心被查封，那里的员工敢如此出来讨薪吗？"

---

① 参见《快播倒了员工惨了：案子未定性无法拿到赔偿》，见《南方都市报》，2014-10-31。

对此，该领域专家学者认为，不管其所在的单位是否存在违法业务，讨薪是员工的天然权利，员工的正当权益应当得到支持。而且，按照《中华人民共和国企业破产法》第一百一十三条的相关规定，一旦快播进入破产清算，员工合法工资还应在行政罚款之前得到优先偿付。另外，根据《中华人民共和国劳动合同法》第四十四条与第四十六条的规定，用人单位被吊销营业执照、责令关闭、撤销或者用人单位决定提前解散的，用人单位应当向劳动者支付经济补偿。①

四、快播侵权案件对于我国版权保护的意义

快播科技一直游走于灰色地带。由于其本身不做内容，不存储内容，只提供传输工具，为中小站长提供技术平台，帮助他们发布视频资源，获得用户，因此得以长期逃避监管。用户在快播上观看内容只需三步，即搜索电影、点开网站、快速播放。很长一段时间以来，快播活得很滋润——不仅拥有大批忠实的用户，甚至获得了大笔的融资和惊人的利润。相关数据显示，国内仅仅依靠快播做盗版影视内容的网站就多达万家，其中年收入超过千万元的网站就接近10家。这仅仅是盗版电影网站的情况，而发展更为隐蔽、吸金能力更强的色情网站，则根本无从统计。有资深站长猜测，每年这部分业务的市场整体规模，应该是普通盗版视频业务的2倍以上。

互联网发展日新月异，往往走在法律、法学理论的前面，迅猛出现的新兴产业形态可能存在利用技术游走于法律边缘的产品，快播盗版案件所引发的争议同时也是互联网视频产业"草莽时代"累积法律风险的集中爆发。快播这类网站很少直接提供盗播影视作品，而是演变成形式复杂、法律性质模糊的"搜索指向""深层链接""流媒体传输"等行为。但是这些行为究竟是侵权还是技术创新，在司法、版权执法界仍然具有较大的争议。这也是之前行政部门无法大张旗鼓打击网络盗版的原因。快播声称自己只是一款视频播放软件，其服务器仅为第三方观看影视提供技术支持，不制作网页内容，因此对内容并不承担审查义务，这一避风港原则也曾使得快播在多次影视版权侵权诉讼中全身而退。

然而，随着快播的商业模式所带来的众多网络著作权侵权问题及网络色情文化的泛滥，权利人和社会大众产生了强烈的不满，随着国家"扫黄打非·净网2014"中对网络"灰色地带"违法性质的明确，作为视频"草莽时代"的"流寇"代表，

---

① 参见《快播300余名遣散员工讨薪　涉及资金1 300余万元》，见新华网。

快播也就不可避免地走向了"死亡"。

虽然许多国内视频网站已经开始沿着尊重版权的正规化道路前进，但是网络盗版一直以来都很猖獗，根本原因还是因为违法成本低。如果加大违法处罚的力度，增加违法成本，侵权人自然会衡量利弊，从而不敢再做盗版。此次快播的"天价处罚"就有显著的震慑作用。

业内人士表示，从整体来讲，处在国家治理网络环境的风口浪尖，对涉黄、涉盗版等违法行为必然是从严处罚，所以快播被罚天价款谈不上冤枉。快播公司的种种作为在行业内早有非议。事实上，该案件对于网络视频行业的正常发展影响极大，国家对快播公司进行处罚，不仅要考虑其自身的违法所得，还要考虑到其对行业内其他公司造成的经营损失。由于国家有关部门对互联网的监管比较困难，所以此次对快播处以巨额罚单，有杀鸡儆猴的意味，对行业的健康发展可以起到推动作用，今后"净网行动"肯定还会继续，政府还将积极引导互联网的发展方向。

另有业内人士称，快播的命运就是视频网站行业的"缩影"，对行业影响深远。与曾经的视频行业盗版遍地的情况相比，如今的互联网行业保护知识产权早已成为共识，那些依靠盗版起家的大型视频网站纷纷转型成功。也正因此，年收入上亿元的快播被认为是规模视频网站中最后一块盗版阵地。

优酷土豆集团首席内容官接受采访时说："从整个视频行业来讲，这是一件好事，盗版已经引起政府层面的高度重视，而且采取了非常大的执法力度，对于保护知识产权和运营正版内容的视频平台有非常好的保护作用，加速推动网络视频行业更加规范运营，希望国家继续加大打击力度，为视频企业营造良好的竞争坏境。"

如果快播在缴纳天价罚单之后能"咸鱼翻身"，真能实现其承诺的"从技术转型原创正版内容"，那么转型的方向在哪里？然而无论怎样转型，快播若想"复活"，已无"灰色地带"可走，必须在现有的规则下学会生存。成本居高不下的外购节目对于快播显然不是明智的选择，"讨巧"的自制剧或是很好的转型方向。

国内四大主流视频网站搜狐、优酷、土豆、爱奇艺都在加大对自制综艺和自制剧的投入，这是视频网站未来的定位战略重点。如搜狐视频的《屌丝男士》《匆匆那年》，以及优酷的《万万没想到》等等。

"大量购买内容，成本居高不下，导致内容同质化现象严重，这是目前视频行业的一个困局。"优酷土豆首席内容官表示，购买独播的初衷是为了形成自身的影响力和内容的差异性，但考虑到成本非常高，收入又无法覆盖成本，只能被迫分销，这样购买独播仅仅成为和其他视频网站交换内容的一种筹码。

搜狐公司董事局主席兼CEO也表示，2014年为"自制元年"。目前随着国内视频版权内容的日渐丰满，版权法律保护的不断完善，从美剧、综艺，到如今的自制，国内视频领域已经不断突破，逐渐成为撼动 6 亿观众观剧抉择的主导。

据专家预测，监管部门对快播的天价处罚，将直接影响依靠盗版视频生存的企业的后续生存，迫使视频企业加强正版内容购买，将使视频市场竞争格局逐渐呈现巨头分割的局面，小公司创新转型压力增大。未来版权重视度将逐渐提高，依靠盗版盈利的企业生存空间逐渐变小。自制内容在视频内容中占比将逐渐提高，视频企业对版权内容的依赖度将逐渐下降。此外，随着视频行业发展逐渐走向健康化，政府对视频市场规范发展的引导力度将逐渐加强。

六、记者权利与职业准则

新闻媒体、记者权利保障视域下新闻业监管规范的现状及问题反思

——兼论设立新闻道德委员会的意义

2014 年 7 月 3 日，中国产业报行业报新闻道德委员会在京成立。早在 2013 年，第一批新闻道德委员会在河北、上海、浙江、山东、湖北试点成立。2014 年，试点进一步扩大，中国已成立新闻道德委员会试点的省市和机构达到 16 家。[①] 对于设立新闻道德委员会，中外媒体态度截然不同，国内媒体认为这是新闻业对西方国家媒体自律模式的借鉴和学习；而国外媒体将其看成新时期中国对于新闻自由的进一步钳制和约束。新闻道德委员会的建立事关新闻媒体及新闻从业者的切身利益，因此，有必要对新闻工作中权利保障的现状进行考察，并在此基础上阐释新闻道德委员会设立的功能及意义。

一、我国新闻工作相关法律、伦理规范的现状

新闻法律与新闻道德虽有差别，但二者也有重合的地带，在一定的社会条件之下还可以相互转化。正如博登海默所言："那些已成为法律一部分的道德原则与那些处于法律范围之外的道德原则之间有一条不易确定的分界线。"[②] 法律规范是指具体规定权利和义务以及具体法律后果的准则，或者说是对一个事实状态赋予一种确定的具体后果的各种指示和规定。法对于人们行为规则的规定主要有两种形式，一种是义务性法律规范，一种是授权性法律规范。授权性规范表现在法律文本中多为"可以"，或者是"可以"的其他替代性表达方式，比如"有权""享有……权利"

---

① 参见姜潇：《新闻道德委员会试点工作效果明显》，见新华网。

② ［美］博登海默：《法理学——法哲学及其方法》，368 页，北京，华夏出版社，1987。

等。① 而新闻伦理规范也是一个由宏观、中观、微观三个层次构成的规范体系。有学者指出，"我国关于新闻伦理规范的文本分为三个层次：（1）统摄性的规范文本，如《中国新闻工作者职业道德准则》，明确规定了我国新闻工作者职业道德的内容：一是全心全意为人民服务；二是坚持正确的舆论导向；三是遵守宪法、法律和纪律；四是维护新闻的真实性；五是保持清正廉洁的作风；六是发扬团结合作精神。这一规范，相对而言较为宏观、较为原则。（2）在政府部门制定的行政法规文本中对新闻伦理问题有所涉及。如国家新闻出版主管部门颁行的《关于报刊刊载虚假、失实报道处理办法》，对报纸媒体上刊登的虚假、失实报道规定了具体处理办法。（3）媒体内部，就更具体的问题做出规定，使记者编辑们有所遵循……"② 由此可见，后面两类新闻伦理规范的明确性、约束性、责任后果等使其具有明显的法律规范的特性，这说明新闻伦理有时也可以以一种法律规范的形式体现出来。总之，新闻业监管的法制化、规范化，新闻法律、伦理规范的具体、清晰，有利于记者、媒体权利的保障；即便是义务性规范，由于其清晰地界定了主体的责任，能够减少规范性文本以外其他因素的制约，也同样具有权利保障的功能。

目前我国专门针对新闻媒体、记者权利的规范性文件在法律层面主要是《关于保障新闻采编人员合法采访权利的通知》和《新闻记者证管理办法》，新闻伦理方面的规范性文件主要是《中国新闻工作者职业道德准则》（2009 年 11 月 9 日修订）。③ 我国对于新闻业主要通过行政方式进行监管，对新闻媒体、记者更多地采取限制性的规范措施。不过，新闻法律规范性文本中正逐步通过增设授权性规范来加强对新闻工作权利的保障。新闻媒体、记者在从事新闻活动时，授权性规范对其行为的影响具有独特的功能和意义。首先，法律文本中的"可以"，为相关主体的行为提供了指引的意义与功能；其次，主体行为的正当依据因此而获得了一个权威性的支持，满足了主体对确定性的内心需要；最后，行为主体在做出各种行为的过程中，可能遭遇其他主体的阻碍和干预，法律文本中的"可以做什么"的规定，为排除主体行为可能遭遇的阻碍和干预提供了依据与途径。④ 我国政府 2009 年 4 月发布的《国家人权行动计划（2009—2010 年）》及 2012 年 6 月发布的《国家人权行动计划（2012—2015 年）》中，在表达权部分特别提出"加强对新闻机构和新闻从业人

---

① 参见喻中：《法律授予权利的正当依据》，载《甘肃政法学院学报》，2004（5）。
② 丁柏铨：《论新闻伦理对新闻活动的制约》，载《江苏社会科学》，2007（5）。
③ 新闻法律、伦理规范中既包括与新闻媒体、记者权利有关的规范，同时还包括了公众等其他主体在新闻活动中与其权利相关的内容。本文主要考察的是与新闻媒体、记者权利相关的规范，而不包括其中涉及公民、政府等其他主体的规范。
④ 参见喻中：《法律授予权利的正当依据》，载《甘肃政法学院学报》，2004（5）。

员合法权益的制度保障。依法保障新闻从业人员的知情权、采访权、发表权、批评权、监督权，维护新闻机构、采编人员和新闻当事人的合法权益"，而且，在监督权部分还提出"鼓励新闻媒体发挥舆论监督作用"。这是政府文件首次对于记者享有的相关权利进行了明确的定位和阐述，将其上升到人权保护的高度。① 在《关于保障新闻采编人员合法采访权利的通知 》中也规定：新闻采访活动是保证公众知情权，实现社会舆论监督的重要途径，有关党政机关及其工作人员要为新闻机构合法的新闻采访活动提供便利和必要保障。这样通过将新闻采访活动的性质和功能引向舆论监督及公众的知情权，从而在法律上给予新闻工作更多制度化的保障。除此之外，2008 年 11 月，新闻出版总署发布的《关于进一步做好新闻采访活动保障工作的通知》中也有对于媒体、记者舆论监督权利的规定，"要依法保护新闻机构和新闻记者的合法权益。新闻机构对涉及国家利益、公共利益的事件依法享有知情权、采访权、发表权、批评权、监督权，新闻机构及其派出的采编人员依法从事新闻采访活动受法律保护，任何组织或个人不得干扰、阻挠新闻机构及其采编人员合法的采访活动。各新闻机构及其主管部门有责任和义务为所属新闻记者从事新闻采访活动提供必要保障，保护他们的合法权益"。而且，该《通知》还进一步提出，"要支持新闻记者的采访工作。各级政府部门及其工作人员应为合法的新闻采访活动提供相应便利和保障，对涉及公共利益的信息应及时主动通过新闻机构如实向社会公布，不得对业经核实的合法新闻机构及新闻记者封锁消息、隐瞒事实"。该内容对于政府部门及其工作人员应如何保障记者的采访权提出了明确的要求，是主动维护新闻工作相关权利的表现。对于记者的采访权在《新闻记者证管理办法》中也有规定，"新闻记者持新闻记者证依法从事新闻采访活动受法律保护。各级人民政府及其职能部门，工作人员应为合法的新闻采访活动提供必要的便利和保障。任何组织或者个人不得干扰、阻挠新闻机构及其新闻记者合法的采访活动"。在新闻伦理领域，2009 年的新闻工作者职业道德准则的显著变化是规范更加具体、精细。《中国新闻工作者职业道德准则》提出，"……坚持改革创新。要遵循新闻传播规律，提高舆论引导能力，创新观念、创新内容、创新形式、创新方法、创新手段，做到体现时代性、把握规律性、富于创造性。深入研究不同传播对象的接受习惯和信息需求，主动设置议题，善于因势利导，不断提高舆论引导能力和传播能力"。这一规定相对于之前已有了不小的进步。新闻法律和伦理规范的逐步完善，有力地

---

① 参见任丽颖：《解析记者权益保护途径：加强法律意识是关键》，见 http://www.gmw.cn/media/2012-11/08/content_5610097.htm。

加强了对于媒体、记者权利的保障。

不过，新闻法律、伦理规范中存在的问题依旧突出。各地新闻道德委员会成立后的一项重要工作就是接受投诉和处理新闻行业中记者、媒体的违规问题，这也成了当前我国对于新闻媒体、记者监管的一种新的方式。从最近各地陆续成立的新闻道德委员会已经调查的案例来看，其中以虚假新闻方面的投诉居多。[①] 假新闻一直都是新闻业发展中的一个顽疾。《新闻记者》从 2001 年开始，每年评出"十大假新闻"，有学者以此为基础展开研究，揭示出假新闻背后新闻监管制度方面存在的问题。通过对 60 条年度假新闻曝光后各方对于新闻报道处罚的分析，李韧指出现有的监管体制下对虚假新闻的处理存在如下问题：（1）大多数媒体在刊发虚假新闻后采取的是"鸵鸟政策"——处理消极，甚至是置之不理；（2）虚假新闻的揭发缺乏权威独立的评判机构；（3）媒体对虚假新闻的调查程序不明；（4）媒体处罚过于仓促，处罚依据较为单一；（5）媒体对虚假新闻的调查情况和处罚程序缺乏透明度。[②] 防范虚假新闻、确保新闻的真实性是新闻业的生命线，因此，在新闻工作的法律、伦理规范中对此都有明确要求，但效果却不尽如人意。[③] 虚假新闻的泛滥以及对其监管的无力当然是由诸多因素造成的，不过，新闻法律、伦理规范本身的滞后无疑阻碍了对虚假新闻的处理。此外，新闻法律、伦理规范"失效"也暴露出新闻纠纷解决程序中的缺陷。

二、对于国外新闻工作相关法律、伦理规范的考察

首先来看各国新闻法中与媒体、记者从事新闻工作相关的法律规范。国外有不少国家制定了新闻法，由于新闻业的社会属性，特别是受到"第四权"观念的影响，新闻法十分重要。通过比较研究可以看到，国外新闻媒体、记者权利相关的法律规范体系中授权性规范的范围广、义务性规范的操作性（实用性）强，并且对他们从事新闻工作的权利还设有严格的司法保障程序。

---

① 各地新闻道德委员会成立不久就查处了虚假报道《黄石一条疯狗连咬 9 人 主人两度报警未见民警》、虚假广告《"土郎中"发狠话 十年耳聋一滴声还》等一些违规现象。

② 参见李韧：《虚假新闻处罚中存在的问题——以〈新闻记者〉2001 年—2006 年十大假新闻为样本》，载《新闻记者》，2008（1）。

③ 新闻真实性的相关规范，如《新闻记者证管理办法》第十八条规定："新闻记者使用新闻记者证从事新闻采访活动，应遵守法律规定和新闻职业道德，确保新闻报道真实、全面、客观、公正，不得编发虚假报道，不得刊播虚假新闻，不得徇私隐匿应报道的新闻事实。"《中国新闻工作者职业道德准则》第三条规定："坚持新闻真实性原则。要把真实作为新闻的生命，坚持深入调查研究，报道做到真实、准确、全面、客观。"真实性是记者应遵守的义务，但目前的规定过于宏观、实践性不强，也就难以达到约束记者行为的效果。

1. 与新闻工作相关的法律中授权性规范的保障范围很广

关于公民言论自由的规定虽然是很多国家新闻法中的主要内容，但也有不少国家在新闻法、宪法中专门规定了媒体、记者的权利，详细阐述了新闻事业的意义以及从事新闻工作享有的权利。德国《新闻法典》规定了记者享有拒绝作证的权利，"每一个在新闻业工作的人都要保护传媒的形象和可信性以及职业秘密，使用证明拒绝权，在没有当事人认可的情况下不泄漏信息"。瑞典《新闻自由法》（1949 年）中（第三章第一条）也明确了记者享有匿名权，"印刷品的作者在发表作品时不应强制其使用真名，化名或笔名"。此外，一些国家还通过宪法对新闻媒体的批评权等多种权利进行了专门的规定。危地马拉《宪法》中明确了大众传播媒介的批评权，其第 35 条规定："出版物中包含有对公职官员和职员履行其任务中的行为的揭发、批评和归罪的，不构成罪行和错误。"①

2. 与新闻媒体、记者从事新闻工作相关的法律中义务性规范的可操作性（实用性）较强

义务性规范越是细化、具体，对其主体的引导力也就越强。国外新闻记者权利相关的规范性文本中可操作性强的特征十分鲜明。德国新闻法详细规定了媒体、记者从事新闻工作时应当注意的问题，包括保证报道的真实性，图片的应用，预防非法利益的干扰，保护个人隐私，特殊新闻的报道等。新闻法中新闻真实性的相关规范就涉及度假采访协议、竞选互动和新闻发布会这些内容。对于图片等文献资料的使用也提到了各种不同的情形，如民意调查结果、象征性图片、预先报道、采访、限制期、读者来信。对于记者如何抵制不当利益诱惑，将其划分为编辑文字和广告的区别、隐形广告、特殊发表内容这三种类型。德国新闻法中的规范相当精细，将记者新闻活动中可能遇到的各种不同情境及应当注意的问题都一一罗列，这样能更好地为记者从事新闻工作提供指引，预防记者侵权行为的发生。

3. 对于新闻媒体、记者从事新闻工作引发纠纷的处理设有专门的司法程序

西方对媒体、记者权利的保障，除了法律规范性文本的内容精细、结构合理之外，对于新闻纠纷的处理设有专门的司法程序。如对于新闻报道当中屡禁不止的新闻失实问题也都将其纳入司法程序来加以解决。丹麦新闻法对处理新闻失实更正事务的法庭有特殊的限定和要求。"更正事务法庭由三名成员组成，主席由一名最高法庭法官担任，另外两名成员是新闻界的代表。法庭的成员由司法大臣委任，主席

①　转引自赵雪波等：《世界新闻法律辑录》，50、145、49 页，北京，社会科学文献出版社，2010。

根据最高法庭庭长的推荐委任，另一名成员根据丹麦日报协会的推荐委任，第三名根据丹麦记者协会的推荐委任。在审理有关丹麦周报、专业刊物和杂志协会所属刊物的案件时，丹麦记者协会推荐的成员由司法大臣根据丹麦周报、专业刊物和杂志协会的推荐而委任的一名成员所取代。"[①] 通过将媒体的更正事务纳入到司法程序当中，能够有效扼制其他势力对于新闻工作的不当干预，因此，司法程序的设置对于记者、媒体的权利可以有更好的保护。

此外，在新闻伦理规范方面，国外新闻伦理相关的规范性文件是新闻业中媒体、记者权利发展的重要保障，而且，新闻伦理规范与新闻法律规范呈现出非常接近的特征。日本的《新闻伦理纲领》中规定了报刊享有"知闻权利"[②]，这可以看成新闻伦理规范中的授权性规范。而欧洲国家新闻伦理规范的最大特征就是精细和明确性。被称为英国报业投诉委员会实施报业自律"基石"的英国新闻工作者《业务准则》中，关于文章报酬是如此规定的："（1）除非为了公众利益有关材料确应发表而且为此确有压倒一切的需要得给报酬或承诺给报酬，否则不得直接或通过中介人给证人或潜在证人报酬或向他们承诺给报酬以获取信息。新闻工作者必须采取一切措施确保见证人可能作的证词不受金钱交易的影响。（2）除非为了公众利益有关材料应被发表而且为了这样做必须给报酬，否则不得直接或通过中介人给予被判有罪或已承认有罪者或其有关联者（包括其家人、朋友和同事）报酬或向他们承诺给报酬以获取信息或画像。"[③] 张咏华等通过对欧洲各国新闻伦理规范的研究发现，"概念界定清楚，规定具体，对重要的例外情况加以说明，这一切均有助于新闻道德规范的严密性和可操作性"，她指出国外新闻伦理规范的这一特征应当引起我们的注意。[④] 国外新闻伦理规范除了更为具体、可操作性更强之外，还有一套完整的程序来保障规范的落实。在瑞典，对于新闻伦理问题的调查程序有详尽、具体的规定。"这个道德规范对于准确、隐私和答复权等问题有严格的标准，任何认为报社行为违反了这个道德规范的公民都可以向新闻公评人投诉，由他来进行调查、调解甚至是推荐瑞典新闻委员会来公布违规的报社。这个委员会由一名法官做主席，其成员都是从报纸发行人协会、全国新闻俱乐部、瑞典记者联合会以及公众中产生，其中公众代表占大多数。"[⑤] 由此可见，新闻伦理监管程序的法制化保障了新闻伦理纠纷的处理能够在公开、公正的环境中进行，这就使得新闻工作中媒体、记者的相

---

① 赵雪波等：《世界新闻法律辑录》，51页，北京，社会科学文献出版社，2010。
② 参见周建明：《一个纲领一个宣言——跨入新世纪的日本新闻界自律规范》，载《国际新闻界》，2001（2）。
③ 转引自张咏华、陈沛芹：《浅谈西欧国家的新闻道德规范（上）》，载《新闻界》，2002（5）。
④ 参见张咏华、陈沛芹：《浅谈西欧国家的新闻道德规范（上）》，载《新闻界》，2002（5）。
⑤ 转引自单波、陈俊妮：《美国新闻公评人制度：新闻道德控制的幻象》，载《新闻与传播评论》，2004（0）。

关权利能够得到更有效的保障。

由此可见，在西方新闻业的发展中，新闻法律与新闻伦理规范互相补充，而且它们的共同点是规范性文本的可操作性强、更为精细，授权性规范涉及内容广，且规范在实施过程中都有较为完善的程序加以保障。

三、新闻道德委员会成立的意义及其作为空间

从 2013 年开始在全国各地陆续设立新闻道德委员会（下面简称委员会）的理由和初衷是，"中国虽已制订出台了统一的中国新闻工作者职业道德准则以及相关法规、文件通知，但是在新闻职业道德的管理与监督体制上却并不完善"[1]。面对媒体环境变化带来的新闻媒体"乱象"的增多，完善原有的新闻监管模式已是迫在眉睫，而该委员会成立后所无法回避的就是当前新闻领域法律及伦理规范"失灵"的现实。从各地新闻道德委员会运作的相关材料来看，面对新闻、记者权利保障中存在的诸多问题，新闻道德委员会在完善监管方式、促进新闻事业健康发展上已经采取了一些措施，然而，就未来的发展趋势而言，加强在新闻业的规范化管理方面还应有更大的作为。

上海设立的新闻道德委员会其工作职责主要有六个方面：一是受理社会各界对行业不正之风、道德失范行为、新闻纠纷事件的投诉举报，进行调查核实，提出处理意见。二是进行调查研究，提供具有可行性、指导性的改进意见和建议。三是开展行风测评。四是总结和推广新闻媒体、新闻工作者弘扬职业道德的先进经验和优秀典型，开展教育培训。五是开展理论研讨。六是开展合作交流。[2] 媒体上所透露出的新闻道德委员会的相关信息中，有三点值得关注。第一，新闻道德委员会的职责之一是要提出指导性的意见和建议，树立先进经验和典型，而指导性意见和建议的出台需要深入研究当前新闻工作相关规范存在的问题。特别是对于特殊类型的新闻报道，要在规范层面提供具有操作性的指南，如灾害、暴力、自杀报道等。除此之外，在规范性文本中还要不断丰富已有媒体、记者权利的内容，深入探讨新闻从业权利保障的各项具体措施。因此，先由新闻道德委员会就这些问题展开研究之后提出规范完善的建议或方案，再推动相关规范性文本的修订，这就为弥补新闻监管

---

① 王建华、何悦、高洁：《中国借鉴西方经验试点建立新闻道德委员会》，见新华网，http://news. xinhuanet. com/politics/2014-02/27/c_119537680. htm。

② 参见《对于上海成立新闻道德委员会一事媒体纷纷报道》，见 http://whb. news365. com. cn/zhxw/201305/t2013 0531_1188855. html。

规范的不足进而促进新闻业的良性发展提供了一条可行的路径。第二，各地新闻道德委员会都开通了投诉举报的途径，并设置了受理投诉的范围，在接受投诉之后会展开调查工作。上海新闻道德委员会所重点关注的主要是四类新闻：一是暴力新闻，二是恶化新闻，三是剽窃新闻，四是侵权新闻。委员会不具有行政处罚和法律处罚职能，但可以先行调查取证，然后配合出版、广电等部门采取行动，不仅如此，"新闻道德委员会将评议会内容及评议意见以专报形式发放到全省新闻媒体，以教育警示全省新闻采编人员"①。可见，新闻道德委员会对于新闻从业者的道德失范问题具有查处的权力。因此，该机构在履行职责过程中的权力运作程序应有更加明确、细致的规定，特别是要做到程序的公开、公正，而这将是对当前新闻监管程序性机制缺失的一次重要补充，也可为今后新闻纠纷处理程序的完善、新闻从业者程序性权利救济等理论的探索和实践创造有利的条件。第三，吸纳社会公众参与和推动新闻业的发展，这是新闻道德委员会的一大特色。从新闻道德委员会的组成情况来看，其加大了社会公众的参与，体现了新闻监督管理"社会化"的新趋向，而这也有利于增强该机构在相关案件处理上的公正性。综上所述，新闻道德委员会的成立是促进新闻业所需规范的发展以及提升现有新闻监管水平的一个重要契机，它可以承接加强新闻工作规范建设的诉求，弥补现有新闻媒体、记者权利保障方面的缺陷。新闻道德委员会在推进媒体、记者权利保障制度化建设方面的作为空间具体体现在：一是推动制定各种不同层次的与新闻工作相关的规范，特别是在完善授权性规范以及加强义务性规范的精细化方面力争有所作为。二是推动沟通性、协商性纠纷解决机制的形成，探索未来建立专门处理新闻事务司法程序的可能性。

最后，还需要思考的一个问题是，对于媒体、记者从事新闻工作的权利进行专门的研究，其必要性或者意义究竟何在？国内外的许多专家、学者都认同言论自由与新闻自由之间是存在差别的，认为有必要专门讨论新闻媒体、记者的权利和义务等新闻自由的问题。将新闻自由解释成言论自由，就会丧失其新闻自由特定的意义，立宪者若将言论自由和新闻自由分别规定，那一定是将言论自由与新闻自由视为两种不同性质的基本权利。吴晓秋认为："新闻自由与言论自由应当分立，它们是两种独立的自由，并且是两种不同性质的基本权利。它们的区别是：新闻自由作为一项制度性权利存在，它保障的是一种制度性组织即新闻媒体的自主性……保障新闻自由的目的不是为了新闻媒体的自身利益，而是为了制约政府权力，但是保障

---

① 张贺：《多地新闻道德委员会推动行风建设》，见人民网，http：//politics. people. com. cn/n/2013/1022/c1001-23279206. html。

一般言论自由却无法具有强大的影响力和达到这种效果"[1]。由此可见，研究者们主张对于新闻媒体、记者权利给予专门的保障，其最根本的理由在于新闻自由在影响社会方面具有更大的能量，是一种特殊的制度性力量或者是一种社会权力。[2] 不过，在民主社会中，任何主体的权利与责任应当是对等的，因此，针对新闻媒体、记者在新闻自由中的特殊角色和地位，在规范性文本的层面需要对他们从事新闻工作相关的权利和义务同时展开研究，一方面从促进新闻业发展的角度要加强对其权利的保障，另一方面要从新闻业的社会责任出发，关注其在实现新闻自由中应当承担的义务和责任。

---

[1]　吴晓秋：《新闻自由的性质之辨》，载《西南民族大学学报》，2006（5）。

[2]　参见郭道晖：《新闻媒体的公权利与社会权力》，载《河北法学》，2012（1）。

新闻敲诈规范化治理困境及出路

——以 21 世纪网新闻敲诈案为例

2014 年 9 月上海警方向媒体披露其侦破了一起以舆论监督为幌子、通过有偿新闻非法获取巨额利益的特大新闻敲诈案件，涉案的 21 世纪网主编和相关管理、采编、经营人员及两家财经公关公司上海润言和深圳鑫麒麟的负责人等 8 名犯罪嫌疑人被抓捕归案。10 月 10 日，上海检察机关对 21 世纪网总裁刘冬等 25 人批准逮捕。经初步查证，涉案人员对上海、北京、广东等省区市的数十家具有"上市""拟上市""重组""转型"等题材的上市公司或知名企业进行了新闻敲诈。此案之所以引发广泛关注，其原因在于：新闻敲诈的范围从过去的矿难、企事业单位危机事件向财经领域的企业 IPO 延伸；还有就是之前的新闻敲诈案件大多都是个人行为，其中有真正的记者也有假冒的记者，但以单位名义集体进行新闻敲诈的仍比较罕见；另外，21 世纪网是 21 世纪报系旗下的财经新闻网站，其在财经类媒体行业内有一定的影响力，此案因此具有标杆性意义。[①] 这就给新闻传播行业的监管带来了一个沉重的问题：新闻敲诈屡屡"严打"，因何不仅屡禁不止，而且是愈演愈烈？这就需要从我国对于新闻敲诈规制的历史、现状加以深入分析，发现治理逻辑中的问题，进而探讨该问题的解决出路。

一、新闻敲诈治理的现状

对于新闻敲诈，我国有关行政机关的态度以及政策和法规呈现出逐步趋向严厉的特征。面对新闻敲诈现象的不断发生，早先新闻管理部门管理的重点还是媒体的

---

① 参见盛翔：《21 世纪网涉嫌新闻敲诈案的标杆意义》，载《三晋都市报》，2014 - 09 - 05。

分支机构及各地的记者站。2011 年，新闻出版总署采取措施进一步加强对报刊分支机构及记者站的监督管理，打击利用网络刊发负面信息进行敲诈勒索的非法活动。① 而记者站在 2011 年之前也一直都是新闻敲诈治理的重点。之后面对新闻敲诈治理日益严峻的形势，最具代表性的措施是政府部门对此展开专项行动。2012 年 5 月，新闻出版总署、全国"扫黄打非"工作小组办公室、中央纪委驻新闻出版总署纪检组联合印发《关于开展打击新闻敲诈治理有偿新闻专项行动的通知》，决定自 5 月 15 日至 8 月 15 日在全国开展为期三个月的打击"新闻敲诈"、治理有偿新闻的专项行动。随着问题的不断严重，2014 年 3 月，中宣部、工业和信息化部、公安部、国家税务总局、国家工商总局、国家新闻出版广电总局、国家互联网信息办公室、全国"扫黄打非"工作小组办公室、中国记协等 9 部门联合印发通知，决定在全国范围内开展打击新闻敲诈和假新闻专项行动。此次专项行动，声势浩大，应该说是历次之最。通知要求，各级党委宣传部门要牵头建立相关部门参加的联席会议制度，加强对专项行动的指导协调。各部门要各司其职、加强协作，对重大新闻敲诈和编造传播假新闻案件要成立联合调查组，多部门协同开展调查。主管主办单位及各新闻单位要加大自查自纠力度，及时处理新闻敲诈和假新闻等行为。② 在责任追究方面，加强媒体内部的管理以及对单位相关负责人员的惩罚力度是此次文件中管理的整体思路。"既要严厉打击新闻采编个人的违法违规和犯罪行为，还要严肃追究新闻单位领导的管理责任；既要严厉打击采编活动中的敲诈勒索、有偿新闻、假新闻等违规违法行为，还要严肃处理新闻单位在日常管理中的履职不力、监管失责、疏于管理、放弃责任的问题；既要把敲诈勒索的犯罪分子移送司法机关，将这些'害群之马'绳之以法，还要把查办案件情况移送纪检监察机关，对新闻单位不履行管理责任造成严重社会后果的行为实施问责，严肃处理新闻单位有关责任人失职渎职，包庇纵容，甚至干扰、阻挠、妨碍公务及执法活动等违法违纪问题，拿起法律的武器，严肃党纪政纪，坚决扼制新闻敲诈蔓延的势头。"并且，在此基础上明确提出了"双移送"制度，"我们将进一步加大与公安、纪检监察等部门协同配合的力度：及时将查办案件中发现的违法犯罪线索和问题，移送司法机关处理；及时将查办案件中发现的违反党纪政纪的问题，移送纪检监察机关处理"③。这次 21

---

① 参见《勿动歪心眼　伸手必被捉——关于 4 家报社记者站记者违法活动情况的通报》，载《传媒》，2006 (6)。

② 参见《中宣部等九部门将严厉打击新闻敲诈和假新》，见新华网，http：//news. xinhuanet. com/2014-03/27/c_119981027. htm。

③ 晋雅芬：《出重拳打击新闻敲诈　不达目的决不收兵——访国家新闻出版广电总局副局长邬书林》，载《中国新闻出版报》，2014 - 04 - 17。

世纪网暴露出的就是媒体自身存在问题，而不是简单的工作人员违法违规的问题。此次专项行动将媒体的管理也放在了突出位置。通过对假新闻、新闻敲诈打击的契机对媒体进行整顿，这也是打击力度大的体现。"第一，对凡是搞新闻敲诈、有偿新闻、有偿不闻屡查屡犯的新闻媒体，一律吊销行业许可证。第二，对凡是肆意编造事实、刊播和传播假新闻造成严重社会后果的新闻媒体，一律吊销行业许可证。……第四，对凡是违规向媒体采编机构和驻地方、驻外地机构及其人员下达发行、广告、赞助等经营创收指标，以直接或间接方式指使、纵容采编人员、广告经营人员搞新闻敲诈和假新闻，以新闻报道形式刊播或变相刊播广告的新闻媒体，一律停业整顿直至吊销行业许可证。"① 而且，还将整治新闻敲诈纳入到群众路线的实践中，以此深化对于行业的整顿。此次专项行动还要求各级新闻传播的行政主管部门积极行动，在统一部署之下一批新闻敲诈案例陆续被曝光。② 而21世纪网新闻敲诈案也正是在这一大背景下被揭露出来的。

二、新闻敲诈特征分析——以典型案例为中心

2014年6月18日上午，国家新闻出版广电总局在其官网上通报了新闻出版广电行政部门查办的八起新闻敲诈的典型案件。③ 从这些典型案例中能够发现敲诈勒索的复杂性，其本身存在多种形式，进行以下归纳：

第一，真记者通过敲诈手段获取钱财，违法犯罪，性质恶劣，可能受到敲诈勒索、受贿罪等刑罚处罚。如2011年9月至2012年3月期间，《南方日报》记者胡亚柱和刘维安伙同他人在茂名、深圳、河源等地以报道负面新闻相要挟，多次索取他人钱物共计17.8万元。《茂名晚报》记者周翔在2010年7月至2013年6月，利用职务便利，以曝光环境污染、生产事故、违规建房等负面新闻相要挟，先后收受13家单位和个人"封口费"共2.6万元。2013年8月，《山西市场导报》记者于健康伙同他人赴山西兴县，对某石材厂拍照并编写"情况反映"送交该县环保、纪检等部门相要挟，索要钱款共计5万元。2013年8月，假记者王某某、孙某某以曝光忻州某中学违规收取赞助费相要挟索要7万元，而《忻州日报》记者郭利军与孙某某、王某某相互配合并前去领款。2013年8月以来，《河南工人日报》记者魏豪帮

---

① 蒋建国：《加大打击力度 加强行政监管 让新闻敲诈和假新闻无处遁形》，载《传媒》，2014（5）。
② 《中国贸易报》等7起新闻敲诈典型案例公布，湖南省通报一批新闻敲诈案例，9部门通报新闻敲诈典型案例。
③ 参见《国家新闻出版广电总局通报八起新闻敲诈典型案件》，见中国新闻网，http：//www.chinanews.com/cul/2014/06-18/6294082.shtml。

助他人讨债为名，利用记者职务便利，以刊发负面报道相要挟，从事广告、赞助等经营活动。2014 年以来，陕西《健康导报》记者杨林生多次通过打电话、上门等方式，以曝光负面新闻相要挟，向余某索得现金 2 万元。

第二，媒体内部经营混乱、问题突出，导致媒体以自身新闻资源进行交换，由此出现有偿新闻现象。如 2013 年 7 月，《河南青年报》以文件形式向包括采编人员在内的报社全体员工强制摊派发行任务。该报社还与部分单位达成所谓"宣传协议"，由这些单位付费在该报刊登新闻报道。2013 年 9 月至 10 月，《西南商报》记者张豪利用职务便利，洽谈旅游宣传事宜，并以某广告公司代表的名义签订合同，向重庆某镇政府摊派了 4 万元广告费。最为典型的案例是《中国特产报》。在《中国特产报》及其记者违法案件中，该报社记者刘会丽、郭焕璋、杨飞多次到宁夏永宁县、灵武市等地采访，以当地涉嫌存在的违规问题相要挟，违法从事经营活动并收取 22 万元的宣传费。自 2010 年 5 月以来，该报记者王铭泽在陕西省咸阳市等地多次利用新闻采访活动牟取不正当利益，数额巨大。经国家新闻出版广电总局查实，中国特产报社内部管理极其混乱，社领导班子主要由退休或者内退人员组成，主要负责人均来自同一家庭，未能履行对新闻采编活动和新闻记者的管理职责，对部分采编人员不发工资让其自谋生计，还要求这些人每人每年上缴 20 余万元费用，其中仅王铭泽一人就上缴 50 余万元。

第三，利用媒体的影响力或者打着媒体、记者的幌子，从事诈骗活动（并非为了换取新闻报道）。各地查处的新闻敲诈案件中还包括依托记者、媒体公信力实施诈骗的案件。如犯罪嫌疑人唐君辉自称《岳阳晚报》记者，从 2009 年起，以帮人转户口和办理劳保统筹、低保等名义，先后在岳阳市屈原区、汨罗市、湘阴县和长沙市望城区等地行骗，向受害人收取 1 万元至 3 万元不等的"手续费"，涉案金额 38 万元。2010 年以来，犯罪嫌疑人成德林伙同闫进堂，利用曾在新闻媒体工作过的身份，采取"找问题""抓把柄"等方式，或在互联网上发帖，或在报纸上刊发负面宣传文章，或写信、发短信给受害人（单位）及其上级领导进行"举报"和"投诉"，迫使受害人（单位）为挽回影响，避免被继续炒作而主动与其联系。

以上案例有几点可以进行讨论：

首先，新闻媒体内的违法违规行为之间是相关关联、相互转化的。有学者认为新闻敲诈、有偿不闻是从有偿新闻发展而来的。"从实际情况看，'有偿不闻'与'新闻敲诈'可能分别出现，也可能相互交织。在法律上，两者的法律后果是不一样的。'有偿不闻'触犯的是受贿罪，'新闻敲诈'触犯的是敲诈勒索罪。"[①] 可见，

---

① 董天策：《"新闻敲诈"的治理之道》，载《新闻与写作》，2014（6）。

有偿不闻与新闻敲诈关系密切，其危害如不能得以遏制，违法违规的性质就会发生变化，任其发展就有可能走向违法犯罪。而从上述新闻敲诈的典型案例中我们也已经看到不少媒体内部存在着新闻、经营关系混乱的现象。新闻机构违规经营，新闻与市场经营活动管理混乱，以新闻资源作为其他利益的交换，这就使新闻寻租很可能引发媒体的腐败。这些违规行为往往以向其他机构"摊牌"、暗示等为主，相较于明目张胆的"要挟""敲诈"等方式而言，手段相对温和，主观恶性也要低一些。这就是政府相关主管部门采取的专项行动中要将整治内部管理与遏制新闻敲诈结合起来，将其纳入新闻敲诈案例加以查处的缘由。

其次，记者个人在市场经济面前未能守住社会的底线，为了经济利益以身试法。个体的敲诈行为对整个媒体行业、被害人都将造成严重的不良后果。这种行为既反映出记者法治意识的淡薄，也在一定程度上反映出了记者生存的生态环境。这就需要我们在记者的奖惩制度、待遇、职业培训与规划、职业道德与理想信念、内部管理等诸多方面进行反思和加以完善。

最后，假记者横行，招摇撞骗，谋取钱财。这种行为应当是敲诈勒索罪，是刑法打击的重点。《最高人民法院、最高人民检察院关于办理敲诈勒索刑事案件适用法律若干问题的解释》中规定，利用或者冒充国家机关工作人员、军人、新闻工作者等特殊身份敲诈勒索的，按50%确定为数额较大的情形（1 000元至2 500元以上）敲诈勒索公私财物，即可认定为是"数额较大"，从而追究刑事责任。从公布的典型案例来看，各地查获并且公布出来的典型案例中假记者敲诈勒索、违法犯罪的案例不在少数。这就需要在新闻记者的信息公开方面进行制度的完善。但同时，在自媒体的环境下，这种情况的发生也很难抑制，只要掌握了某人的不利信息，如果发布到网络空间中相威胁，这类敲诈行为就可能得手。这就增加了法律监管的压力。

三、新闻敲诈产生的原因及解决思路

最后思考的一个问题是，当前新闻敲诈监管的规范体系为何会失灵？《关于加强和改进查处违反新闻职业道德行为工作的意见》等职业伦理规范中对于新闻报道及记者的职业行为做出了很多的要求。然而，从实践来看，这些伦理规范显然没有发挥应有的作用。对新闻敲诈采取如此"高强度"的打压，仍旧没有使其明显好转，这就能够看出新闻敲诈治理的难度。而一般的违法犯罪行为的处置，并不可能由行政机构调动如此多的资源实现大范围的宣传、警示、内部管理，甚至是"双移送"，用这样多的措施以及大量投入来解决新闻敲诈，就说明它并不是通过刑法仅仅以敲诈勒索定罪和追究责任就可以的，而是比一般犯罪违法行为具有更为复杂的社会背景。前面讲到政府相关部门强调加强单位内部管理是有其道理的，新闻敲诈往往发生于当事人双方之间，而这种行为被外界发现的可能性很小（毕竟双方都得到了利益）。在此次专项行动的通知中将加强内部管理作为政府监管的重点，采取了多项措施。"围绕防止新闻敲诈和假新闻，依法依规切实加强内部管理，对记者站、网站、经营部门、采编部门进行集中检查清理，认真纠正存在的违法违规问题。要进一步把好人员准入关，禁止聘用不符合任职条件的人员担任记者站负责人，禁止聘用有不良从业记录的人员从事新闻采编工作；把好新闻采访关，禁止记者站跨行业、跨领域采访报道，禁止新闻记者和记者站未经本单位同意私自开展批评报道；把好报道审核关，禁止记者站和新闻记者私自设立网站、网站地方频道、专版专刊、内参等刊发批评报道；把好经营活动关，禁止记者站和采编人员开办广告、发行、公关等各类公司，禁止记者站和记者从事广告、发行、赞助等经营活动，禁止向记者站和采编人员下达广告及发行等经营任务，禁止采编人员兼职从事关联交易；把好检查监督关，定期征求党委宣传部门、新闻出版广电行政部门、业务主管部门、基层单位和群众的意见，对于群众举报较多的记者站及从业人员，要及时调查处理。"但是，另一个需要注意的问题是，作为单位而言，实质上也没有动力去揭发记者的违法违纪行为。而且，刑法的运行是依靠检察机关的主动追诉方能启动相应程序的，在此种情况下刑法中的新闻敲诈罪对隐蔽的敲诈行为定罪效果就不是很理想。此次专项行动尽管增加了媒体对违法行为监管的责任，但是，由于媒体与记者的各种利益关系，由自己监督自己，这让相关政策的执行效果充满了不确定性。更重要的是，导致新闻敲诈如此嚣张还有复杂的社会背景。对于新闻敲诈的监管而言，如若不能够看到并认清这一行为产生的社会背景，而是一味地想借助规范的约束力来治理新闻敲诈，则可能无法达到目标。互联网技术的发展、网络媒体的兴起给传统媒体的经营造成了很大压力，"事业与企业"的传媒体制使得媒介变局中公共服务与自主经营之间的矛盾逐步加剧，此时，很多媒体处于市场竞争的压力之下，就可能会为了生存而放弃媒体社会公共服务的责任。在21世纪网的案例中，其为了获得财经领域的巨大利益，整个媒体都卷入了新闻敲诈的洪流当中。还有就是，媒介的碎片化也影响了媒体的公信力。而新闻敲诈也与新闻人自身对新闻缺乏职业荣誉感，新闻理想、信念缺失相关，这将直接导致当对于新闻真实、新闻职业的追求等崇高价值与现实利益发生冲突时，记者往往做出见利忘义的选择。媒体数量的增加必然导致部分媒体无法盈利的局面，此时，如果没有强制性的退出机制，就可能迫使这些媒体为了生存链而走险，这是可以预见到的。尤为重要的是，未来技术的发展、传媒生产力的解放将引发新闻业生态根本性的变化。从上面的案例及分析中，我们也能够看到新闻敲诈的问题比较复杂，往往与媒体自身的管理混乱、假记者、有偿新闻、记者的道德和法律意识、媒体环境等诸多方面相关。刑法作为最严厉的惩罚形式对于有偿新闻、有偿不闻、记者（假记者）的新闻敲诈能够起到一定的抑制作用，但完全寄希望于惩治力度的强化并不是解决这一问题的最优方案。因此，对于新闻敲诈还需要通过社会综合治理的手法来应对。

1. 依靠法律规范完善

敲诈勒索罪是指以非法占有为目的，对被害人使用威胁或要挟的方法，强行索要公私财物的行为。该罪的客体是公私财物，而媒体平台上的金钱以外其他形式的利益输送就比较难以监管。这就需要不断完善对于新闻传播行业中相关不良行为的刑法规制（包括受贿罪等）。但同时，还是要建立起层次分明、衔接有序、系统化的传媒行业的规范体系。与新闻敲诈相联系的各类行为需要在法律层面科学地规划，在对新闻敲诈相关因素进行梳理与细分之后，将部分伦理规范吸纳到法律当中，即提高监管规范的级别。有偿新闻作为新闻敲诈发生的一个重要诱因，主要涉及新闻与广告经营活动的关系问题。对此《广告法》第十四条规定："大众传播媒介不得以新闻报道形式发布广告。通过大众传播媒介发布的广告应当显著标明'广告'，与其他非广告信息相区别，不得使消费者产生误解。"但是，类似的新闻媒体管理层面的问题，在法律上专门加以规定的还是不多。就上述这条规定而言，其本身还存在不足，即没有涉及如何在制度上保障其有效落实。此外，新闻敲诈中除了新闻与经营关系混乱，还有记者（假记者）借助从媒体获取的资源和影响力从事诈骗等非法活动、职业伦理规范未见实效、媒体内部管理规范不健全等诸多问题，这些都需要通过加强规范的建设与落实来解决。可见，新闻传播法律及其他规范体系的建设依旧任重道远，当前新闻敲诈管理还面临监管规范不完善、不配套的问题。

2. 从社会防卫的综合层面考虑问题的解决

在刑法学的发展中，刑事一体化的思路对于整体化解社会问题能够有所启发（国外有的叫作整体化的刑事政策）。对于新闻敲诈也要着眼于传媒政策、媒体人所处的社会环境，探索整体性的解决思路。德国著名的法学家李斯特有一个著名的论断——最好的社会政策就是最好的刑事政策。对于新闻领域而言，最好的传媒社会治理政策才是最好的传媒管理之道。要从社会的政治、经济、文化全方位入手，对其中法律、传媒体制、新闻伦理等微观领域进行深度的研究，从而期望能够产生整体性的治理新闻敲诈的应对之策。"刑事政策学作为一门'观察的科学'、'批判的科学'、'决策的科学'以及'形而上的知识体系'的学科定位，必然在其研究方法上提出'刑事一体化'的要求，即要求打破学科界限，整合刑事法诸学科的从规范科学的方法到经验科学的方法，从实体法的知识、原理到程序法、证据法的规则、经验，从形而下的制度规范到形而上的价值哲学，甚至还要借鉴其他人文、社会及自然科学的知识、原理和方法，进行跨学科、多纬度、多层次、多方法的综合性的学术研究。唯有如此，刑事政策学才能获得对犯罪现象的客观、全面的认识，也才能为合理而有效地组织国家和社会反犯罪的综合战略和具体对策勾画出一幅适当的知识谱系。"① 刑法学者对于刑法规范作用局限性的深刻解读，对于我们如何应对新闻敲诈是有启示意义的：即要将该问题放到复杂的社会背景当中去考虑，综合各种学科方法思考对策，特别是将新闻敲诈的社会根源作为问题解决的治本之策。传媒体制方面，深化改革与加强传媒制度的进一步完善是关键。身处于媒介转型的大背景下，好的传媒政策对于媒体、记者的违法、违规将是最好的遏制。要建立起媒体行业科学合理的优胜劣汰机制，否则，制度性的成本就有可能由媒体、记者自己来承担，那将会是整个传媒行业的悲剧。还有，传统媒体与新媒体的媒介融合趋势在加强，而统一的治理思路、政策以及制度保障措施也需要及时跟进。此外，记者职业道德滑坡所反映出的问题是，记者职业自身的魅力在下降，这就需要通过正向激励的方式和手段，提升记者职业的满足感。宏观上，从国家层面对于新闻记者的价值进行倡导，增强记者职业的荣誉感；微观上，加强对于记者职业的制度化保障，特别是在开展专项行动的同时，也要谨慎对待"权力"，严格执法的标准，避免对于正常的舆论监督造成不利影响，尤其要警惕权力机构以敲诈勒索为名对记者的合法行为进行阻挠，甚至演变为"抓记者"的恶劣现象。最后，在法治社会，法律上主体的权利与义务应当是对等的。当前对于记者的管理是双重规制——既有法律约束也有行政处罚（一般包括吊销新闻记者证，并将其列入不良从业记录，终身禁止从事新闻采编工作），但同时，对于记者在合法进行新闻采访报道活动时应当享有的权利，要给予充分的保障。尽管在自媒体的环境下，理论上新闻的报道权逐步公众化，人人享有报道权，而记者应当与公众享有平等的言论自由权利，然而，在社会的发展中，新闻媒体作为一种组织化的力量对于社会能够起到特殊的重要作用，其存在还是具有独特的价值。因此，一些国家对于新闻媒体的权力在宪法中也做出了特别的规定，新闻媒体的权力作为一种"社会权力"不同于公民的权利，也得到了一些国内学者的认同。在此情况下，对于记者权利的保障应当与专项整治中对于记者违法违规行为的查处以及媒体内部管理的加强同步进行。

---

① 梁根林：《刑事一体化视野中的刑事政策学》，载《法学》，2004（2）。

名人悲剧事件报道的是与非

一、《深圳晚报》在歌手姚贝娜逝世后的报道引发争议

2015 年 1 月 16 日 16 时 55 分，知名歌手姚贝娜在北京大学深圳医院去世。《深圳晚报》在相关采访报道中的行为引发了网络舆论争议。

一篇文章在网络流传，讲述了《深圳晚报》三名记者跟随眼科专家姚晓明进入太平间，欲在手术中拍得摘取姚贝娜眼角膜全过程的独家照片。在场的有华谊音乐的总经理袁涛和姚贝娜的家属，当时他们以为是医生助理，并没在意。没想到开始要手术时，记者拿出相机手机拍摄，现场的人全都愣住了，并最终导致了争吵。

1 月 17 日下午 16 时 35 分，华谊音乐官方发布声明称：将持续关注该事件的进展并对这家报纸及医生保留法律追诉的权利。此外，姚贝娜家人及所属公司从未授权成立姚贝娜光明基金项目，更未授权以此基金名义向公众募捐。①

面对各种批评，深圳晚报社没有立即说明和反击，而是选择在姚贝娜追悼会结束之后，正式公布整个采访经过。《深圳晚报》当事记者、当事医生、姚贝娜父亲、医院方陈述了经过。《深圳晚报》声称他们的记者没有偷拍遗体，没有穿白大褂伪装医护人员，更没有"推倒贝娜母亲"；记者在现场所拍照片立即全部删除，无一张见报。②

对于事后还引发了新风波的"深圳晚报、深圳关爱行动公益基金会、深圳市红

---

① 参见徐宁：《"姚贝娜事件"之问：记者怎样报道死亡》，载《新闻晨报》，2015 - 01 - 18。

② 参见《深圳晚报还原姚贝娜眼角膜捐献采访：否认偷拍》，见新浪网，http://news.sina.com.cn/c/2015-01-22/083431430013.shtml。

十字会、深圳市慈善会晓明眼库基金、成都爱迪·斯里兰卡国际联合眼库共同发起成立'姚贝娜光明基金'的倡议"一事，姚晓明坦承是他提议的。《深圳晚报》也承认，参与发起倡议的几个单位，都是在深圳地区长期从事眼角膜捐献等慈善公益的组织。在倡议成立基金会上，沟通中确实是有一些问题和失误，没有征得姚贝娜父母的最终同意。①

二、事件中需要澄清的问题及与新闻职业道德相关的是什么

1. 记者在医院等待消息错了吗

姚贝娜去世后，她生前所在医院有位自称森哥的人在朋友圈发了一条消息："休息区坐着若干和平素不同表情的人，这些记者等待着报道某位名人的消息。她的亲人在门口痛不欲生，她的医生在门内彻夜奋战，她本人也在和死神做斗争。与此同时，某些记者守在旁边，就为了满足猎奇者的新鲜感。他们在等什么消息不言而喻，可病人、家属、医生的感受你们想过吗？"此后，一篇名为《记者们在病房外，焦急地等待着她的死亡》的文章发出。不久就有几篇长文相继发出，以从业者的角度对其提出了不同看法。

一位特稿记者撰文写道：记者守在姚贝娜病房的门口首先因为她是一个公众人物，公众人物跟普通老百姓不一样，她的一切外界都想知道，包括病情。既然发布了消息，记者就必然会到场。记者就知道，有了线索就得去。回去写稿的时候，要收起情绪，冷静地陈述，每一个记者都是这样做的，所以读者只能看到记者冷若冰霜的一面，因为职业要求记者客观，不受外界干扰，不受情绪左右。

而另一位曾经出入战地的记者也在微信谈到，如果《记者们在病房外，焦急地等待着她的死亡》这篇文章的观点成立，那么战地记者就是没人性的，那么社会新闻记者就是狼心狗肺的，那么当年报道了孙志刚案最终使得收容遣送制度被废除的记者就是不道德的。

与此同时，记者陈博的文章《每人都有15分钟站上道德高地骂记者》也被广泛转发，其中坦言："采访写作是记者的本职，无关情怀。我有时候想，如果姚贝娜病逝时，全国媒体都静默呢，都回避呢，这对她才公平吗？"②

"我并不赞同这两天疯传的那篇《记者们在病房外，焦急地等待着她的死亡》。

---

① 参见《姚贝娜风波我们为何沉默》，载《深圳晚报》，2015-01-22。
② 转引自徐宁：《"姚贝娜事件"之问：记者怎样报道死亡》，载《新闻晨报》，2015-01-18。

单是那个标题本身，就让人很愤怒。记者们守在病房外，也并没有阻碍治疗或者滋扰家属，他们只是在尽本职做他们的工作而已，这根本无可厚非，反而是一件值得尊敬的事。而且，我相信没有一个记者是在'等待死亡'，他们等待的，是消息。这是最本质的区别，如果奇迹发生姚贝娜情况出现好转，记者们也仍然会在第一时间发回报道的啊。'等待死亡'这样的说法，纯属信口开河，但遗憾的是却往往最能蛊惑人心。"①

2. 新闻道德不能成为记者"不作为"的借口

事件发生时在场的还有其他媒体的记者，但只有《深圳晚报》的记者进入临时手术室了。这表明了《深圳晚报》及其记者有良好的社会关系和人脉，这是一种能力的象征。从事新闻行业的人都知道，记者应广交朋友，有好声誉才能获得认可。《深圳晚报》的记者进入现场不是靠公权力由上级单位给下级单位下达命令，更没有利用物质金钱收买，他们凭的是自己过往良好的作为，有何不妥呢？这些尽职尽责、认真付出、恪守本分的媒介记者理应不受到指责。《深圳晚报》的这几位记者无论如何都比那些自己不作为而对"作为"的记者说三道四、高高在上的批评者懂得遵守职业道德。

《深圳晚报》的三位记者为何可以跟着负责摘取眼角膜手术的姚晓明医生进入临时手术室？是因为姚医生与《深圳晚报》的记者相识。他是将记者视为朋友的，他说："我不反对记者采访我的工作情景，我母亲2005年去世时，我还主动邀请了记者到场，拍摄了我吻别母亲的画面。我其实是想通过这样的行为告诉大家，角膜捐献并不可怕，而是一件高尚的事。"②

记者们是这样想的："我们本想在手术室现场记录下医生向姚贝娜献花致敬的感人瞬间，从而彰显姚贝娜的义举及其对社会的贡献；我们绝没有拍摄姚贝娜遗体遗容以哗众取宠的任何意图。如果这么做，不仅大众不接受，我们自己也难以原谅自己，我们根本没有理由这样去做。"③

另外，姚医生还担任爱迪眼科的董事和名誉会长以及斯里兰卡国际眼库的顾问。他指出："参与发起倡议的几个单位，都是在深圳地区长期从事眼角膜捐赠等慈善公益的组织。"④ 而《深圳晚报》也是长期在慈善公益报道领域一直不遗余力，

---

① 假装在纽约：《美国的新闻媒体如何报道名人的死》，见新浪专栏文化谭，http：//cul. history. sina. com. cn/zl/redian/2015-01-19/15581082. shtml。
② 黄丽娜：《姚贝娜医生回应偷拍事件：记者说拍我工作细节》，载《羊城晚报》，2015-01-20。
③ 《姚贝娜角膜捐献采访过程还原》，载《深圳晚报》，2015-01-22。
④ 黄丽娜：《姚贝娜医生回应偷拍事件：记者说拍我工作细节》，载《羊城晚报》，2015-01-20。

努力做到最好的单位。尤其是在眼角膜捐献报道方面，其 16 年来一以贯之地倾注了巨大心力和热忱，此次格外郑重而全心全意报道姚贝娜义举绝非兴之所至，这背后所体现的是对该报公益报道传统的自觉传承和弘扬意识。

如果《深圳晚报》在这次采访中有什么做得不周到的，有资格谴责《深圳晚报》记者的只有姚贝娜的亲人。《深圳晚报》称记者确曾拍摄眼角膜手术过程，当亲属表示拍照不妥时，记者当即删除了所有照片，还特别说明"此举获得姚父谅解""本报与姚贝娜亲属一直保持持续沟通"。因此，我们可以得出结论，《深圳晚报》的这次采访并没有做错什么。

三、新闻职业道德遵守之比较

2014 年 8 月，罗宾·威廉姆斯①自杀的消息震惊了全世界，也引发了美国媒体的一场大战。美国广播公司（ABC）是其中报道相关新闻最多的一家媒体，其花费巨资，出动直升机对罗宾·威廉姆斯的家进行航拍直播。在罗宾·威廉姆斯的家人发声明请求外界"在这样一个艰难而悲伤的时刻尊重我们的隐私"之后，ABC 仍然在官网上大肆宣传自己的"独家"航拍。这样完全丧失新闻职业道德的做法，立即招致了公众的激烈批评。迫于压力，ABC 在第二天就道歉并且撤下了视频。

2014 年美国另一家因为在报道名人死亡新闻时处理不慎而引起争议的是《华尔街日报》，其拿到奥斯卡影帝菲利普·塞默·霍夫曼②在纽约的公寓中死亡的独家消息后，迫不及待地在此信息未公开前就在"推特"上发布了一条只有一句话的简短消息。公众对此的批评主要集中在两点，第一是《华尔街日报》作为一家国际大报，仅仅发布这样一句消息而没有辅以相关的报道加以佐证，显得极不负责任；第二是在发布这条消息的时候，记者并没有确认霍夫曼的家人是否已经得知这个消息，如果在家人不知情的情况下发布死讯，毫无疑问会增加他们的痛苦。

美国的新闻传媒行业已经发展得相当完善，各家媒体和新闻行业组织都有一整套关于新闻伦理和职业道德的规范（code of ethics）。这些行为规范大同小异，具体的遣词造句和侧重点或许有所不同，但核心的理念都是一致的。在处理敏感报道的

---

① 美国职业电影演员，2014 年 8 月 11 日被发现在家中自缢身亡，生前患焦虑症、抑郁症、早期帕金森症。终年 63 岁。

② 2014 年 2 月 2 日，霍夫曼在纽约住所猝死，享年 46 岁。据警方的调查结果，怀疑其吸毒过量。霍夫曼毕业于纽约大学戏剧专业，在好莱坞有多年的演出经验，曾获第 78 届奥斯卡奖最佳男主角、第 63 届金球奖剧情类最佳男演员、第 57 届艾美奖最佳迷你剧电影男配角、芝加哥影评人协会最佳男主角、芝加哥影评协会剧情类最佳男配角等荣誉称号。

时候，虽然争议不可避免，但大致来说还是有一个标准可以遵循和界定。言论自由和个人隐私的观念深入人心，都是不可剥夺的天赋人权，但是在实际生活中，这两个权利却常常发生冲突，最典型的例子可能就是在涉及公众人物死亡这一类极端敏感事件的报道上，像 ABC 和《华尔街日报》这样因为把握不好尺度而擦枪走火的事情也不时发生。[①]

美国职业记者协会（Society of Professional Journalists，SPJ）是全美最大的新闻行业组织，创办于 1909 年。其新闻职业伦理准则包括四个部分：寻求真相并报道真相（记者在收集、报道、诠释资讯信息时，要做到诚实、公正、勇敢）；最大程度地减少伤害（有职业道德的记者应该以尊重人的态度对待消息来源、采访对象、同事以及公众人物）；独立运作（记者只对公众负责，不应该对其他任何人承担义务）；可靠负责并保持透明（有职业道德的记者应该对自己的报道负责，并且要让公众清楚自己所做的相关决定）。

其中，涉及如何报道公众人物死亡新闻的是第二部分，即"最大程度地减少伤害"（minimize harm），包括以下主要内容：

（1）新闻记者应该在公众对信息的需求与可能造成的潜在伤害或不适之间寻找平衡点。进行新闻采访，并不等于就拥有了一张可以随意傲慢或者擅闯他人私域的执照。

（2）新闻记者对可能被新闻报道影响到的人要有同情之心。在报道青少年或性犯罪受害者时需格外谨慎。当采访对象或信息源因为缺乏经验或者其他原因没有对采访给予许可的时候，同样需格外谨慎。在采访报道时需考虑文化差异。

（3）新闻记者应该认识到，是否可以通过合法途径取得信息，与报道或播出这些信息是否合乎新闻伦理，两者之间是有区别的。

（4）新闻记者应该意识到，相对于公众人物和那些积极寻求权力、影响力与注意力的人，普通人对他们自己的个人信息应该享有更大的控制权。在发表和报道这些个人信息前需要衡量可能产生的后果。

（5）新闻记者应该避免迎合大众的猎奇心理，即使别人都在这么做。

（6）新闻记者应该在嫌疑犯接受公正审判的权利和公众的知情权之间寻找平衡点。在嫌疑犯接受审判之前披露他们的身份，有可能对审判结果产生影响，新闻记者应该考虑到这样的影响。

---

① 假装在纽约：《美国的新闻媒体如何报道名人的死》，见新浪专栏文化谭，http://cul. history. sina. com. cn/zl/redian/2015-01-19/15581082. shtml。

四、结论

对《深圳晚报》偷拍姚贝娜眼角膜捐献手术事件，《人民日报》在评论中写道，作为"船头的瞭望者"，新闻记者肩负着特殊的社会责任。但记者在做出职业行为的每一瞬间，同样必须严守法律法规，遵从公序良俗。即便面对的是公众人物，也需要坚守底线，在满足公众知情权与保护个人隐私之间权衡取舍。因为，不是任何事情都能够以新闻的名义，去寻找到"合法性"。能不能守住职业底线，能不能秉持最小伤害原则，不仅检验着专业能力，也衡量着职业操守。①

但从前文的分析看来，深圳晚报社及其记者的做法并没有违反新闻职业的操守，更不存在侵害了谁的隐私权问题。在各国，对公民隐私权的保护都属于私性权利，如果有新闻媒体、记者侵害了姚贝娜的隐私权，有权利主张此项权利的应该是姚贝娜的父母，但我们并没有看到媒体有报道姚贝娜的父母亲对记者有过指责。

道德律发生作用的特点是批评者在批评他者时，自己做得比批评对象好，才有批评的资格。如果某新闻媒体一方面不报道公众关注的新闻事件，同时又指责别家报道事件的媒体，这种行为本身就是不道德的。

道德，包括新闻职业道德，还有一个特点就是对道德行为的评价是要追究动机的。如果要评价《深圳晚报》及记者的行为，还要看看他们的采访报道动机是否为"善"。

我们看到《深圳晚报》是这样解释其如此重视报道这个事件的原因的：

一是姚贝娜值得关注的方面有很多。比如，她勇敢面对现实，不向病魔屈服的顽强精神，便很值得人们学习。乳腺癌这种疾病，放在一般人身上，足以摧垮其意志，何况是一名年轻女孩，怎堪如此打击？然而姚贝娜患病之后，一直以乐观态度示人，无论是切除一个乳房，还是多次进行化疗，她都泰然处之，积极配合。甚至为了不让父母担心，她一开始都是自己去医院，瞒着父母。姚贝娜的这些顽强之举，爱心之举，传递正能量之举，难道不更值得各方关注吗？如果答案是肯定的，那么《深圳晚报》和记者做的有什么错呢？

二是经深圳晚报社查实：我国从 2015 年 1 月 1 日开始，已明确禁止从死囚遗体摘取眼角膜。据中国残联统计，全国约有 400 万各种角膜致病的患者，其中大多数人可以通过角膜移植手术重见光明。可是每年进行角膜移植手术才两三千例。大

---

① 参见《姚贝娜逝世引发媒体伦理争议 新闻莫以伤害为代价》，见人民网。

批病人等待眼角膜移植，他们重见光明的机会稍纵即逝，很多人如果在一定时间内没有移植眼角膜，将永远成为盲人。

从拍摄深圳也是全国第一例眼角膜捐献的 16 年来，《深圳晚报》一直致力于推动人体器官捐赠事业的发展。深圳如今每年约有 500 例眼角膜手术需求，却只有约 100 例能够进行手术。[①] 谁能肯定《深圳晚报》及其记者就一定没怀着善良之心呢？他们的目的就是想通过报道让全国更多的人去关心这项事业。我们应当像为姚贝娜进行角膜摘除手术的姚医生那样想："慈善的路上没有陌路人只有同行者，大家应该多一些宽容。"[②]

其实，仔细读完当天《深圳晚报》相关 11 个版面的内容，会发现其对姚贝娜并无恶意，甚至充满了别的媒体不曾有的尊重。那么《深圳晚报》及其记者的报道到底给谁带来了伤害？没有。由此引发的对《深圳晚报》及其记者的新闻职业道德的批评和讨论，却有"庸人自扰"之嫌。

---

① 参见《倡议设立姚贝娜基金过程中沟通确有不足》，载《深圳晚报》，2015 - 01 - 22。

② 黄丽娜：《姚贝娜医生回应偷拍事件：记者说拍我工作细节》，载《羊城晚报》，2015 - 01 - 20。

图书在版编目（CIP）数据

新闻传播与媒介法治年度研究报告 . 2015/陈绚，杨秀著 . —北京：中国人民大学出版社，2015.10
（中国人民大学研究报告系列）
ISBN 978-7-300-21982-0

Ⅰ.①新… Ⅱ.①陈… ②杨… Ⅲ.①新闻学-传播学-法学-研究报告-中国- 2015 Ⅳ.①D922.164

中国版本图书馆 CIP 数据核字（2015）第 229310 号

中国人民大学研究报告系列

新闻传播与媒介法治年度研究报告 2015

陈 绚 杨 秀 著

Xinwen Chuanbo yu Meijie Fazhi Niandu Yanjiu Baogao 2015

出版发行	中国人民大学出版社	
社 址	北京中关村大街 31 号	**邮政编码** 100080
电 话	010 - 62511242（总编室）	010 - 62511770（质管部）
	010 - 82501766（邮购部）	010 - 62514148（门市部）
	010 - 62515195（发行公司）	010 - 62515275（盗版举报）
网 址	http://www.crup.com.cn	
	http://www.ttrnet.com（人大教研网）	
经 销	新华书店	
印 刷	北京宏伟双华印刷有限公司	
规 格	185 mm×260 mm 16 开本	**版 次** 2015 年 10 月第 1 版
印 张	14 插页 1	**印 次** 2015 年 10 月第 1 次印刷
字 数	242 000	**定 价** 38.50 元